Ulli Harth
Untergang der Halligen

Die Deutsche Bibliothek – CIP-Einheitsaufnahme

Harth, Ulli:
Untergang der Halligen: über untergegangene Halligen und
Untergegangenes auf den Halligen / Ulli Harth. – 2. Aufl. –
Hamburg: Christians, 1992
ISBN 3-7672-1157-2

2. Auflage 1992
Christians Verlag Hamburg
ISBN 3-7672-1157-2

Titel: nach einer Fotomontage von Jürgen Mense, Schleswig

Impressum:

Alle Rechte vorbehalten. Vervielfältigungen,
auch auszugsweise, nur mit Genehmigung des Verlages.
Titel: nach einer Fotomontage von Jürgen Mense, Schleswig

Ulli Harth

Untergang der Halligen

Über untergegangene Halligen
und Untergegangenes auf den Halligen

CHRISTIANS VERLAG

BEATRICE HEINEMANN GEWIDMET

„Den Anblick der Halligen, wenn man vorbeisegelt, findest du nirgends auf Erden wieder, eine Stille ohne Gleichen, als schwiege Alles in Betraurung des Vergangnen . . .“ (K. J. Clement)

INHALT

III. TEIL

ANHANG

Vorwort

„Man muß sich beeilen, wenn man noch etwas sehen will. Alles verschwindet."
Paul Cézanne

„Wer sich beeilt, sieht nichts."
U. Harth

Es ist Winter. Ich stehe auf einer Halligwarft und beobachte, wie die eben noch brav gegen die Uferbefestigung klatschenden Wellen vom Sturm hochgerissen werden, tobend über den Ringdeich peitschen und unheimlich rasch das flache Land überspülen – „Landunter". Zwar weiß ich, auch starke Sturmfluten können den von Menschenhand aufgeworfenen Wohnhügeln (= Warften) so leicht nichts anhaben, aber es gibt niemals eine Garantie, daß das Meer die Häuser und ihre Bewohner verschont. Während die Brecher immer höher an der Böschung emporlecken und ihre gierigen Gischtfinger nach dem winzigen Stück Land ausstrecken, drängt sich mir der Gedanke auf an Untergang und Vergänglichkeit. Und die Idee ist geboren, über den Untergang von Halligen ein Buch zu schreiben.

Zwar hat es gerade in unserem Jahrhundert schon mehr extrem hohe Wasserstände gegeben als in früheren Zeiten. Auf Grund der wissenschaftlichen Erkenntnisse und der Intensivierung des Küstenschutzes ging aber bis jetzt keine Hallig mehr verloren. Hingegen hat die Nordsee zwischen dem 14. und 19. Jahrhundert über 100 Halligen verschlungen.

So scheint es auch nicht verwunderlich, daß zu allen Zeiten ausnahmslos sich schriftlich äußernde Beobachter und Halligbewohner die Halligen als dem Untergang geweiht empfanden.

Und dies sind sie sogar in zweifacher Hinsicht. Nicht nur, daß die See die kleinen Eilande einfach auslöschte, auch die Kunde von früher bestehenden ist spärlich.

Lediglich die Sturmfluten, Zerstörungen und die Menschenopfer ließen die Chronisten immer einmal zur Feder greifen, . . . und den Fiskus, der alles registriert, was sich zu Geld machen läßt. Das reizte, mich mit dem Thema Halligen zu beschäftigen und alles zu sammeln, was mit dem längst Vergessenen und Vergangenen zu tun hat.

Dabei stellte ich fest, niemand hat bisher eine Monographie über die untergegangenen Halligen geschrieben. Nach gründlichem Studium aller mir erreichbaren Bibliographien und dem Lesen vieler tausend Seiten Nordseeliteratur entdeckte ich nur wenige Hinweise.

Lediglich der kaum zu überschätzende Pionier umfassender, wissenschaftlicher Kritik standhaltender Halliggeschichtsschreibung Friedrich Müller hat in seinem Monumentalwerk „Das Wasserwesen an der schleswig-holsteinischen Nordseeküste" in zwei Bänden über Halligen immerhin gut 15 Seiten den „untergegangenen Halligen" gewidmet.

Obwohl ich z. B. in das „Archiv der Evangelisch-Lutherischen Propstei in Husum-Bredstedt“ freundlicherweise Einblick nehmen durfte, fand ich auch in den Kirchenchroniken nichts für mein Thema. Erst im schleswig-holsteinischen Landesarchiv auf Schloß Gottorf wurde ich in alten, zum Teil vom Schimmel angefressenen Akten fündig. Mit der geduldigen Hilfe von Herrn Baumann, Herrn Zirkel und vor allem Herrn Schwarz stöberte ich immerhin ein paar unbekannte und unveröffentlichte Dokumente auf.
Leider beschränkten sich meine Studien auf die bundesrepublikanischen Grenzen, da mein Projekt von keiner staatlichen oder nichtstaatlichen Stelle gefördert wurde. Ich muß das erwähnen, weil es nämlich keineswegs ausgeschlossen ist, daß in der „Königlichen Bibliothek“ von Kopenhagen noch weiteres Material seiner Entdeckung harrt.
Da sich die einzelnen Halligen in ihrer Lebensweise und im Einfluß der Geschichte auf sie kaum unterscheiden, schien es mir legitim und reizvoll zugleich, die kargen und lückenhaften Nachrichten über untergegangene Halligen mit dem vollständiger überlieferten Wissen über andere Halligen anzureichern. Umso wichtiger war es, die jeweiligen Quellen und Zitate genauestens anzugeben. Dabei habe ich diese Angaben dem Text nur in Kurzform einverleibt, um die Lesbarkeit nicht zu stören. Dies bietet auch dem daran Interessierteren ohne unbequemes Nachschlagen die Möglichkeit, jederzeit Quellen und Text leicht auseinanderzuhalten.

Die Bibliographie gibt Auskunft über die Abkürzungen, die im Text daran anschließenden Zahlen sind Seitenangaben.

Es war mir wichtig, häufig die alten Dokumente selbst reden zu lassen, da die Ausdrucksweise des Autors dem Leser die spezifische Atmosphäre seiner Zeit näherrückt.

Im I. Teil geht es um die Geschichte der Halligen im allgemeinen: Besiedlung, soziale Verhältnisse und Sturmfluten. Der II. Teil stellt das Material über die behandelten untergegangenen Halligen in Kapiteln zusammen, die jeweils Auskunft über eine Hallig geben, während im III. Teil die zwischenmenschlichen Zusammenhänge im Alltag und an Festtagen vorgestellt werden, innerhalb des Hauses und auf dem Halligland. Der Aspekt des Unterganges bildet immer den Rahmen, d. h. herausgearbeitet sollte vor allem das werden, was nicht mehr ist.

Einschränkungen waren jedoch unvermeidbar, um das Thema nicht ausufern zu lassen. Da der Ausdruck „Hallig“ nur an der Westküste von Schleswig gebräuchlich ist, behandele ich nur nordfriesische Halligen. An der holsteinischen und dithmarscher Küste redet man nur von „Butendiek“ (= Außendeich) und Vorland. Außerdem haben die halligartigen Inselbildungen im dithmarscher Watt eine völlig andere Geschichte, die Arend W. Lang 1975 in einer verdienstvollen Arbeit vorgeführt hat.

Es handelt sich dabei um Blauort, Bielshöft, Helmsand, Tötel, Trischen, Dieksand, Franzosensand und den kleinen bzw. großen Maxqueller. Dazu kommt noch der Westerheversand, eine Neubildung, die ab 1880 beobachtet wurde, sowie die „Grüne Insel“, ebenfalls eine Neubildung an der Außeneider kurz vor der Jahrhundertwende.

Ebenfalls ausgegrenzt habe ich die Halligen der Kirchspiele Padelack und Simonsberg, welche die Sturmfluten des 17. und 18. Jahrhunderts von der ehemaligen Lundenbergharde übrig ließen und die heute längst eingedeicht sind.

Auch die als eigenständige Halligen nicht mehr vorhandenen Appelland, Horst, Nordmarsch und Butwehl lasse ich weg, weil sie Teile der Halligen Gröde bzw. Langeneß wurden, die im Halligschrifttum nicht zu kurz kommen.

Demgegenüber möchte ich die ehemaligen Halligen Dagebüll, Galmsbüll, Ockholm und Fahretoft behandeln, die als Halligen „untergingen“, weil sie Teile des Festlandes wurden.

Ebenfalls nicht außer acht lasse ich die Pohnshallig, die dazu diente, Nordstrand landfest zu machen und heute als Teil desselben mit ihrem Hallignamen im „Pohnshalligkoog“ überlebt.

Höchstwahrscheinlich wird die genaue Zahl untergegangener Halligen nie mehr feststellbar sein. So gab es auch Halligen im Bereich des heutigen Festlandes, die so weit landeinwärts lagen, daß man sie aus heutiger Sicht dort niemals erwarten würde. Im Gotteskoog existierten noch 1777 folgende Halligen: Blind-Hallig, Vogelhallig, Gooshallig, Fellitzhallig, Katzersbüll-Hallig, Scheeth-Hallig, Kobb-Hallig, Pferdehallig, Jappers Hallig, und Karßtenshallig. Dies sind nur die namentlich gesicherten Halligen, welche hier auch nicht weiter behandelt werden.

Daß auch die kleinen, zum Teil namenlosen und oft kurzlebigen Halligen wenigstens erwähnt werden, mag als winziger Beitrag gegen das vollkommene Vergessen aufgefaßt werden.

Ulli Harth

Einleitung

(Halligdefinition/Gegenwart als End- und Ausgangspunkt)

Im Innern hier ein paradiesisch Land,
Da rase draußen Flut bis auf zum Rand,
Und wie sie nascht, gewaltsam einzuschießen,
Gemeindrang eilt, die Lücke zu verschließen,
Ja! Diesem Sinne bin ich ganz ergeben,
Das ist der Weisheit letzter Schluß:
Nur der verdient sich Freiheit wie das Leben,
Der täglich sie erobern muß.
Und so verbringt, umrungen von Gefahr,
Hier Kindheit, Mann und Greis sein tüchtig Jahr,
Solch ein Gewimmel möcht ich sehn,
Auf freiem Grund mit freiem Volke stehn.

J. W. v. Goethe: Faust

Der Begriff „Hallig" ist verschieden verstanden worden. Im 16. Jahrhundert umfaßt er nicht nur die kleinen, unbedeichten Inseln, sondern auch das Vorland über dem mittleren Hochwasser. „Hallig" war damit alles Gebiet, das bei besonders hohen Wasserständen, wie zwischen Oktober und März üblich, häufig überflutet wurde.
Das „Watt" hingegen, dieses amphibische Zwittergebilde zwischen Land und Meer an der Schleswig-Holsteinischen Westküste, unterliegt den täglich wechselnden Gezeiten. Übergangszonen zwischen „Watt" und „Hallig" lassen sich leicht an der Vegetation erkennen, an Pflanzen, die mehr oder weniger Salzwasser vertragen.
Heute benutzt man das Wort „Hallig" nur noch für die unvollständig geschützten Eilande vor der Nordseeküste, die bei anhaltenden Weststürmen der Gefahr von „Landunter" ausgesetzt sind.
Meist herrscht die Meinung vor, daß die Halligen im heutigen Sinn nur Reste der alten Insel „Strand" oder des früheren Festlandes sind. Dies gilt für Nordstrandischmoor, einem Relikt des inmitten des alten Nordstrand gelegenen „Wüsten Moores". Die anderen hier behandelten Halligen sind durch Sedimentation, also Sinkstoffzufuhr auf einst untergegangenem Boden neu entstanden. Dies schließt nicht aus, daß sich unter ihnen alte Geestrücken oder Inselsockel befinden.
Wovon aber leitet sich das seltsame Wort „Hallig" überhaupt ab?
Michelsen leitet die Wortbedeutung von „hol" ab, d. h. „niedrig" oder „flach" (vgl. Holland = Niederlande).
Im Wörterverzeichnis seiner „Nordfriesischen Sprache" gibt Johansen dem Wort „Halg" oder „Hallagh" eine zweifache Bedeutung: 1. Uneingedeichte Marschinsel und 2. ein kleines Stück trockenen Landes am oder im Wasser.

Auch weist er darauf hin, daß „Hallagh" als „Festtag" übersetzt werden kann. Friedrich Müller führt eine Definition aus einem wasserbaulichen Gutachten von 1868 an. Dabei wird das Wort aus „Haff" = „Meer" und "liek" = „eben" abgeleitet. (Mü I,4)
Verschiedene Autoren sehen auch einen Zusammenhang des Begriffes mit den im Altertum bei Ptolemaeus vorkommenden „Alokischen Inseln". Ein wohl etwas zu weit hergeholter Vergleich.
Verwunderlich scheint, daß es heute überhaupt noch Halligen gibt. Spätestens nach der verheerenden Sturmflut von 1825 wurde endgültig klar, daß der Küsten- und Halligschutz, genausowenig wie die Landgewinnung, einzelnen überlassen werden konnte. Der Staat übernahm die Aufsicht über das gesamte Deichwesen an der Westküste.
Trotzdem mußten auf den Halligen noch enorme Landverluste hingenommen werden. In der ersten Hälfte des 19. Jahrhunderts haben sie etwa ein Drittel ihrer Größe verloren. Doch die Geburtsstunde umfassender und systematischer Planung des Halligschutzes und der Landgewinnung schlug erst, als engagierte Vorkämpfer auf den Plan traten.
Am bekanntesten wurde der Sachse Eugen Träger, der immer wieder den unwiderruflichen, schnellen Verlust des Halliglandes ins Bewußtsein rückte, indem er in Veröffentlichungen warnte und in Korrespondenzen mit der preußischen Verwaltung durchdachte Vorschläge entwickelte.
Nach gründlichen Voruntersuchungen bewilligte der Landtag Anfang 1896 1 320 000 Mark für Steindecken, Pfahlbuhnen, Buschlahnungen und vor allem für Dämme, die die Halligen Oland, Nordstrandischmoor und die Insel Nordstrand mit dem Festland verbinden sollten. Außerdem plante man Verbindungsdämme zwischen Oland und Langeneß, zwischen Gröde und Appelland, sowie zwischen Appelland und dem Festland. Nur der letztgenannte Bau wurde nicht ausgeführt.
Trotz mancher Schwierigkeiten und Rückschläge, wie dem völligen Neubau des Oländer Dammes nach Dagebüll (vormals nach Fahretoft), hat sich der hohe Einsatz gelohnt. Überall konnte man schon bald Landanwachs feststellen.
Doch erst als man in den 50er Jahren unseres Jahrhunderts mit der Halligsanierung im Rahmen des „Programm Nord" begann, konzentrierte man sich auch auf die Lebensbedingungen der Halligbewohner. Die Versorgung mit Strom und Trinkwasser brachte grundlegende Erleichterung für sie.
Als jedoch sturmflutsichere Fluchträume, nach dem bewährten Prinzip des Ständerhauses, eingebaut werden sollten, erkannte man die erschreckende Baufälligkeit der meisten Gebäude: 79 von 100 waren mehr als 100 Jahre alt. Insgesamt 28 Bauten sogar älter als 200 Jahre. Rund 70 Prozent der Häuser wurden als abbruchreif eingestuft. (nach Re)
Um davon eine Anschauung zu bekommen, betrachte man nur Bilder aus der Zeit vor 1962, vor allem den Fotoband von Renger-Patzsch aus dem Jahr 1927.
Die Sturmflut vom 16. und 17. Februar 1962 zerstörte 57 Wohnungen und beschädigte 150 Gebäude. Große Verluste an Vieh und Sachwerten waren zu beklagen. Glücklicherweise überlebten alle Halligbewohner die Katastrophe.

Der Wind drehte und trieb die Wassermassen nach Hamburg.
Kaum konnte man das Sanierungsprogramm abschließen, als die bisher höchste aller registrierten Sturmfluten die Küstenbewohner überraschte. Am 3. Januar 1976 schlug das Meer wieder zu und die Schäden glichen in etwa denen von 1962. Es stellte sich heraus, daß die sanierten Häuser entschieden besser geschützt waren. Die massiven Sturmschäden veranlaßten 1977 ein zweites Halligsanierungsprogramm.
Bis heute haben die oft unvorstellbaren Anstrengungen der Halligleute, mit wachsender staatlicher Unterstützung, neun Halligen erhalten: Langeneß, Hooge, Nordstrandischmoor, Gröde, Oland, Süderoog, Norderoog, Südfall und Habel. Im allgemeinen wird auch noch die Hamburger Hallig mitgerechnet. Doch gerade sie, die das Wort „Hallig" im Namen führt, ist schon lange keine mehr. Seit sie im Herbst 1875 landfest wurde, kann man sie nur noch als Halbinsel bezeichnen. Vom Volgesbüller Vorland über den Amsinck-Koog bis zu den zwei Halligen Bollingland, wovon eine Anfang des 19. Jahrhunderts unterging, weist die Landfläche der „Hamburger Hallig" eine wechselvolle Geschichte auf, in der sie nur zeitweise wirklich eine Hallig war.
Aus anderem Grunde mag man sich darüber streiten, ob Hooge noch eine Hallig im eigentlichen Sinne ist, denn wegen ihres 1,50 Meter hohen Sommerdeiches wird sie nur noch selten überflutet. An manchen Stellen hat sich bereits eine typische Süßwasserflora entwickelt.
Ansätze dazu zeigen auch andere Halligen, die durch nahezu umfassende Uferschutzanlagen derart befestigt sind, daß ihnen ein Teil des ursprünglichen Charakters mehr und mehr abgeht. Zum Beispiel gibt es kaum mehr Abbruchkanten, die über Jahrhunderte hinweg nicht nur ihr Bild, sondern auch die Lebensweise der Bewohner prägten.
Vor allem aber sind Nordstrandischmoor, Oland und Langeneß durch ihre Verbindungsdämme zum Festland, streng genommen, keine Halligen oder Inseln mehr. Nach Angaben des „Amtes für Land- und Wasserwirtschaft" (= ALW), Husum, beträgt die durchschnittliche Anzahl der vollständigen Überflutungen im Jahr für Langeneß nur noch acht und Oland sogar nur sechs. Dagegen wird Norderoog im Mittel 37 mal und Südfall 28 mal überflutet. Diese Zahlen gelten für den Zeitraum von 1961 bis 1970. Inzwischen hat die Zahl der „Landunter" wieder zugenommen.
Nur Gröde (durch Verbindung mit Appelland) und Oland (Landgewinn am Damm) haben ihre Landfläche fast erhalten können. Von 1874 bis 1976 schrumpfte Oland von 139 auf 117 ha und Gröde von 235 auf 230 ha Katasterfläche. Fast nur noch ein Viertel blieb von Südfall und Süderoog. Lediglich die „Hamburger Hallig" konnte im genannten Zeitraum beträchtlichen Landgewinn verbuchen; von ehemals 59 ha wuchs sie auf 110 ha. an.
Deiche besitzen nur Langeneß, Oland, Gröde und Hooge. Nach Angaben des ALW (Stand 1979) beträgt die Länge der nicht von Deckwerken geschützten Halligufer (die Zahl in Klammern gibt die Gesamtküstenlänge an):

Gröde	2,306 km (5,97 km)
Hamburger Hallig	2,057 km (von 4,42 km)
Oland	1,776 km (von 4,944)
Norderoog	1,556 km (von 1,83 km)
Nordstrandischmoor	1,130 km (von 6,12 km)
Süderoog	1,055 km (von 3,055 km)
Südfall	0,965 km (von 2,976 km)
Langeneß	0,471 km (von 20,69 km)
Hooge	– (von 11,064 km)
Habel	– (von 1,543 km).

Als letzte Hallig im ursprünglichen Sinne ist Norderoog zu bezeichnen. Ihr Untergang scheint gleichzeitig unabwendbar. Sie war lange Zeit die einzige Hallig ohne Buhnen. Zwei Jahre nach seiner Gründung erwarb der „Verein Jordsand" im Jahre 1909 die Hallig von ihrem damaligen Besitzer J. Feddersen aus Hooge für 12 000 Goldmark. Von den damals 20 ha blieben bis 1963 noch weniger als 9 ha. Doch die Mitglieder des „Verein Jordsands" arbeiteten unermüdlich, aber mit wenig finanzieller Kraft gegen den Schwund der Hallig. Mit fast vorsintflutlichen Faschinen- und Buschlahnungen sowie Buhnen und Steindeckwerk haben viele engagierte Helfer erreicht, daß zumindest bisher keine anhaltenden Landverluste hingenommen werden mußten. Unterstützt wurden und werden ihre Anstrengungen von den vorgelagerten Sänden, aber auch ein wenig von den Vögeln, die dort brüten und für die die Hallig erworben wurde. Durch ihre Ausscheidungen leisten die Tiere zwangsläufig einen Beitrag zur Festigung des Bodens. Ob das alles langt zur Erhaltung dieser kleinen Vogelhallig?

Bei allen anderen übriggebliebenen Halligen stellt sich die Frage anders: Inwieweit ist ihr Halligcharakter untergegangen?

Wie eh und je stehen die Häuser dichtgedrängt oder allein und einsam, sich über das Meer erhebend, auf ihren Warften. Von ganzen Dörfern auf der Warft konnte man nur im 17. und 18. Jahrhundert reden. Davon blieben nur die Oländer Warft und die Hanswarft auf Hooge übrig.

Wärmeregulierende Reetdächer gibt es immer weniger, schon wegen der hohen Brandversicherungskosten. Fuhren früher Boote in den damals breiteren und tieferen Wasserrinnen von einer Warft zu anderen, besitzt man heute auf einigen Halligen längst Autos.

Die lange nach der Wassermühle entstandene Windmühle wurde wahrscheinlich schon im 7. Jahrhundert auf dem Hochland von Iran verwendet. (BF, 386) Seit dem 15. Jahrhundert dienten in den Niederlanden entwickelte „Wipmolen", „zum Antrieb von Becherketten, die das Grundwasser in die Kanäle schöpften. Damit werden sie zu einem wichtigen Werkzeug der langwierigen Neulandgewinnung und helfen die Seen beseitigen, die die übertriebene Ausbeutung der Torfmoore hinterlassen hat." (BF, 388)

Auf den Halligen gab es noch in unserem Jahrhundert zahlreiche Bockmühlen. Heute findet man Windmühlen nur noch auf den Inseln Föhr und Amrum. Doch auf einer Hallig dreht sich noch ein Windrad auf dürrem Gestell. Es steht auf Süderoog und hält die Entsalzungsanlage in Betrieb. Süderoog erzeugt übrigens auch als einzige ganzjährig bewohnte Hallig ihren Strom per Generator.

Trotz vernichtender Sturmfluten haben die meisten Bewohner den Elementen getrotzt. Vielleicht bis auf heute sind zu allen Zeiten die Halligleute auf ihrem Eiland geblieben oder – wenn es irgend ging – wiedergekommen. Die schwindende Halligfläche ließ jedoch den Ärmeren keine Wahl. Wem weder Land noch Lebensunterhalt blieb, mußte wegziehen.

Zeitweise war Auswanderung allerdings nicht möglich. Herzog Friedrich I. von Schleswig belegte z. B. die Friesen mit enormen Deichlasten. Armen, die nichts zahlen konnten und Reichen, die nicht wollten, verbot der Herzog 1512 bei Einzug aller Güter die Auswanderung.

Doch wie eh und je bestimmen Ebbe und Flut, das Wetter und der Wind einen zwar geringeren, aber nicht geringen Teil des Lebens der Halligleute. Hätte der Mensch den Naturgewalten nicht immer wieder Dämme und Deiche entgegengestellt, hätten die Halligen ihren natürlichen Weg genommen: Das Meer hätte diese grünen Oasen untergehen lassen.

Erst wenn die Faktoren Windstärke und -richtung, Stand des Mondes und des Wassers u. a. ungünstig zusammentreffen, können sie sich auch heute noch zu zerstörerischen Vernichtungskräften zusammenballen. Dies war am 3. und 21. Januar 1976 der Fall. Schon fünf Jahre später, am 24. November 1981, schlugen die Wellen des Heverstroms besonders verheerend auf die Hallig Habel ein. Die Halligfußsicherung und Teile der Warft wurden stark beschädigt. Hauswände stürzten ein.

Andere Zerstörungen wären vermeidbar. Auf Süderoog wird beispielsweise die Erde vom Innern der Hallig dazu benutzt, die riesigen Wehlen (= Landeinbrüche) des durch Sturmfluten leckgeschlagenen Ufers zu stopfen. So fördert der Mensch hier die Aushöhlung einer Hallig, auf der ohnehin schon eine Buhne falsch ausgerichtet ist.

Halligschutz ist teuer. Doch zu allen Zeiten, in denen man sich von behördlicher und/oder privater Seite damit beschäftigte, stand fest: Halligen können auf Dauer nur gehalten werden, wenn sie besiedelt sind.

Will man auch die kleinen Halligen erhalten, muß der Staat Wohnmöglichkeiten schaffen, die auch im Winter benutzbar sind. Unter erschwinglichen Pachtbedingungen werden sich dann auch Bewohner finden lassen, z. B. mich.

Trotz sich häufender Sturmfluten könnte man heutzutage von einer optimistischen Sicht ausgehen. Die Halligen scheinen durch Schutzwerke gegen größere oder gar völlige Zerstörung geschützt. Doch „im eigentlichen Wattbereich (. . .) “, – so Albert Bantelmann (1967) – „verläuft der Prozeß der Umgestaltung gegenwärtig noch immer in einem für das menschliche Zweckdenken ungünstigen Sinn. Gebiete mit vordringender Zerschneidung und Vertiefung durch Flächenabtrag überwiegen in ihrer Ausdehnung gegenüber denen, die durch Sedimentationsprozesse erhöht werden.“

Auch ein Ansteigen des Meerwasserspiegels durch Abschmelzen der Polkappen könnte für die Halligen ein „Aus“ bedeuten.

Die im Frühjahr einfallenden Scharen tausender von Ringelgänsen, die Teile des Halliglandes ratzekahl fressen, sind ebenfalls eine Gefahr.
Im nordfriesischen Wattenmeer bilden sich stets neue Strömungen und anders verlaufende Priele (= Wasserrinnen) mit unvorhersehbar unheilvollen Folgen bei künftigen Hochfluten. Ebenso wird die geplante weiträumige Vordeichung der Nordstrander Bucht zu höheren Wasserständen führen.
Veränderte Küstenlinien bringen vielleicht dafür Teile untergegangener Halligen irgendwann wieder ans Tageslicht.
Die Halligsicherung scheint neue hoffnungsvollere Perspektiven zuzulassen, indem u. a. Asphalt für Übersturzsicherungen und stabile Pflastervergüsse verwendet werden. Doch was die Zukunft bringt, wissen wir nicht. Wir wissen nur, daß die Halligen weiterhin gebraucht werden:
Als Wellenbrecher für das Festland und als Schutz für das Fahrwasser. Auch als Markierungspunkte für die Schiffahrt und als Rettung für Schiffbrüchige haben sie noch im Notfall eine Funktion, und nicht zuletzt als Naturschutzgebiete.
Deich-, Damm- und Landgewinnungsarbeiten schaffen überdies gerade in der norddeutschen Infrastruktur dringend benötigte Arbeitsplätze.
Vor allem jedoch sollten diese Eilande um ihrer selbst willen erhalten werden. Ihre unvergleichliche und unverwechselbare Schönheit erschließt sich vielleicht erst heute, da die Bewohner befreit von unmittelbarer Not und harter Knochenarbeit sind.
Wo sonst findet sich ein solcher Formenreichtum des Bodens, gepaart mit einer unerschöpflichen Variationsbreite des Lichts? Wo sonst gibt es eine derart wechselvolle Palettenpracht der Himmelsszenarien, die man vollkommen ungestört auf sich wirken lassen kann? Und wo sonst kann man sich mitten auf dem Meer in Seelenruhe in unzähligen Kleinigkeiten selbst finden?
Hier fallen bei Ebbe weite Flächen trocken und eröffnen, zwischen Rippeln und Rinnsalen, dem sich nähernden Auge blubberndes, schlüpfendes und krabbelndes Leben, bevor, Stunden später, die wogende Flut wieder ihre nasse Decke übers Watt zieht.
Neben dem fast ununterbrochen massierenden Wind besteht ein Hauptreiz der Halligen eben darin, daß es hier so gar nichts Unnützes gibt. Der Blick braucht nirgends anzustoßen und reicht überall ins Weite, nur unterbrochen von Punkten, die Häuser, Menschen und anderes Unbekanntes enthüllen oder verbergen.
Während Möwen schimpfend durchs Blickfeld gleiten und Austernfischer unbeantwortbare Fragen stellen, fällt eine Flußseeschwalbe immer mal wieder aus allen Wolken.

Zu den kartographischen Darstellungen

Ulli Harth, der Autor dieses Werkes, erteilte mir im Herbst 1985 den Auftrag, eine Übersichtskarte von den untergegangenen Halligen herzustellen. Zugleich zeigte er mir einen Berg von mehreren tausend Seiten Notizen und Kopien, die er in jahrelanger Arbeit aus Archiven und Büchern entnommen hatte.
In meinem früheren Beruf als Kartograph und Photogrammeter hatte ich bereits öfters mit kniffligen Aufgaben zu tun. Bei einem Projekt in Saudi-Arabien mußten Wanderdünen (!) für einen stolzen Scheich kartiert werden. Auf der Insel Sumatra sollte ein undurchdringlicher Urwald gezeichnet werden, und auch die Überschwemmungsgebiete zwischen Euphrat und Tigris waren Aufgaben, die unter Kartographen zuerst als unlösbar galten. Doch wie stellt man eine Karte her von Land, das längst versunken ist?
Bei den Halligen begann ich zuerst mit dem Überprüfen der alten, noch vorhandenen Kartenwerke. Der Chronist Peter Sax (1597 bis 1662) hatte die Angewohnheit, mit dicker Feder und schlecht fließender Tusche seine Aufzeichnungen zu skizzieren. Es galt herauszufinden, wie genau Peter Sax gearbeitet hat, inwiefern in seiner Arbeit Präzision, Kenntnis und Phantasie vorhanden waren. Johannes Mejer, ein Kartograph des 17. Jahrhunderts, der es hervorragend verstand, aus seinen Aufzeichnungen optisch schöne Karten herstellen zu lassen, hatte riesige Landmassen in der Nordsee entstehen lassen, die aller Wahrscheinlichkeit nach seinem bloßen Phantasiereichtum entsprungen sind. Nach Vergleichen, Vermessungen und durch mündliche und schriftliche Überlieferungen habe ich versucht, Licht in das Dunkel zu bringen. Ich begann zu verstehen, in welchen Bereichen die alten Chronisten präzise gearbeitet hatten, und so entstanden die ersten Skizzen und Vorstellungen von untergegangenen Halligen.
Bei der Suche nach versunkenem Land stießen wir auf Halligen, die in keiner Überlieferung erwähnt werden. Diese Halligen erscheinen dennoch, wenn auch namenlos, auf der großen Übersichtskarte. („Untergegangene Halligen")
Andererseits war es nicht möglich, Halligen zu kartieren, von denen lediglich der Name erwähnt wird und keinerlei Angaben über Position und Umfang zu finden waren. Bei manchen Halligen gehen die Erwähnungen und Aufzeichnungen so drastisch auseinander, daß hier nur eine ungefähre Position zu ermitteln war.
Durch die enorme Fülle von Material und durch die wachsende Kenntnis des Hallig-Gebietes ermutigt, wagte ich eine Darstellung der Situation um das Jahr 1300. Die Aufzeichnungen des Andreas Busch, welcher der „Rungholtforschung" sein ganzes Leben gewidmet hat, waren die Grundlage für meine Skizze des Rungholt-Gebietes und eine Lagebestimmung der sagenhaften Stadt. Nun werden andere Kartographen, Wissenschaftler und Kenner des Nordfriesischen Wattenmeeres meine Karten kritisieren, bemängeln oder vielleicht loben:

Ich habe Karten angefertigt mit den uns heute zur Verfügung stehenden Möglichkeiten.
Die Möglichkeit, diese Karten zu überprüfen, wäre uns gegeben, wenn einmal die große Ebbe kommen würde, die Ebbe, die uns die Vergangenheit an das Tageslicht führen würde, die Ebbe, die niemals mehr kommen wird.

Jim Knikker
Marburg an der Lahn

1) Hallig im Sturm

I. TEIL

Von untergegangenen Ländern und Inseln

„Wasser dringt überall hin,
es rührt ans Vergangene und
bereitet das Künftige vor."
Loren Eiseley

„. . . und war verliebt wieder
in das Meer vom Land aus . . .
Abends Atlantisrätsel."
Max Beckmann am 7. 7. 1948

Schon die antiken Schriftsteller schreiben oft von Ländern und Inseln, die mitsamt ihren Kulturen im Meere versanken. Von Xenophanes über Herodot bis hin zu Ovid und Apuleius entwickeln sie Gedanken zu Untergegangenem. Nicht selten ist die Rede von den „Inseln der Seligen" oder den „Glücklichen Inseln", aber auch von den Hesperiden (Hesperos = Abendstern), den Töchtern der Nacht. Ihnen waren die goldenen Himmelsäpfel anvertraut, die Gaia, die Erdmutter der griechischen Sage, Hera, der Himmelsgöttin, zum Geschenk machte. Nach einem anderen Mythos werden sie „Hüterinnen des Baumes" genannt – die dann zu Diebinnen an den von ihnen zu schützenden Gütern wurden; eine Parallele zu der biblischen Geschichte von Adam und Eva und dem Baum der Erkenntnis.

Demgegenüber kommen auch Berichte von auftauchenden Landstrichen vor. Die alten Völker scheinen einem eher zyklischen Weltbild angehangen zu haben, das sich auf Werden, Vergehen und Wiederkommen beschränkt. Dieser Mentalität hängen noch heute hinduistisch geprägte Weltanschauungen nach. Doch wie viele sich diesem alten Gedankengut in den sogenannten modernen Ländern offen oder in ihrem Innersten noch heute verbunden fühlen, mag dahingestellt sein.

Die Grundstimmung, sich über aktuelle Schwierigkeiten unter Berufung auf die „gute alte Zeit" hinwegzutrösten, ist jedenfalls so alt wie die Menschheit selbst (wenn auch die Betrachtung des Verlustes, die eigene Vergangen- und Vergessenheit häufig zu Wandlungen, zu Sagen, Märchen und Wunschvorstellungen führt). Das Zurück ins Dunkel des Mythos soll über die unglückliche Gegenwart hinwegtäuschen.

Zwar wußten die Germanen von der Götterdämmerung – auch der griechische Himmel war nicht von ewigem Bestand –, aber erst die christliche Religion macht dem Menschen den eigenen Seelenhaushalt bewußt. Durch das Auftreten des seinerzeit nicht gerade beliebten Jesus Christus wurde dem Menschen Eigenverantwortung auferlegt. Auf einmal sind es nicht nur höhere Mächte, nun kann der Mensch selbst sein Schicksal bestimmen . . . und Schuld auf sich laden.

Land versank allerdings grundlos, auch ohne Schuld. Archäologen entdeckten und erforschten vor allem im Atlantik zahlreiche untergegangene Landesteile.

2) Abbruchkanten

Die ausführlichste Beschreibung des berühmtesten Landes, das im Ozean verschwand, verdanken wir Plato. Bis heute schwelt der Streit, ob Atlantis je existierte oder nur in des Philosophen Kopf vorhanden war. Gelegentlich lodert die Kontroverse wieder auf, und unzählige Veröffentlichungen befassen sich mit dem Rätsel Atlantis.
Plato (427 bis 347 v. Chr.) nennt in seinem Dialog „Timaios und Kritias" ägyptische Chroniken als Quelle für sein Reich. Beschreibungen von Sitten, Alltag, Geschichte und Örtlichkeiten dienen ihm jedoch dazu, seine eigene Staatslehre zur Anschauung zu bringen. Sein Schüler Aristoteles soll zum abrupten Abbruch der Platonischen Schilderung bemerkt haben: „Er, der Atlantis erfand, hat es auch umgebracht."
Professor J. Riem untersuchte in den 20er Jahren Sagen aus aller Welt und kam zu dem Schluß, daß unter allen keine ist, „die so allgemein wäre, so sehr überall auf der Erde vorkommend, und so sehr geeignet, zu zeigen, was aus ein und demselben Stoff je nach der Gemütsart eines Volkes werden kann, wie die Sage von der Sintflut". (Riem, Einleitung)
In einer statistischen Aufschlüsselung von 268 Untergangsberichten tritt die Flut 77mal einfach als Flut auf, 80mal als Überschwemmung, 58mal als Regen und 16mal als Sintbrand.
Typische Sintflutgeschichten – Gilgamesch-Saga, die biblische Sintflut, der Mythos von Philemon und Baucis, um nur wenige zu nennen – brauchen

mindestens einen Helden. Nach Riem findet die Rettung meistens durch ein Boot oder Floß oder aber durch Flucht auf einen Berg statt.
Die Dauer der Flut schwankt von vier Tagen bis 52 Jahren, und in 23 Fällen wird den Menschen die Katastrophe vorher angekündigt. (Riem, 179 f.)
Franz Schmarsel hat festgestellt, daß in den Überlieferungen von Sodom und Gomorrha sowie der von den armen, aber gastfreundlichen Alten Philemon und Baucis der Untergang endgültig ist. Anders verhält es sich in Volksüberlieferungen (aus christlicher Zeit), die sich ein Weiterleben der Ortschaft unter Wasser herbeiträumen. Dabei ist der Glaube häufig, daß zu bestimmten Zeiten die Glocken der untergegangenen Kirchen läuten.
Gerade die christlich-katholisch geprägten Volkserzählungen brauchen Motive für den Untergang und finden sie gewöhnlich in der Unmoral bzw. Gottlosigkeit der Menge. Die Menschlichkeit oder Frömmigkeit eines einzelnen wird dem gegenübergestellt und verhilft zur Rettung. Zu diesem Typus gehört auch die Rungholt-Sage, die sich in ähnlicher Form im Dänischen wiederholt.
Albert Panten (in: Einleitung zu den Schriften des Chronisten Peter Sax) hält eine Stelle in der „Panurgia Lamiarum“ des Samuel Meier (gedruckt 1587) für die „Urfassung eines Teils der späteren Rungholt-Sage“. Das darin geschilderte Ereignis soll auf das Jahr 1532 zu datieren sein.

3) Reste der Schleuse von Rungholt

4) Aufgestellte Schleusenreste (Rungholt)

Andere Überlieferungen legen den Untergang Rungholts sogar zurück bis ins Jahr 1200. Auch 1300 und 1354 werden genannt. Das erst in neuester Zeit aufgefundene Testament eines Hamburger Bürgers erweist jedoch, daß der Ort Rungholt noch 1345 existierte. (Hag, 7)
Der Nordstrander Bauer Andreas Busch (1883 bis 1972) hat sich jahrzehntelang intensiv mit Rungholt beschäftigt. Immer wieder beging er das Watt und fertigte anhand von Warft-, Soden- und Schleusenresten verschiedene Karten an.
Die „Clades-Rungholtina“-Karte von Peter Sax hält er, „wenigstens im südwestlichen Abschnitt“, wo Rungholt lag, für glaubwürdig. Vornehmlich bei Hohlebbe (= tiefste Ebbe) machte sich Busch auf, um im Gebiet westlich und nordwestlich der Hallig Südfall nach Kulturspuren zu suchen. Er wurde vielfach fündig.
Ohne auf die zahlreichen faszinierenden Ergebnisse der Buschschen Forschungen einzugehen, sei hier nur festgehalten, daß der Flecken Rungholt höchstwahrscheinlich am 16. Januar 1362 in der „Groten Mandrenke“ unterging und mit Sicherheit nicht dort lag, wo sich heute der „Rungholt Sand“ befindet.
Matthias Boetius (? bis 1625), der nachdenkliche und gebildete Chronist, berichtet in seiner lateinisch geschriebenen Schrift „De Cataclysmo Nordstrandico“ bereits über Spuren des untergegangenen „Rungeholtum“, wie er es

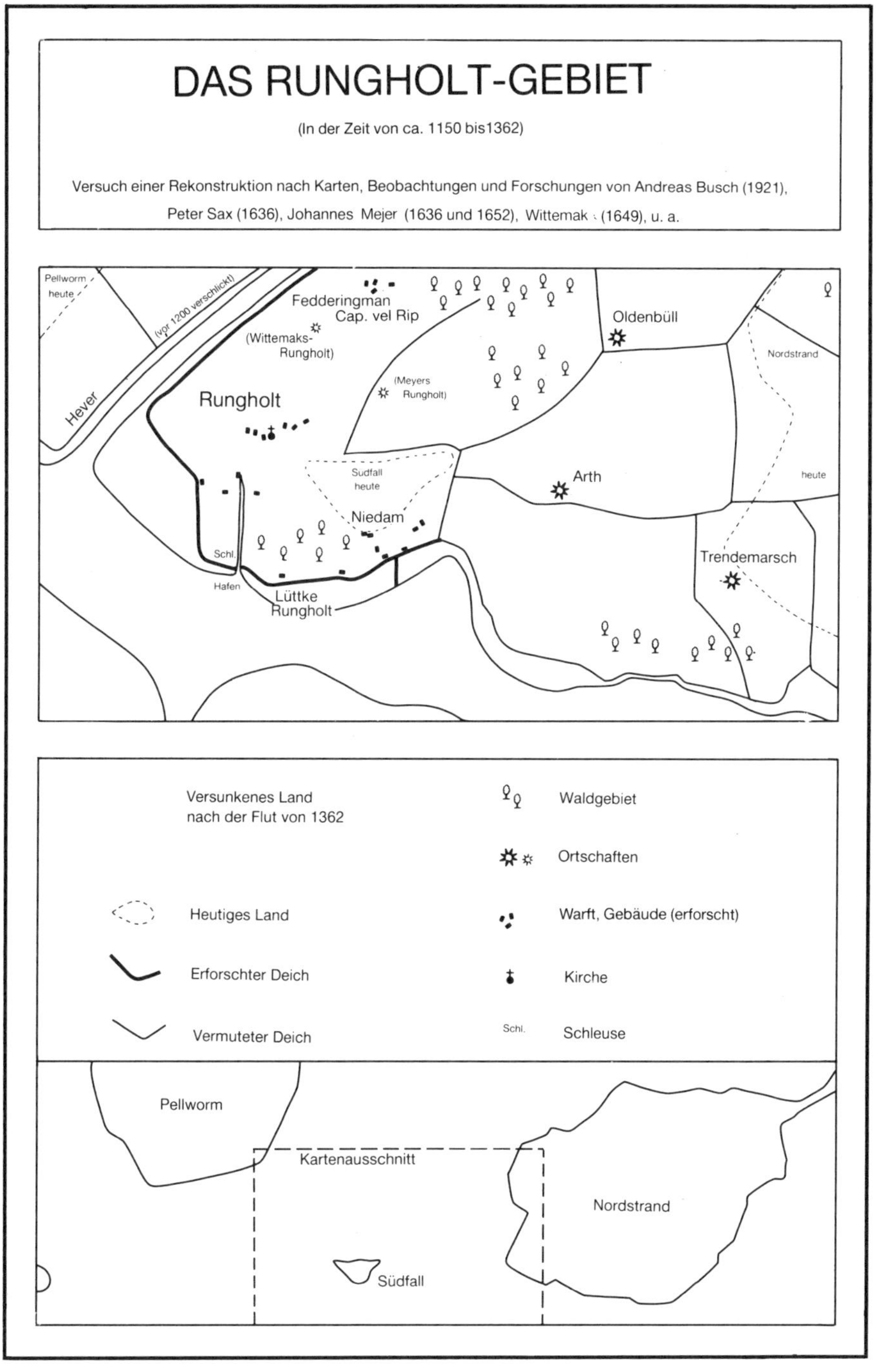

5) Das Rungholt-Gebiet

nennt. Von den „Geschichten über dessen Zerstörung und Untergang" distanziert er sich. Vor allem hält er den Aberglauben vom Wiederauftauchen der Stadt für „Altweiberträume".
Anton Heimreich (1626 bis 1685) lebte auf Nordstrand und war später Pastor der Hallig Nordstrandischmoor. Seine „Nordfresische Chronick" ist die umfangreichste Quellensammlung zur Geschichte Nordfrieslands bis zum 18. Jahrhundert. Obwohl Heimreich die Arbeiten von Peter Sax, Johannes Petreus und Matthias Boetius zur Verfügung standen, blieben jede Menge Lücken. Er konnte nicht umhin, den bisherigen Schriften auch Ungenaues und Falsches zu entnehmen. Doch zeichnet sich sein Werk durch den Willen zur Wahrhaftigkeit aus.
Heimreichs Version der Rungholt-Sage soll nun wiedergegeben werden:

Inmassen man berichtet, daß auf eine Zeit etliche muthwillige Gäste eine Sau, mit Urlaub, sollen trunken gemachet und zu Bette geleget haben, und darauf den Prediger lassen ersuchen, er möchte ihrem Kranken das Abendmahl reichen, und sich dabey verschworen, daß, wenn er bey seiner Ankunft ihren Willen nicht würde erfüllen, sie ihn in den Graben stoßen wollten. Wie aber der Prediger das H. Sacrament nicht so gräulich wollen mißbrauchen, und sie sich untereinander besprochen: ob man nicht sollte halten, was man geschworen? Und der Prediger daraus leichtlich gemerket, daß sie nichts Gutes mit ihm im Sinne hätten, hat er sich stillschweigens davon gemacht. Indem er aber wieder heim gehen wollte, und ihn zwo gottlose Buben, so im Kruge gesessen, gesehen, haben sie sich beredet, daß er nicht zu ihnen herein gehen würde, sie ihm die Haut wollten voll schlagen. Seyn darauf zu ihm hinaus gegangen, haben ihn mit Gewalt ins Haus gezogen, und gefraget, wo er gewesen? Und wie ers ihnen geklaget, wie man mit Gott und ihm habe geschimpfet, haben sie ihn gefraget, ob er das H. Sacrament bey sich hätte? und ihn gebeten, daß er ihnen dasselbe möchte zeigen. Darauf er ihnen die Büchse gegeben, darin das Sacrament gewesen, welche sie voll Biers gegossen, und gotteslästerlich gesprochen, daß so Gott darinnen sey, so müsse er auch mit ihnen saufen, und wie der Prediger auf sein freundliches Anhalten die Büchse wider bekommen, sey er damit zur Kirche gegangen, und habe Gott angerufen, daß er diese gottlosen Leute wolle strafen. Darauf er in der folgenden Nacht sey gewarnet worden, daß er aus dem Lande, so Gott verderben wollte, sollte gehen, sey auch aufgestanden und davongegangen, und habe sich also bald ein ungestümer Wind und hohes Wasser erhoben, dadurch das ganze Land Rungholt (oder wie andere melden, ganze sieben Kirchspiele, worunter Rungholt das vornehmste gewesen) sey untergegangen, und niemand davon gekommen, als gemeldeter Prediger und zwo (oder, wie andere setzen, seine Magd und drei) Jungfrauen, so den Abend zuvor von Rungholt aus auf Bopschlut zur Kirchmeß seyn gegangen. . .

(Heim I, 250 f.)

Danach erzählt der Chronist, „sonsten stehen die alten abergläubischen Leute im Wahn, daß dieses Rungholt noch einmal wieder werde auferstehen (. . .)

6) Sturmflut – nach altem, holländischen Stich

und daß auch von den vorüberfahrenden der Glockenklang (. . .) noch jetztunder gehöret werde. . .".
Welcher aufgeklärte Kopf hätte jemals an ein Wiederauftauchen geglaubt? Und doch ist es geschehen, wenn auch auf ganz andere Art, als es erwartet wurde: ohne Glockenläuten, doch geeignet, an die große Glocke gehängt zu werden.
Nachdem – wie erwähnt – schon Boetius im 17. Jahrhundert Kulturspuren von Rungholt fand, entdeckt am 16. Mai 1921 Andreas Busch wiederum freigespülte Reste des Ortes im Watt auf einem Gelände, das mehrere Jahrhunderte unter der aufgelandeten Hallig Südfall lag.
In den folgenden Jahren und Jahrzehnten erarbeitete Busch Voraussetzungen, Sage und Wirklichkeit Rungholts zu unterscheiden, indem er eine Ausgrabungsfläche von vier Quadratkilometern genauestens untersuchte. Man stellte sich den Ort als eine überaus reiche mittelalterliche Handels- und Hafenstadt vor. Dieser legendenhaften Vergoldung leistete vor allem Detlev von Liliencron in seinem Gedicht „Trutz, Blanke Hans" (1882) Vorschub, wo es in der 5. Strophe heißt:

„Rungholt ist reich und wird immer reicher,
Kein Korn mehr faßt selbst der größeste Speicher.
Wie zur Blütezeit im alten Rom
Staut hier täglich der Menschenstrom,
Die Sänften tragen Syrer und Mohren
Mit Goldblech und Flitter in Nasen und Ohren."

Im Gegensatz dazu zeigt Andreas Busch, „daß man von ganz primitiven örtlichen Verhältnissen auszugehen hat". (Bu III)
Liliencron, der das Gedicht schrieb, als er in Pellworm Hardesvogt war, behauptet darin, „heut bin ich über Rungholt gefahren", was zu seiner Zeit unmöglich war. Busch stellt jedoch fest, daß von 1955 an, einige Jahre lang, die „Schiffe tatsächlich über Rungholt gefahren sind". (Bu III)
Jedenfalls regte die Rungholt-Sage nicht nur den Lyriker Liliencron an, sondern ließ auch Johannes Dose und Wilhelm Jensen Romane verfassen. Theodor Storm und Ernst Willkomm widmeten sich dem Thema in Novelle und Erzählung.
Sagenhafte Überlieferung enthüllte sich beim Wiederauftauchen der Rungholtreste als Orakel. Zwar waren die Mauern selbst nur noch in andeutenden Bruchstücken vorhanden, doch die Konturen von Rungholt wurden nach 600 Jahren immerhin wieder sichtbar.
Aber neben Forschung und Sage gab es auch Voraussagen. Die Friesin Sibylle Hertje prophezeite um 1400 eine gewaltige, weit ins Festland dringende Sturmflut. In Lindholm, wo man die erste Kirche baute, sollte auch die letzte stehen.
Auch der „gelehrte Jacob" warnte 1599 auf seinem Totenbett konkreter und mit Recht vor dem baldigen Untergang Nordstrands. Seitdem wird orakelt, daß die Deiche jeder vorstellbaren Sturmflut standhalten sollen.

Nordfriesland und seine Besiedlung durch die Friesen

„Meer, das früher war
als unser Lied –
Meer Unkenntnis der Zukunft,
o Meer Erinnerung des
längsten Tages und wie
begabt mit Unsinnigkeit . . .“
Saint-John Perse

Gegen Ende der letzten Eiszeit lag der südliche Teil des heutigen Nordseebekkens trocken und die Küstenlinie verlief nördlich der Doggerbank. Schmelzwassersande, deren Oberfläche meistenteils vermoort war, bedeckten den größten Teil Nordfrieslands. Sein Westrand wurde von Altmoränenhöhen gebildet, von denen die Geestrücken der Inseln Amrum, Föhr und Sylt noch erhalten sind. Nur im äußersten Südwesten finden sich Anzeichen dafür, daß sich hier schon in ältester Zeit offenes Meer befand. (nach E. Dittmer)
Die Besiedlung der Geestrücken läßt sich bis in die mittlere Steinzeit nachweisen.
Molluskenreste in den ältesten Alluvialablagerungen deuten auf flaches Wasser hin, so daß man mit einer starken Sediment-(= Sinkstoff-)Zufuhr bei Überflutungen ausgehen muß. Diese haben die fruchtbare Marsch im wesentlichen aufgebaut.
Bis etwa 2000 v. Chr. schoben sich Wattflächen, mit wahrscheinlich schon stellenweiser Marsch, immer weiter nach Westen vor. Es folgte ein anhaltender Prozeß der Verlandung, deren Kern das spätere Halliggebiet war. (nach E. Dittmer)
Geologische und archäologische Forschungen unseres Jahrhunderts brachten diese Ergebnisse. Pollenanalytische Untersuchungen, die Wiermann 1962 veröffentlichte, erwiesen, daß stellenweise schon im 2. Jahrtausend vor Chr. Meeresablagerungen mit tonigem Brackwasser und Schilfwurzeln überdeckt wurden. Zwischen 500 und 100 v. Chr. soll das Meer bis zur heutigen Festlandsmarsch erneut vorgedrungen sein, was u. a. eine verstärkte Kleibildung auslöste.
Die Moore wuchsen weiter und das Gebiet der heutigen nördlichen Halligen scheint sich damals bereits abgehoben zu haben. (nach B I, 16)
Eine einigermaßen dichte bäuerliche Besiedlung der Marschflächen vollzog sich jedoch erst seit ungefähr 100 nach Chr. Umfassende Bedeichung war den Siedlern unbekannt.
Urkunden der damaligen Bewohner sind nicht bekannt, Schriftliches ergibt sich nur bruchstückweise aus einigen Berichten antiker Reisender.
Allererste Informationen stammen von Pytheas von Massilia, der um 330 v. Chr. die Nordsee erreichte und von dessen Aufzeichnungen nur Bruchstücke

erhalten sind. Er erzählt von dem Volk der Guttonen, die eine Schiffstagereise von der Insel Abalus entfernt wohnen, „wohin der Bernstein als ein konkreter Abschaum des Meeres durch die Fluten getrieben werde; die dortigen Bewohner gebrauchten ihn als Holz zum Brennen und verkauften ihn an die nächstliegenden Teutonen". (nach Plinius: Naturgeschichte XXXVII)
Strabo (65 – 20 v. Chr.) berichtet im 2. Abschnitt des 7. Buches seiner Erdbeschreibung von den Kimbern der Nordseeküste:
„Lächerlich aber ist es, daß sie über ein natürliches und ewiges Ereignis, welches täglich zweimal erfolgt, in Zorn geratend aus dem Lande zogen. Und einer Erdichtung gleicht die Sage, daß einst eine ungeheure Überflutung erfolgt sei, denn der Ozean nimmt zwar bei solchen Ereignissen Anschwellungen und Rückflüsse an, aber nur geordnete und wiederkehrende."
Wie man sieht, hatte Strabo nicht die geringste Ahnung, was eine Sturmflut sein kann. Mehr von Wirklichkeitssinn geprägt, schildert Plinius (23 – 79 n. Chr.) die cimbrische Halbinsel und die friesischen Inseln. Im 1. Kapitel des 16. Buches seiner berühmten Naturgeschichte berichtet er über das Land der Cauchen oder Chauken, in dem man das heutige Ostfriesland vermutet. Die Beschreibung erinnert jedoch viel stärker an das Leben auf den Halligen und dürfte wohl auch auf die erste Besiedlung der nordfriesischen Marsch anzuwenden sein:
„Hier überflutet der Ozean zweimal binnen Tag und Nacht in ausgebreiteter Flut einen unermeßlichen Landstrich und verursacht einen ewigen Streit in der Natur, so daß man nicht weiß, ob diese Gegend zum festen Land oder zum Meer gehört. Ein armseliges Volk wohnt dort auf hohen Hügeln oder mit Händen gemachten Erdhaufen, welche die höchste bekannte Flut überragen. Wenn das Wasser die umliegende Gegend bedeckt, sehen die Leute in ihren auf den Hügeln errichteten Häusern wie Schiffahrer aus, und wenn es sich wieder verläuft, scheinen sie Schiffbruch gelitten zu haben und machen Jagd auf die Fische, welche in der Gegend ihrer Hütte mit dem Meer entfliehen wollen. Sie sind nicht so glücklich, daß sie Vieh halten können, wie ihre Nachbarn; ja, weil hier weit und breit alles Gesträuch gleichsam vertrieben ist, so haben sie nicht einmal Gelegenheit, die wilden Tiere anzugreifen. Sie flechten Fäden aus Seegras und Sumpfbinsen, um Netze zu haben, die sie den Fischen entgegenstellen können und trocknen den mit Händen geformten Kot mehr beim Winde als in der Sonne. Regenwasser, das sie vor ihren Wohnungen in Gruben aufbewahren, ist ihr einziges Getränk."
Die sogenannte „Dittenherstellung", die getrockneten Schaf- oder Kuhmist als Brennmaterial zubereitete, und Vorrichtungen zur Sammlung des Regenwassers sind Praktiken, die bis ins 20. Jahrhundert hinein auf den Halligen gebräuchlich blieben.
Auch P. C. Tacitus (55 – etwa 120 n. Chr.) schreibt im 23. und 24. Kapitel des zweiten Buches seiner „Annalen" über die Nordsee, und zwar anläßlich der Verluste der römischen Flotte (14 – 16 n. Chr.): „ . . . ein Teil der Schiffe ward verschlungen, mehrere strandeten an weiter entlegenen Inseln, welche ohne jede menschliche Ansiedlung waren . . ." Dabei könnte es sich um Halligen gehandelt haben, obwohl die uns bekannten damals noch gar nicht existierten.
Das früheste erhaltene schriftliche Zeugnis über Halligen ist das Erdbuch

7) Stock (= Steg) mit Handlauf

Waldemars II. aus dem Jahre 1231, wo nur „Hiortsand“ (= Jordsand) und „Aland“ (= Oland) erwähnt sind, ohne daß der eindeutige Begriff „Hallig“ fällt.
Vor der ersten menschlichen Besiedlung des neugewachsenen Marschlandes „ist anzunehmen, daß vor der Errichtung ständiger Wohnstätten auf größeren Warfen kleinere Fluchthügel aufgeworfen wurden, worauf bei höheren Fluten Menschen und Vieh Zuflucht fanden und daß man erst zu Warfanlagen überging, nachdem man mit den neuen Verhältnissen vertrauter geworden war“. (Mü I,151)
Viele dieser „Vluchtheuvels“ sind noch heute im niederländischen Zeeland vorhanden, während die Warften in Nordfriesland sich sowohl auf den unbedeichten Halligen als auch innerhalb der Deichlinie finden. Letzteres ist auf der Marscheninsel Pellworm der Fall.
Wann die ersten Eindeichungen gemacht wurden, ist nicht ganz klar. Man darf vermuten, daß sie zu Beginn des 11. Jahrhunderts ausgeführt wurden. Wegen der Zerschneidung des Landes mußte man sich mit Teilbefestigungen begnügen.
Über die Herkunft der ersten Besiedler des Landes läßt sich trefflich streiten. In historischer Zeit waren es wahrscheinlich die Cimbern, die durch verheerende Sturmfluten zum Abzug gezwungen wurden. „Dann folgten im Osten Angeln, im Innern Jüten und an der Westküste Schleswigs sowie dem Gebiete der heutigen nordfriesischen Inseln und Halligen Friesen. Seit dem 4. Jahrhundert drangen von Norden her Dänen ein.“ (Mü II, 156)
Während zu Beginn der Eisenzeit die Bevölkerungzahlen zurückgingen, soll gegen Ende dieser Zeit (Mitte des 9. Jahrhunderts) eine Einwanderung von Südfriesland aus eingesetzt haben – meint der dänische Geschichtsschreiber und Sagenerzähler Saxo Grammaticus, der um 1140 geboren wurde. Sicherlich kamen viele um diese Zeit ins Land, denn 857 trat der Dänenkönig Hodrich II. die Gegend zwischen Eider und Meer an Rorik, der aus Friesland stammte, ab. (Fuldaer Annalen, vgl. O. Brandt, S. 113). Vermutlich erfolgte die Einwanderung allmählich und meist auf friedlichem Wege, vor allem durch Handelsbeziehungen nach Ostfriesland und Holland. Etwa ab 1000 sind erst Deichbauten nachgewiesen.
Michelsen (1828) hält dagegen, daß die Friesen Ureinwohner Nordfrieslands seien, was von lokalpatriotischen Autoren gerne aufgenommen und weitergegeben wurde.
Im „Beowulflied“ aus dem 8. Jahrhundert werden die Friesen als neben den Jüten wohnend vorgestellt. Ebenso wie in der Sage vom friesischen Kriegshelden aus derselben Zeit wird vom friesischen König Finn erzählt. Die Existenz der Friesen wird erstmals 12 v. Chr. eindeutig bezeugt, als sie sich den Römern unter Drusus unterwerfen mußten. Tacitus berichtet, daß sie als Tribut Rinderhäute abliefern mußten. Sie müssen also bereits damals Viehzüchter gewesen sein. Nach mehrfachem Aufstand gegen die Römerherrschaft waren sie seit dem Ende des 3. Jahrhunderts wieder frei.
Ihre wahrscheinlich weiteste Gebietsausdehnung erreichten die Friesen unter

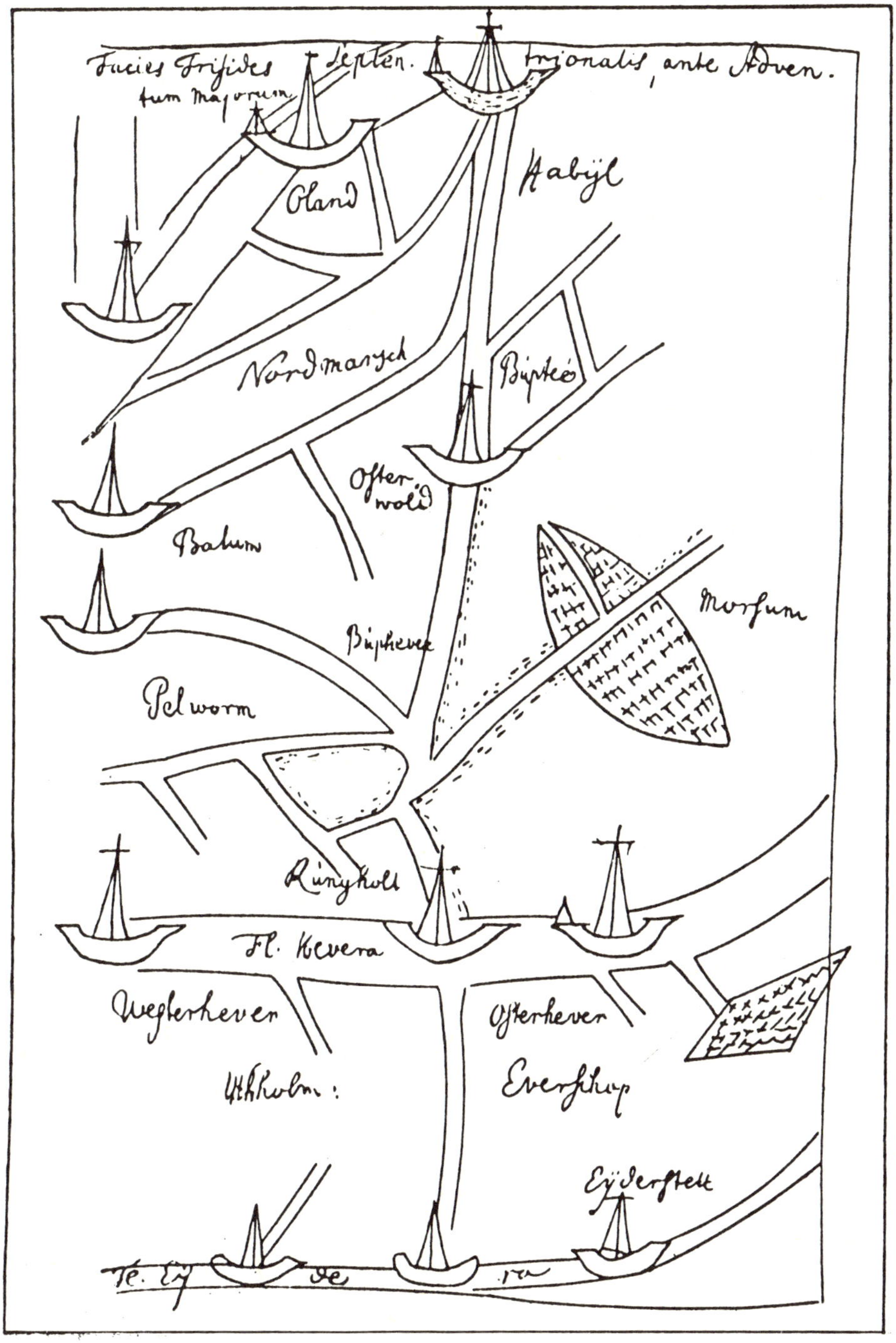

8) Peter Sax: Nordfriesland vor der Ankunft der Vorfahren

dem sagenumwobenen König Redbad bzw. Radbod (gestorben 719). Sie kämpften gegen die Franken, die sie im 8. Jahrhundert unterwarfen. Mit den Franken kam auch das Christentum, gepredigt von Willibrord und Bonifatius, der 754 bei Dokkum ermordet wurde.
Schon zur Zeit der Römer hatten die Friesen großes Ansehen als Seefahrer und Kaufleute. Sie segelten bis England und Schweden. Eine höchste Blüte erlebte ihre Seefahrerreputation zur Karolingerzeit.
785 wurden sie ins Reich Karls des Großen eingegliedert, der 802 die Rechte der Friesen als „Lex Frisionum" aufzeichnen ließ. Darauf beriefen sie sich in der Folge immer, wenn es um ihre Freiheit ging. Schon im frühen Mittelalter teilte sich Friesland in West-, Mittel- und Ostfriesland, während Nordfriesland in den Zusammenhang der schleswig-holsteinischen Geschichte einrückte.
Erst im 20. Jahrhundert haben sich die Friesen wieder verstärkt auf ihre gemeinsame Stammeszugehörigkeit besonnen und den gesamtfriesischen „Friesenrat" ins Leben gerufen. Alle drei Jahre wird ein „Friesenkongreß" veranstaltet. Genauso wie die eigentliche Herkunft der Friesen umstritten ist, gibt auch der Name dieses Volkes zu manchen Spekulationen Anlaß. Michelsen findet darin die Bedeutung von „Rand oder Saum". Danckwerth führt in seiner „Landesbeschreibung" (zusammen mit den Karten von Johannes Mejer erschienen) den Namen auf „Werr" zurück, was „Wasser" bedeutet. Bei schneller Aussprache sei dann aus „Werresland" „Fresland" geworden.
Heimreich findet es notwendig, den Namen seines Volkes lebhaft zu verteidigen und von eventuellen falschen Anspielungen zu befreien. „Fresen" käme nicht von „Fressen, wie Diejenigen erachten, die nur auf ihre vielen Mahlzeiten sehen . . ."
Nachdem die friesische Sprache im Norden allmählich mehr und mehr dem Plattdeutschen weichen mußte und die friesischen Seefahrer sich sogar bisweilen fremde Namen gaben, galten sie eher als Holsteiner oder Dänen. Die Bewohner Sylts, Föhrs und Amrums nennen sich schon lange nur nach ihren Inseln.
Nur die Halligleute und die Bevölkerung der Festlandsmarschen wurden als „Friesen" bezeichnet. Inzwischen bahnt sich auch hier eine Wandlung an. Die auf den Halligen ansässigen – inzwischen zu einem nicht geringen Teil Eingewanderte – nennen sich eher „Halligleute" als „Friesen". Doch vor allem auf Oland beherrscht noch ein relativ hoher Prozentsatz Friesisch.
In den letzten Jahren wurde wieder das Lernen dieser Sprache durch Schriften und Kurse belebt. Die älteste schriftliche Überlieferung besteht in 13 kurzen Runenschriften, deren Alter unbestimmt ist, sowie aus Rechtsquellen seit dem 13. Jahrhundert. Außer dem „Vaterunser" und ein paar Gedichten aus späterer Zeit sind ansonsten keine Schriften in Friesisch überliefert, jedenfalls nicht bis Mitte des 16. Jahrhunderts.
Der 1803 auf Amrum geborene Knut Jungbohn Clement zeigte sich in seinem Werk „Die Lebens- und Leidensgeschichte der Friesen" (1845) als fanatischer Patriot der Friesen. „Sein Ressentiment gegen römisches Wesen, gegen alle bisherige Wissenschaft, seine kritiklose Verherrlichung des germanischen

Nordens und die Hinneigung zu einer materialistischen Rassenlehre machen ihn zu einem frühen Vorläufer germanischen Rassendünkels." (R. K. Holander, 1980 als Herausgeber der „Lebens- und Leidensgeschichte . .")
Clements nordfriesisches Stammesbewußtsein konnte im deutsch-dänischen Nationalitätenkampf politisch praktisch nichts ausrichten. Sein Werk endet mit der Prognose: „ . . .unter Druck und Elend geht alles unter." Er selbst stirbt 1873 in den Vereinigten Staaten.
Trotz seiner äußerst zweifelhaften politischen Einstellung ist nicht alles Unsinn, was er schreibt. Die friesische Sprache charakterisiert er folgendermaßen: „Sie sagt viel in wenig Worten, ist reich an einsilbigen Wurzelwörtern, reich an ausschließlich friesischen Sprichwörtern, in ihrer Begriffsbezeichnung ungewöhnlich scharf und treffend."
Er hat den Satz „Lewer duad üs Slaw" (Lieber tot als Sklave) zum friesischen Wahlspruch hochpoliert und seinem Werk als Motto vorangestellt. Man findet ihn heute wohl häufiger als je zuvor in nordfriesischen Stuben und auf Grabsteinen.
Wenn Clement auch arroganterweise die Friesen als „Deutschlands Ehrenvolk" bezeichnete, so hat er doch ihre Geschichte auf eine treffende Formel gebracht: „Die Geschichte der Frisen ist vorzugsweise das große Trauerspiel in dem Leben der deutschen Völker, denn sie ist der gleichzeitige Doppelkampf mit der See, dem allermächtigsten Element, und mit der Übermacht und Habsucht fremder Fürsten . . ." (C, 39)
Nicht nur Clement betonte den besonderen Hang zur Freiheit, der den Friesen von jeher eigentümlich sein soll. An anderer Stelle schreibt er: „Diese Freiheit wahrte sich vor Allen, die in Schlössern wohnen (. . .) Schlösser und steinerne Häuser waren der friesischen Freiheit gefährlich. Kein Haus durfte daher über 12 Fuß auf der Mauer errichtet werden, nur gottesdienstliche Gebäude durften von Stein sein. Man hatte weder König noch Adel." (C, 80)
Und vielleicht nicht ganz zu Unrecht beschließt er seine Ausführungen mit dem Gedanken: „ . . . von der Urzeit an bis heute, hat republikanischer Geist dieses Volk beseelt und begeistert."
Auch Rudolf Muuß (in Pe) bestätigt Friesland, „auf allen Blättern seiner Geschichte steht das Wort Freiheit geschrieben.". Wenn man einmal von der Pathetik und letztlichen Unbeweisbarkeit dieser Behauptungen absieht, so bleibt doch ein historisch realer Kern. Als die Nordfriesen in der Geschichte auftauchen, haben sie keinen König oder ähnliche Regenten, sondern Ratmänner der einzelnen Harden, die bei einem Kriegsausbruch untereinander losen, um ihren Heerführer zu bestimmen.
In der 10. (von 17) Küre des „Rüstringer Landrechts" wird den Friesen das Recht eingeräumt, an keiner Heerfahrt über die Grenzen teilnehmen zu müssen, damit sie ihr Land gegen die See und feindliche Angriffe verteidigen können.
Obwohl, nach neueren Forschungen, ein Teil der Vorfahren heutiger Friesen einwanderte, so fühlen sich die Alteingesessenen als Nachfahren friesischer Ureinwohner.

Geschichte, Geschichtsschreibung und Kartographie bis ins 14. Jahrhundert

„Inseln gibt es nicht nur wie Sand am Meer, sondern alles ist Insel, auch die Kontinente, und selbst die Erde ist ein Inselchen im Äthermeer."
Ernst Jünger

„I sang in my chains like the sea."
Dylan Thomas

Steuern und andere Abgaben wurden den Halligleuten zwar auferlegt, aber sie konnten nicht immer eingetrieben werden. Je weiter man zurückgeht, desto unzugänglicher waren die Halligen. Die steuerabhängige Nutzfläche ihres Landes wurde naturgemäß von den Steuerpflichtigen anders gesehen als von denen, die die Steuer erhoben. Wobei sich diese Flächen sowohl durch normalen Wellenschlag als auch durch Sturmfluten immer wieder verkleinerten. In den häufig schwelenden Streitigkeiten blieb den Machthabern manchmal gar nichts anderes übrig als nachzugeben, weil aus den verarmten Menschen nun wirklich nichts mehr „herauszuholen" war.
Wenn man davon und von einigen wenigen rechtlichen Regelungen absieht, erreichten politische Entscheidungen die Halligen gar nicht oder nur abgeschwächt.
Nachfolgend soll nun die politische Geschichte Nordfrieslands bis zur Sturmflut von 1362, der ersten großen Manndränke, nur gerafft wiedergegeben werden. Da die Halligen zum früheren Herzogtum Schleswig gehörten, beschränkt sich die Darstellung auf die schleswigsche Geschichte, die im 14. Jahrhundert in die Geschichte Schleswig-Holsteins übergeht. Dabei folge ich in großen Zügen den Ausführungen Friedrich Müllers. (I. 72 ff.)
Der Beginn des 9. Jahrhunderts bezeichnet den Anfang der historischen Zeit Schleswigs. Die Eider bildete damals die Südgrenze Dänemarks gegen das Gebiet der nordalbingischen Sachsen, die Karl der Große unterwarf. Der dänische König Göttrik erweiterte im Jahre 808 den Verteidigungswall von der Ostsee zur Eider, das Dannewerk, und wollte Karl den Großen nahe der heutigen Stadt Itzehoe angreifen.
Es kam zwischen beiden Fürsten zu kriegerischen Auseinandersetzungen, aber auch zu Verhandlungen. Im Gegenzug zu der weiteren Befestigung von Göttriks Dannewerk begründete Karl zahlreiche Burgen (wie die Kaaksburg, Esesfeldt, beide bei Itzehoe, u. a.) Doch wurde er 810 ermordet und sein Nachfolger schloß Frieden, wobei die Eider Grenzfluß blieb.
Im 10. Jahrhundert vereinigte König Gorm Jütland und Schleswig mit dem dänischen Reiche. Nach einem Kampf mit Kaiser Heinrich I. mußte er jedoch das Gebiet zwischen Eider, Treene und Schlei im Jahre 934 abtreten. Das stets

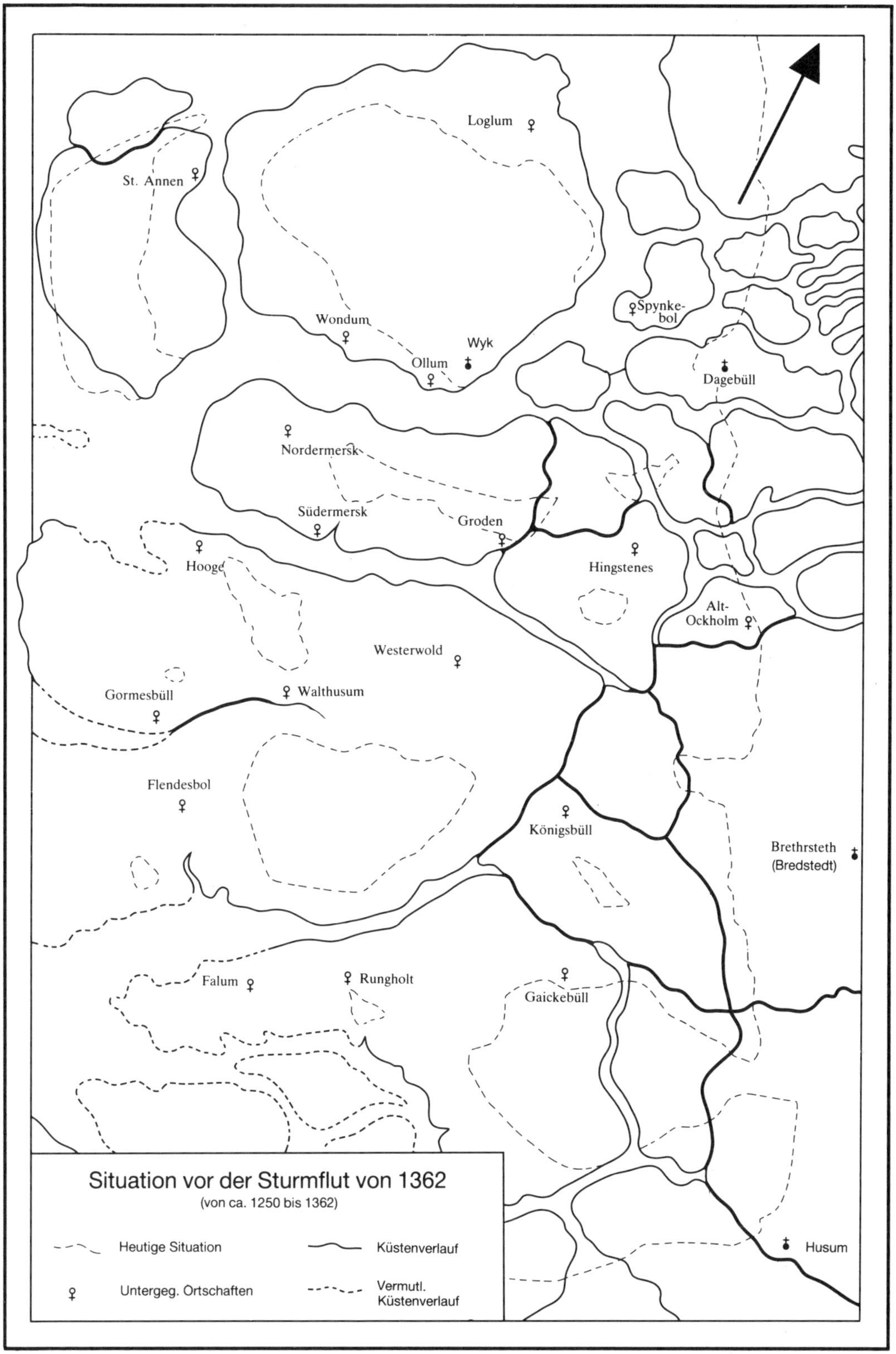

9) Die Situation vor 1362

umstrittene Schleswig wurde 1027 von Kaiser Konrad II. an König Knut den Großen zurückgegeben.
1115 erhielt Knut Lavard, der Sohn König Erichs, von König Niels die Statthalterschaft von Schleswig. Dort regierte er als Herzog und wurde 1131 von König Magnus ermordet.
Es folgten weitere blutige Familienfehden. Knut Lavards Sohn, Waldemar I., erkämpfte sich 1157 den dänischen Thron. Vorher war er bereits Herzog von Schleswig geworden, das nun wieder an Dänemark fiel. Unter seinem Nachfolger Knut VI. (1182–1202) wurde Schleswig wieder Herzogtum, nämlich unter seinem Bruder Waldemar II. Dieser regierte von 1202 bis 1241 und verfaßte bis 1231 das für die nordfriesische Geschichtsschreibung hochwichtige „Waldemarsche Erdbuch."
1241 wurde das „Jütische Lov" eingeführt. Ein Gesetzbuch, das auch für Schleswig galt und weit über das Mittelalter hinaus Gültigkeit behielt. Nach Waldemars II. Sohn Erich wurde dessen Sohn Abel Thronerbe und Herzog von Schleswig. Erich Pflugpfennig regierte von 1241 bis 1250. Nach Streitereien mit Abel ließ ihn dieser in der Schlei ertränken. Später wurde Abel selbst erschlagen.
Auf dem dänischen Thron folgte Abels jüngster Bruder Christoph. Abels Sohn erhielt später Schleswig als Herzog Wademar III., das er von 1254 bis 1257 regierte. Ihm folgte Erich I. (1257 bis 1272) als Herzog, der den dänischen Thron nicht besteigen durfte. Dort hatte sich Erik Glipping eingerichtet (1259 bis 1286), der nach Erichs Tod dessen Söhne bevormundete. Von 1283 bis 1312 war Waldemar IV. Herzog. Nach Erik Glippings Ermordung folgten auf dem dänischen Thron: Erik Menved (1286 bis 1319), Erich II. (1312 bis 1325) und Christoph II. (1319 bis 1326). Nach Erbstreitigkeiten wurde Waldemar V. von Schleswig zum dänischen König gewählt und blieb es von 1326 bis 1330.
Schleswig, das in Zukunft nicht mehr mit Dänemark vereinigt werden sollte (so bestimmte es die „Constitutio Waldemariana"), mußte von Waldemar V. als Fahnenlehen an den Schauenburger Grafen Gerhard III. von Rendsburg abgetreten werden. Dieser gab Schleswig schließlich wieder an Waldemar zurück, wobei er die „Constitutio" bestätigte und die Nachfolge seines Hauses im Herzogtum sicherte.
In Dänemark herrschte Interregnum von 1332 bis 1340, doch Graf Gerhard blieb dort mächtig – bis er am 1. April 1340 ermordet wurde. Waldemar V. regierte als Herzog von 1330 bis 1360. Seinen Sohn Heinrich erkannte er als Mitregenten an. In Dänemark war inzwischen Waldemar Atterdag (1340 bis 1375) Herrscher geworden.
Die holsteinischen Grafen Heinrich und Klaus erhoben ihre Ansprüche auf das ganze Herzogtum Schleswig, da sie bereits seit 1340 Gottorp und Südschleswig in ihrer Macht hatten. Doch erst 1386 fand eine förmliche Belehnung mit Erbfolgerecht an den Grafen Gerhard VI. statt. Dieser Zeitpunkt kann als Beginn der schleswig-holsteinischen Geschichte angesehen werden. Doch alle politischen Wirren des 14. Jahrhunderts berührten die Halligbewohner kaum. Ihnen lagen Ereignisse wie die Pest und vernichtende Sturmfluten wesentlich

näher. Ob zu dieser Zeit vor der „Mandrenkelse“ von 1362 schon Halligen existierten, wird sich wohl nie abschließend beantworten lassen. Doch soll den Spuren nachgegangen werden. Zuverlässige Dokumente und Quellen schriftlicher Art sind im allgemeinen erst ab dem 16. Jahrhundert erhalten.

Die früheste überlieferte Nennung von Hallignamen stammt aus dem erwähnten Waldemar'schen Erdbuch (1231). Es verzeichnet nur Inseln und Halligen – d. h. Inseln, die man heute als Halligen kennt – auf denen der König ein (Jagd-) Haus hatte.

Demnach müßten Oland und Jordsand bereits vorhanden gewesen sein. In der Inselliste taucht auch „Gaestaenacka“ auf, das die Forschung (Mü I, 13 ff.) öfters mit der heutigen Hallig „Nordmarsch-Langeneß“ gleichsetzt. Daraus muß man jedoch keineswegs schließen, daß dies damals die einzigen Halligen waren. Mehrfach urkundlich belegt ist, was auch die neuere Wattenarchäologie bestätigt: Die Utlande waren schon lange vor der „groten Mandrenke“ von 1362 ein von Prielen durchfurchtes Gebiet mit mehr oder weniger großen Flächen, die mit Sicherheit besiedelt waren. (Der Begriff „Utlande“ wurde von Sach schon in einer Urkunde von 1187 gefunden, wo er die „Außenlande der Geest“ bezeichnet.)

Unter diesen von Wasser umgebenen Landflächen befanden sich mit großer Wahrscheinlichkeit echte Halligen, die ganz untergingen oder die bei einer späteren Auflandung sich wieder neu bildeten. Ein solcher zweiter Aufbau hat sich z. B. im Bereich von Langeneß und Appelland vollzogen, wie Bantelmann nachgewiesen hat.

Wie viele der damals entstandenen Halligen und Landstücke besiedelt waren und verschwanden, ehe irgendwo auch nur ihr Name verzeichnet wurde, wissen wir nicht.

Die noch heute bestehenden Halligen – evtl. außer Oland und Jordsand, das zu Dänemark gehört – sollen alle nach 1362 entstanden sein. So die vorherrschende Meinung. Soweit sie aufgelandete Teile des alten „Strand“ waren, gibt es daran keine Zweifel.

Doch läßt sich nicht bei jeder Hallig die Geschichte bis zu ihrem Anfang zurückverfolgen. Die erste urkundliche Erwähnung sagt schließlich nichts über ihre Entstehung aus.

Beispielsweise spricht einiges dafür, daß Süderoog und Norderoog vor der Mitte des 14. Jahrhunderts entstanden sind. Doch auf die mittelalterliche Kartographie kann man sich dabei nicht verlassen. Sie sah ihre Aufgabe nicht in einer möglichst genauen Wiedergabe tatsächlicher Verhältnisse, sondern in der Darstellung eines christlichen Welt-Bildes – am liebsten auf einer Weltkarte.

Als Beispiel sei die Weltkarte „Rudimentum noritiorum“ des Lucas Brandis von 1475 genannt, die als älteste gedruckte Karte gilt. Die Kugelgestalt der Erde wurde abgelehnt. Beeinflußt von den Römern wurde allerdings die Welt auf einer Rundkarte dargestellt. Innerhalb eines Kreises ist die Erde T-förmig in die drei damals bekannten Kontinente eingeteilt: Oben Asien, darunter Afrika und Europa. In der Mitte liegt axial ausgerichtet das „Heilige Land“. Darüber sitzt auf je einem Hügel ein Christ und ein Jude, umschlossen von Paradiesflüssen.

10) Kogge aus dem Jahre 1350

Kritisch zu begutachten lohnen sich erst die Karten von Johannes Petreus (1597) und die zum Teil recht groben, aber ziemlich zuverlässigen Handzeichnungen von Peter Sax in dessen Kartensammlung von 1638. In den Karten und Skizzen der beiden tauchen zum ersten Mal Halligen auf. Der bedeutendste Kartograph Nordfrieslands aus der Zeit zwischen Renaissance und Barock ist zweifellos Johannes Mejer, von dem etwa 500 Karten erhalten sind. Zwar ist auch er nicht immer zuverlässig und manchmal sogar frei phantasierend, wie in seinen irreführenden „historischen Karten“, doch bleiben seine Arbeiten das wichtigste Kartenmaterial dieser Zeit.

Wenn auch die Entstehung mancher Hallig im Dunkel bleibt, so wird doch über das Ende der meisten Erhellendes festzustellen sein. Nicht nur, weil wir für weniger weit Zurückliegendes leichter Quellen finden können, sondern auch, weil das Negative eher Chancen hat, aufgezeichnet zu werden.

So ist die tatsächliche Geschichte der Halligen noch bis ins 19. Jahrhundert hinein fast ausschließlich die der Sturmfluten. Zunehmend geht damit eine Geschichte der Schutzmaßnahmen gegen die Meeresgewalten einher. Über das, was dabei mit dem Land unterging, wie den Alltag und die Lebensweise ihrer Bewohner, wird uns von den Chronisten fast nichts berichtet.

Glücklicherweise bleiben uns wenigstens die unschätzbaren Aufzeichnungen einiger Halligleute, von denen die frühesten allerdings erst aus der Mitte des 18. Jahrhunderts stammen: Lorenz Lorenzen (1749), E. C. Kruse (1794), Jes Siemsen (1807) und Nommen Hansen (1814).

Für die Zeit vor 1362 bleiben demnach nur die Angaben der Chronisten über Sturmfluten, sowie andere Katastrophen und Denkwürdigkeiten. Auch unter kriegerischen Auseinandersetzungen hatten die Halligleute nicht selten zu leiden, und zwar in der Form von Plünderungen, vor allem während der Eroberungszüge der Wikinger.
Die mittelalterlichen Sturmfluten sind jedoch nur von späteren Chronisten übermittelt. Ihre Angaben sind häufig abenteuerlich falsch. Menschenverluste werden behauptet, welche die Zahl der damaligen Bevölkerung weit übersteigen. Urkundliches über Landverluste vor 1362 ist kaum bekannt.
Reimer Hansen hat alle verfügbaren Quellen für den Zeitraum 1020 bis 1485 gesichtet und große Unzuverlässigkeiten festgestellt. Nach seinen Angaben und Ergänzungen von Salchow, Woebcken und Kuss sollen nun die schwersten Sturmfluten aufgezählt werden, die sich mit einiger Sicherheit tatsächlich bis 1362 ereigneten.
Die bedeutendste Sturmflut des 12. Jahrhunderts dürfte die Julianenflut vom 16. Februar 1164 gewesen sein, bei der wahrscheinlich die südliche Nordseeküste schwerer betroffen war als die Westküste Schleswig-Holsteins. Auch 1158 scheint eine Sturmflut aufgelaufen zu sein.
Durch nordelbingsche Chronisten sind als wichtigste Sturmfluten des 13. Jahrhundertes die vom 17. November 1228 und die vom 28. Dezember 1248 bezeugt. Dazu kommen die von 1204 und die Marcellusflut vom 16. Januar 1219, welche erstmalig von einem Augenzeugen aus Westfriesland belegt ist. Ansonsten besteht nur ein phantastischer Bericht des Flamen Magister Nivard aus dem 12. Jahrhundert. (Str)
Weiterhin urkundlich erwähnt ist eine Sturmflut, die den Erzbischof von Bremen im Mai 1263 veranlaßte, den Cisterciensern den Neubau eines Klosters zu gestatten. Nicht ganz fest steht, ob im Jahre 1258 eine Sturmflut stattfand bei der Ripen (heute dänisch) teilweise zerstört worden sein soll.
Für das 14. Jahrhundert hält R. Hansen vier Sturmfluten für beglaubigt: Die vom 1. Mai 1313 als unsicher, die von 1341 als sicherer, die „grote Mandränke" vom 16. Januar 1362 als urkundlich nachgewiesen, sowie die vom 1. Mai 1380 als wahrscheinlich.
Die vielfach ausführlich geschilderte Flut vom Jahre 1300 geht in allen Fällen höchstwahrscheinlich auf eine Verwechslung mit der von 1362 zurück, ein Irrtum, dem nicht wenige Chronisten ohne Argwohn unterlagen.
1338 könnte wohl eine Sturmflut stattgefunden haben. Eine eiderstedtische Chronik gibt eine dreijährige Überschwemmung an, die jedoch in der geschilderten Weise als wenig wahrscheinlich angesehen werden muß.
Soweit die Sturmfluten des 11. bis 14. Jahrhunderts.
Nun noch einige Schlaglichter auf eine Zeit, aus der uns allzu wenig überliefert ist. Um 1100 begannen die Nordfriesen Kirchen zu bauen. Tade Eschels soll um 1103 die Kapelle zu Tating errichtet haben und zehn Jahre später sollen allein in Eiderstedt sechs Gotteshäuser errichtet worden sein. Um etwa die gleiche Zeit setzte eine verstärkte Deichbautätigkeit ein. Knud Lavard war als Herzog von Schleswig beliebt, u. a. weil er die damals zahlreichen Seeräuber in Schach

hielt. Als er 1131 ermordet wurde, brachen eine Reihe von unruhigen, von Thronstreitigkeiten bestimmte Jahre an.
In der ersten Hälfte des 13. Jahrhunderts sollen bei Überschwemmungen massenhaft Wölfe ertrunken sein. Damals gab es noch Wälder in den Utlanden und genügend Landverbindungen zur Geest.
Im Juni 1252 wurde der brutale König Abel, der den Friesen unmäßige Steuern abpreßte, auf dem Milderdamm bei Husum ermordet. Die Sage läßt den Pellwormer Rademacher Wessel Hummer zu seinem Mörder werden, der Abel mit seiner Axt den Kopf gespalten haben soll.
Die Zeit danach bis zur Jahrhundertwende hält C. P. Hansen für die „vielleicht ruhigste und glücklichste Periode, die Nordfriesland je gehabt hat". (Uth, 44)
1338 muß ein schreckliches Unglücksjahr gewesen sein. Jonas Hoyer schrieb (um 1624):
„Anno 1338 hat Gott der Allmächtige diese Länder mit großem Hunger und theurer Zeit geplaget, so durch den vielfältigen Regen verursachet worden, indem das Wasser so häufig auf die Erde fiel, daß auch ein Mann Garsten Schuff an seiner Mühlen Ruthe band, und ließ die Mühle in 14 Tagen und Nächten umlaufen, und konnte doch nicht trocken werden. Solche Theurung währte drei Jahre. Sie konnten auch kein Salz bekommen, so daß Würmer und Maden den Menschen bey lebendigem Leibe aus dem Munde gekrochen. Hierauf ist ein solches schreckliches Sterben erfolgt, daß auch die friesische Sprache kaum ist erhalten worden."
Der Chronist Anton Heimreich berichtet ähnliches.

11) Hallig Oland im Sturm

Eine besonders grausame Plage hielt um 1350 Einzug, die Pest, genannt der „schwarze Tod". Wimpfen (in „Geschichte und Zustände des Herzogthums Schleswig") schildert es:
„Trauervoll für das Land waren die Jahre 1349 und 1350, während welcher der schwarze Tod wüthete. Diese Seuche kam aus dem östlichen Asien und durchzog ganz Europa. Ein halbjähriger Regen und häufige Erdbeben waren vorgegangen. Die Kranken bekamen ein heftiges Fieber mit Betäubung und Schlaflosigkeit verbunden. Die Zunge und der Gaumen waren verbrannt und schwarz, und aus dem Munde drang ein abscheulicher Gestank. Viele wurden auch von einer heftigen Lungenentzündung mit tödtlichen Blutflüssen ergriffen, und der Brand pflegte gleich darauf mit schwarzen Flecken über den ganzen Körper zu erfolgen. Ein großer und in manchen Gegenden der größere Teil der Bevölkerung ward von der Seuche hinweggerafft. Überall gab es Trauer und Thränen. Häuser standen unbewohnt, nur von Hunden bewacht; Heerden gingen ohne Hirten auf dem Felde umher; Söhne flohen vor den Leichnamen ihrer Eltern, die unbeerdigt liegen blieben, und wer eine Leiche begrub, ward selbst zur Leiche. Nicht nur Häuser, sondern ganze Dörfer starben aus und die dazu gehörigen Ländereien verwandelten sich in Haide und Wald."
Ergänzend dazu berichtet Heimreich von den Pestepidemien 1160 in Dithmarschen und vor allem 1315, wobei „der dritte Teil der Menschen gestorben" sei. (Heim I, 371)
Obwohl in Nordfriesland die Pest kaum eine Gegend ausgelassen haben dürfte, so wurden doch zumindest einige Halligen wegen ihrer Abgelegenheit verschont.
Nordfriesischen Sagen nach kündigte sich die Seuche durch häufiges Niesen an, weshalb man sich seitdem in diesen Gegenden „Gott help" zurief (nach C. P. Hansen).
Trotz aller Schicksalsschläge rafften sich die Überlebenden wieder auf und verweigerten dem gierigen König Waldemar einmal mehr die Steuern, so daß dieser 1354 tief in die Utlande bis nach Pellworm eindrang und die Einwohner zum Gehorsam zwang.
Man sollte meinen, daß in diesen Jahren genug Unglück über die Nordfriesen hereingestürzt war, doch die entsetzliche große Manndränke von 1362 stand noch bevor.

Die Sturmflut vom Januar 1362

„Und Zeugen weltenvernichtender Wut,
Taucht Hallig auf Hallig
aus fliehender Flut."
D. Liliencron in „Trutz Blanke Hans"

Erst als es auf die „Manndränkelse" (die Schreibweise unterscheidet sich häufig) die Marcellusflut vom 16. Januar 1362 zugeht, tritt in der Überlieferung allmählich das Sagenhafte gegenüber dem Glaubwürdigen zurück.
Dies bezieht sich jedoch noch nicht auf Zahlen. Die Menschenverluste werden in den alten Chroniken so hoch angegeben, daß Nordfriesland an Überbevölkerung gelitten haben müßte. Nach dieser Flut müßte es vollends menschenleer geworden sein.
Tatsache ist, daß ein Chronist vom anderen kritiklos abgeschrieben hat. Jahreszahlen wurden dabei z. T. wohl wegen der römischen Ziffern falsch abgelesen. Um des dramatischen Effektes willen bevorzugten die Schreiber schreckenserregende Zahlen. Dort, wo nordelbingsche Quellen fehlten, zögerten sie nicht, Naturkatastrophen in Westfriesland einfach für die schleswig-holsteinische Westküste zu übernehmen.
Natürlich wirken sich Sturmfluten der Nordsee an verschiedenen Stellen recht unterschiedlich aus. Was an einem Küstenabschnitt Tod und Zerstörung brachte, wurde anderswo kaum als erwähnenswert erachtet. Die Wirkungen einer Flut richten sich nach Windrichtung und -stärke sowie dem Zustand und der Höhe der Deiche. Brach ein Deich, war der nächste nicht selten gerettet, weil der Wasserdruck gegen ihn nachließ. Entscheidend ist bis heute, ob der Wind durchsteht, eine Springflut zu erwarten ist und damit das Wasser keine Gelegenheit hat, wieder abzufließen und es sich statt dessen immer höher auftürmt.
Ein Sturm, der nicht von einem hohen Wasserstand begleitet wird, hat keine echte Sturmflut zur Folge. Beispielsweise gehören der St. Caecilienwind am 8. November 1412 oder der Sturmwind vom 21. Januar 1525 nicht in eine Liste der Sturmfluten. Genausowenig wie zusammenbrechende Deiche, die durch Vernachlässigung oder durch die Nagearbeit von Mäusen bereits schadhaft waren. (vgl. Wo, 64)
Glaubwürdiger als die Todes- und Jahreszahlen sind die Tagesangaben, da sie mehr der menschlichen Erinnerungsfähigkeit entsprechen. Der 16. Januar ist der Marcellustag, und an einem solchen Tag muß die erste „große Manndränke" gewütet haben. Noch vorsichtiger formuliert muß die Sturmflut um diesen Termin herum gewesen sein, und inzwischen ist erwiesen, daß es im Jahre 1362 geschah.
Damals war Nordfriesland schon kein zusammenhängendes Marschland mehr, sondern wies eine Menge Inseln und halligähnliche Landstriche auf. „Vielfältige

12) Pflugfurchen aus der Zeit vor 1362, die seitdem vom neuaufgelandeten Halligboden überlagert wurden und erneut freigespült sind. 28. September 1938 „Natur und Volk", 1940, S. 228 (vor der Nordwestspitze der Hallig Südfall)

Regenwasser", wie Heimreich schreibt, hatten die „Marschländer voneinandergerissen." Die Pest und Hungersnöte hatten die Bevölkerung dezimiert und geschwächt, was dem ohnehin unzureichenden Deichbau nicht zum Vorteil gereichen konnte.

Weiterhin ist es wahrscheinlich, daß eine Reihe von Sturmfluten in der ersten Hälfte des 14. Jahrhunderts die Widerstandskraft der natürlichen und künstlichen Schutzeinrichtungen untergraben hatte. 1346 soll gar der kälteste Winter des Jahrtausends gewesen sein.

V. Pauls meint – dem Historiker Hamsfort und nicht R. Hansen folgend –, daß die schwerste Überschwemmung der „Manndränke" in der Herbstmitte eingetreten sei und daß es zwei Sturmfluten im Jahre 1362 gegeben habe. (Fi III, 326 ff.)

Wie meist bei außergewöhnlich furchterregenden Ereignissen weiß die Sage von Vorankündigungen und Vorzeichen zu berichten. „Ein Gespenst hatte am Schlicker Siel gerufen: ‚Dieke! Dieke!' (= Deiche! Deiche!) Andere hatten eine Stimme gehört: „‚O wehe, o wehe über alle diese Länder!'" (Wo, 199) Bevor also die Katastrophe losbrach, waren schon einige Orte untergegangen, was man dann später ebenfalls der „groten Manndränke" zuschrieb.

In alten Verzeichnissen untergegangener Kirchspiele heißt es, sie seien vom Meer „unde riden", d. h. untergeritten worden (Uth, 56). Bestimmt ein treffenderes Wort als das wenig anschauliche „Untergehen".

Am Unglückstag nun „hat sich die Westsee durch Sturmwinde erhoben, und das Wasser vier Ellen über die höchsten Deiche geführet, Städte und Dörfer umgekehret (. . .) und seyn dazumal 7600 Menschen ertrunken, und 21 Wehlen im Nordstrande eingerissen“ – so berichtet Heimreich über die Sturmflut und ihre Folgen in Nordfriesland, vor allem über den Untergang des alten „Strandes“ (Heim I, 240).

C. P. Hansen (Uth, 56) schreibt von einer „Ueberschwemmung dieser unglücklichen Gegenden (. . .), die alle früheren an Höhe und schauderhaften Wirkungen übertraf.“

Jonas Hoyer redet von – weit übertriebenen – 200 000 Menschen, die umgekommen sein sollen.

In den „Norder Jahrbüchern“ heißt es: „In der Nacht auf dem Marcellustag (Januar 16) um Mitternacht erhob sich ein so fürchterlicher Sturm, daß die festesten Gebäude sowie Kirchen und Türme einstürzten und die dicksten Bäume umgeweht wurden.“ (cit. in Wo, 75)

Nach dem Register des Schleswiger Kapitels sind auf Nordstrand 25 Kirchen und im Bistum Schleswig insgesamt 51 Kirchen untergegangen. (Wo, 156) Nach Reimer Hansen gingen 47 Kirchen nördlich der Eider zugrunde.

Die Lundenbergharde – ein Landstreifen westlich von Husum – zerriß in der Flut. Der Fluß Hever wurde mehrfach durchbrochen. Eiderstedt wurde für 120 Jahre eine Insel.

13) Hallig Südfall mit Rungholt

14) Alter Stich von Hallig Langeneß

Da die Grenzen zwischen den „Harden“ genannten Verwaltungsbezirken älter als der Einbruch der Sturmflut waren, kann man ausschließen, daß erst eine Sturmflut Pellworm von der Beltringharde und Edomharde getrennt hat. (Wo, 157 f.)

Von der Wierichsharde blieben nur noch die Halligen Nordmarsch, Langeneß, Butwehl, Oland, Appelland, Hingsteness und einige kleinere Landreste, vorübergehende Halligen, die ebenfalls bald untergingen.

Auch die Beltringharde bröckelte ab. Übrig blieben, neben unbenannten Landresten, die Halligen Gröde, Habel und das später mit dem Festland verbundene Ockholm.

An Stelle des untergegangenen Rungholt wuchs Husum zum Handelszentrum heran.

Da keine urkundlichen Quellen über Landverluste vor der 1362er Flut vorhanden sind, kann man die erwähnten Zerstörungen nicht immer mit Sicherheit dieser Sturmflut zuschreiben.

Doch ihr Schrecken blieb lange lebendig. Man pflegte bei späteren Sturmfluten auf sie Bezug zu nehmen. Zur Standardphrase wurde (nach Arends): „Sie läßt sich mit der Marcellusflut nicht vergleichen.“

Das Meer hatte sich zahllose Opfer an Mensch und Tier geholt. Doch das verloren scheinende Land schlickte auf und wurde weithin fruchtbar. Im Laufe der folgenden Jahrhunderte gewannen die Menschen Stück für Stück an der Küste zurück, was sie an den ehemaligen Landstücken der Utlande verloren hatten.
Seit dieser Sturmflut jedoch kann man erst von einer „Welt der Halligen" sprechen. An verschiedenen Stellen der Utlande, und zwar meist im Gebiet des alten „Strand", wuchsen auf abgerissenen Landbrocken kleine grüne Eilande heran. Sie wurden, wenn möglich, beweidet, manchmal besiedelt und zum größten Teil in den nächsten 450 Jahren wiederum vom Meer verschlungen.
Nach der Marcellusflut wanderten viele Bewohner der Utlande aus. Es fehlte an Land zur Ernährungsgrundlage. Und wenn ihr Land nicht vor ihren Augen in den Wogen verschwand, so fanden die Überlebenden eine trostlose Szenerie vor: zusammengebrochene Häuser, zerfetzte Gerätschaften, verwüstete Weiden, verstreuter Hausrat und Leichen von Mensch und Tier.
Allmählich erst verbreitete sich der Gedanke, daß man den Sturmfluten nicht notwendigerweise passiv ausgeliefert war, sondern daß man sich dagegen schützen könnte.

Die Entwicklung des Deichbaus

„Alle beide seid ihr finster und verschwiegen:
Mensch, niemand hat je die Tiefe deiner Abgründe erlotet;
O Meer, niemand kennt deinen heimlichen Reichtum,
So eifersüchtig seid ihr, eure Geheimnisse zu hüten!
Und doch unzählbare Zeiten schon bekämpft ihr
unbarmherzig euch und ohne Reue,
So heftig liebt ihr das Gemetzel und den Tod,
O ewige Streiter, o Brüder immer unversöhnt."
Charles Baudelaire
aus „Der Mensch und das Meer"

In den nordfriesischen Marschen sind durch Sturmfluten derartige Veränderungen eingetreten, daß ein Nachweis der ältesten Deichanlagen kaum möglich ist. Aus mittelalterlichen Chroniken geht hervor: Erste Deiche an der schleswig-holsteinischen Westküste entstanden wohl zu Beginn des 11. Jahrhunderts. Dies bestätigen auch Wattengrabungen in Tofting, Sieversbüll und Osterhever Dorf, die A. Bantelmann durchführte.
Etwa 50 Jahre vor denen in Nordfriesland wurden die ersten Deiche in Eiderstedt und Dithmarschen gebaut.
Deiche wurden jedoch nicht auf einmal „erfunden", sondern entwickelten sich wahrscheinlich aus erhöhten Verbindungswegen zwischen einzelnen Marschsiedlungen, die teils auf natürlichen, teils auf künstlichen Erhebungen lagen. Als nächstes werden Umwandlungen und kleinere Dämme günstig gelegene Landschaftsteile geschützt haben, wo dann landwirtschaftlicher Anbau möglich wurde. Erst als sich mehrere Interessenten zusammenschlossen, konnte der eigentliche, arbeitsintensive Deichbau einsetzen.
Über die ersten Deiche gibt es keine zuverlässigen Nachrichten. Die ältesten bekannten Deichquerschnitte sind der des Elbdeiches vor der Wilstermarsch aus dem 15. Jahrhundert, sowie der eines nachmittelalterlichen Stackdeiches auf Alt-Nordstrand. Johannes Petreus hat ihn beschrieben.
Der Gottorfer Herzog Friedrich III., ein Anhänger religiöser Toleranz, duldete entgegen dem Willen der Lutheraner auch andere Glaubensrichtungen in seinem Land. Er bot Reformierten, Mennoniten, Wiedertäufern und Juden eine neue Heimstatt. Dafür nutzte er ihre wissenschaftlichen Erfahrungen und ihren Unternehmungsgeist. 1621 gründete er Friedrichstadt nach niederländischem Muster und siedelte dort viele Glaubensflüchtlinge an. Ihre überragenden Kenntnisse im Deichbau ermöglichten endlich den Beginn eines effektiveren Küstenschutzes, wenn auch die Halligen selbst noch nicht davon profitierten. So waren es vor allem holländische Deichingenieure, die auf die gefährlichen Nachteile des Stackdeiches hinwiesen und das Bollwerk durch eine flache Böschung ersetzten.

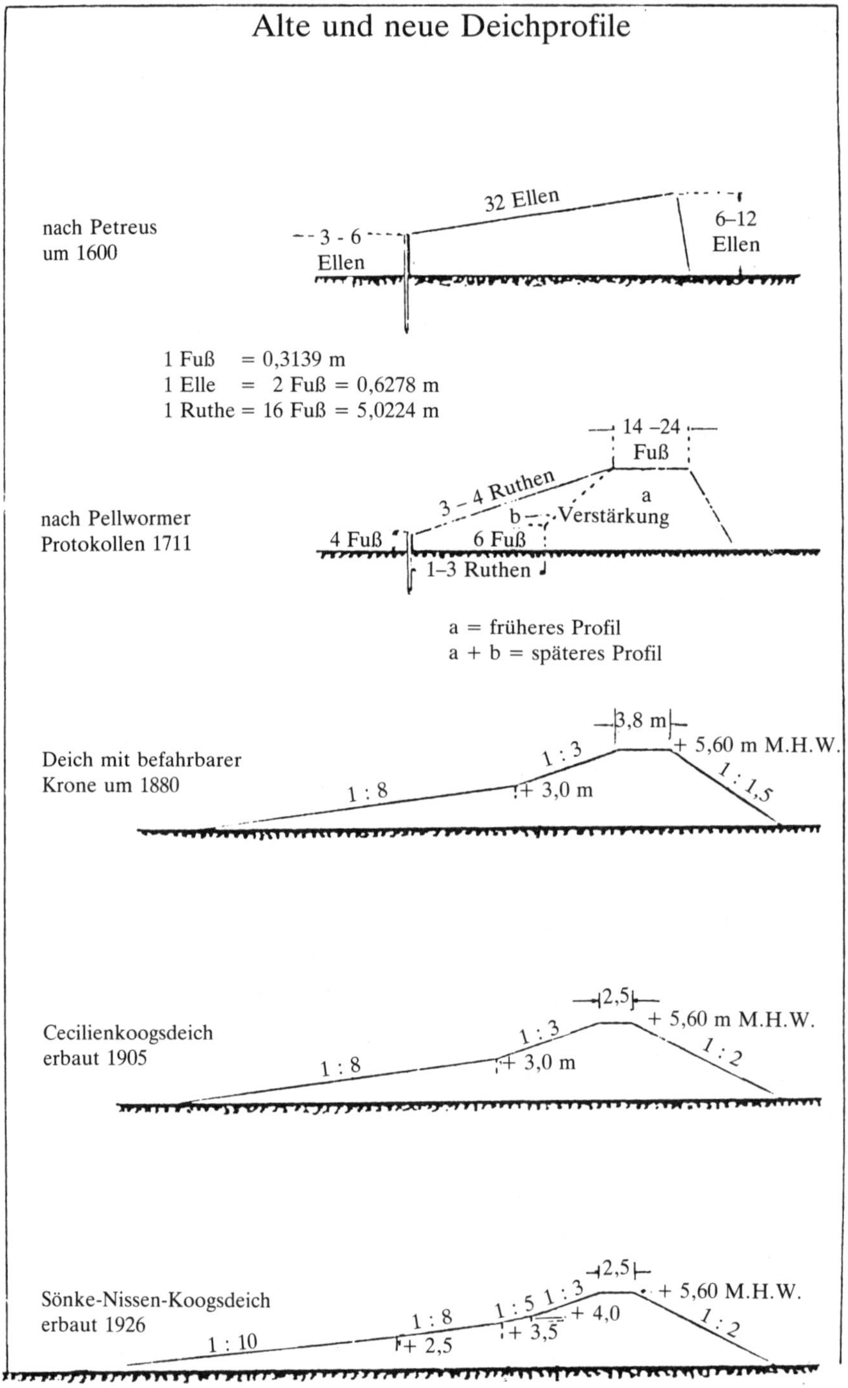

15) Alte und neue Deichprofile

Trotzdem blieb der Stackdeich in Nordfriesland bis zum Ende des 18. Jahrhunderts vorherrschend.
Als man 1599 bei der Eindeichung des Sieversflether Kooges einen Stackdeich wählte, ließ der sich nur acht Jahre halten. Bei seinem Neubau soll es der Holländer Rollwagen gewesen sein, der die flache Böschung entwickelte. Damit war der entscheidende Vorläufer heutiger Deiche geschaffen.
Seit 1980 wissen wir aber durch D. Lohmeier, daß dieser sogenannte „Rollwagen" (oder „Rollwaghen") ein aus der Überlieferung von mindestens drei, wenn nicht vier Personen zusammengesetztes Phantasieprodukt war. Vor allem findet sich darin die tatsächliche Person des Käsehändlers Jan Clausen Coott, der sich stark für den Deichbau interessierte und Partner des 1609 neu ernannten Generaldeichgrafen Johann Claussen Rollwagen wurde. Anfängliche Freundschaft endete in bitterer Feindschaft, doch die Überlieferung verschmilzt nichtsdestotrotz beide zu einer Person.
In Storms „Schimmelreiter" stellte dieser „zusammengesetzte" Rollwagen das Vorbild für die obrigkeitsfreundliche Spukgestalt des Deichgrafen Hauke Haien dar. Dabei steht das von ihm angewandte „flache Deichprofil" im Vordergrund der Auseinandersetzungen.
Das „flache Deichprofil" erwies sich auch in der Wirklichkeit als „Stein des Weisen", weil sich die Gewalt der Wellen daran totlaufen konnte.
Schon im ausgehenden 16. Jahrhundert wird in Dithmarschen der Rasendeich bevorzugt, der an besonders gefährdeten Stellen allmählich zum Steindeich ausgebaut wurde. Um 1625 schlug der Holländer Chr. Becker eine Hohlform für die Außenböschung vor; mit einer Neigung von 1:7 im unteren und 1:5 im oberen Teil. (Fi III, 119 ff.)
Mit der verbesserten Deichbautechnik geht auch mehr und mehr der Verlust der mittelalterlich-christlichen Einstellung einher, zerstörerische Sturmfluten als „göttliche Strafen" anzusehen. Doch noch gegen Ende des 18. Jahrhunderts findet J. N. Tetens diesen Fatalismus durchaus weit verbreitet. Im amtlichen Auftrag soll er das Deichwesen an der gesamten Westküste beobachten und untersuchen.
In Leipzig erscheint 1788 der erste und einzige Band seiner „Reisen in die Marschländer an der Nordsee zur Beobachtung des Deichbaus in Briefen", wo er über die „zum Theil recht elenden Deiche" schreibt: *„Im Ganzen geschieht wenig oder nichts, um, auch nur nach und nach, diese fehlerhafte Deichform zu bessern, ob man gleich einsieht, daß sie schlecht sind." (T, 114 f.)*
Das wird wohl vornehmlich daran gelegen haben, daß der Deichbau im 17. Jahrhundert zum Geschäft wurde und die Sicherheit nicht mehr an erster Stelle stand. Bei Besichtigung des „Dagebüller Kooges" bemerkt er gar: „Es scheint ein Erbfehler in diesen Gegenden zu seyn, schlechte Deiche zu machen."
Allerdings trifft er auch auf „Deiche in dem sogenannten Desmercieres-Koog, die mit vieler Einsicht gemacht und wert sind, als Muster aufgestellt zu werden", wie er schreibt.
Desmercier, nicht eigentlich ein Deichbauer als vielmehr kühl kalkulierender Unternehmer, wandte vorausgreifend das flache Deichprofil an und durchbrach

16) Hallig Habel (vor 1962)

das Prinzip, einen Deich nur innerhalb eines Jahres zu bauen. Tetens würdigt die Solidität und Höhe dieser Deiche, obwohl er sich selbst bereits gegen zu hohe Deiche aussprach, weil er glaubte, daß völlige Sicherheit sowieso nicht zu erreichen sei.
Leider hat Tetens keine der Halligen aufgesucht – außer der halligähnlichen Insel „Deichsand", heute „Dieksand" genannt. Er rät allerdings die Halligen ebenfalls „mit Deichen zu versehen". (T, 193)
Anfang des 19. Jahrhunderts sprachen sich die Deichinspektoren Sievers und Christensen für die Anwendung von Bermedeichen aus. Das sind Deiche mit behutsam abgeflachtem Deichfuß. Sie sollten „ein künstlich gebildetes Vorland als Wellenbrecher" bekommen.
In der Februarsturmflut von 1825 zeigten die Bermedeiche – im Gegensatz zu den herkömmlichen – ihre enorme „Durchhaltekraft".
Ungefähr um die Zeit, als die letzte der in diesem Buch behandelten Halligen, nämlich die Beenshallig, unterging, erachtete man die Sicherung des Deichfußes durch eine Steindecke für notwendig. Ab Mitte des 19. Jahrhunderts begann auch allmählich die Sicherung von Abbruchkanten der Halligen.
Ursprünglich schaffte man die Erde zum Deichbau auf Tragbahren heran, den sogenannten „Böhren". Auch Schürzen mußten zur Not herhalten.

Ein dreirädiger Sturzkarren, genannt „Störten", der von Pferden oder Ochsen gezogen wurde, stellte eine wesentliche Weiterentwicklung dar. Danach ist übrigens der „Störtewerkerkoog" benannt.
Diese Geräte sind längst nicht mehr im Gebrauch, im Gegensatz zu der wahrhaft einscheidenden und doch erstaunlich späten Erfindung der Schubkarre. Sie wurde von dem besagten Johann Clausen Coott angeblich zum ersten Mal 1610 beim Bau des Sieversflether Deiches eingesetzt. 100 Jahre früher benutzte man sie jedoch schon am Niederrhein. Die Reichen Nordfrieslands verspotteten sie nun als „Gespann des kleinen Mannes". (Barz, 96)
Selbst heute findet die Schubkarre noch eine eingeschränkte Verwendung. Ansonsten schaffen modernste Trocken- und Spülbagger natürlich unvergleichlich größere Erdbewegungen. Vor allem arbeiten heute die Bewohner der Köge und Inseln nicht mehr selber an ihren Deichen, sondern überlassen das nicht unmittelbar von Sturmfluten Betroffenen. Nur auf den Halligen ist noch ein relativ hoher Prozentsatz der Bevölkerung angestellt, um ihre eigenen Eilande zu sichern.
Überlieferte Gewohnheitsrechte zur Erhaltung der Deiche galten schon lange, ehe sie Mitte des 16. Jahrhunderts im „Spadelandsrecht" schriftlich festgehalten wurden. Das Hauptprinzip dieses Rechts war schon immer die gemeinschaftliche Verpflichtung aller Marschenbewohner zum Deichschutz, was auf die berühmte strenge Forderung hinausläuft: „De nich will dieken, mut wiken." (= Wer nicht deichen will, muß weichen.)
Aus der Zeit kurz vor der schriftlichen Fixierung der Deichpflichten und -rechte wissen wir von unerträglichen finanziellen Belastungen gerade der Ärmeren. Das bereits erwähnte Verbot der Auswanderung durch den Schleswiger Herzog Friedrich I., 1512, machte nicht wenige bettelarm.
Die Landesregierung, die 1557 die Regelungen des „Spadelandesrecht" aufschreiben ließ, markierte den Beginn zunehmend staatlichen Einflusses im Deichbau. Danach mußten für alle Bedeichungen die Genehmigung des Landesfürsten eingeholt und meist entsprechend fürstlich bezahlt werden. Der Fürst erteilte Oktrois, die besondere Vorrechte für den oktroierten Koog enthielten.
Mehr als 100 Jahre nach dem Auswanderungsverbot lädt der Landesfürst vier Herren aus Brabant ein, auf Nordstrand zu investieren und die Bedeichung in ihre Hand zu nehmen. Nun sollten auf einmal die Nordstrander weichen.
Auch Wohlhabende ruinierten sich durch den Deichbau, der Spekulanten und Abenteurer anzog. Die durch Bankgeschäfte, Seeversicherungen und eine Drahtmühle reich gewordenen Brüder Rudolf und Arnold Amsinck erwarben 1624 unbedeichte Landstücke an der Nordostküste von Nordstrand. Sie begannen noch im Sommer desselben Jahres mit der Bedeichung dieses sogenannten Volgsbüller Vorlandes. Doch die Sturmflut von 1634 ließ von ihrem Werk nur noch das Haus auf der hohen Warft übrig. Es diente dabei manchem Nordstrander als letzte Rettung vor den Wassermassen. Die Brüder machten sich mit gewohnter Zähigkeit erneut ans Werk und verbrauchten dabei ihr gesamtes Vermögen.

17) Uferdeckwerk vor Habel

Ebenso arm endeten die Holländer, die das Kleiseertief schließen wollten, und nicht viel besser erging es dem erwähnten Christian Becker aus Friedrichstadt.
Das „Spadelandsrecht" ist in Artikel gegliedert, die sich u. a. mit „nachbarlicher Hilfe", „Spatenstechen bei säumigen Deichern", „Unterhaltungspflicht", „Deichrichtern" und „Pfändungen" beschäftigt. In „Artikel 5" heißt es z. B. kurz und bündig (von Fr. Müller ins Hochdeutsche übersetzt): „Wer nachweislich vor dem Deich eines Nachbarn Erde abgräbt, soll von der Obrigkeit bestraft werden."
Am Anfang glich der gemeinsame Kampf um die Deiche die sozialen Unterschiede wenigstens zeitweise an. Zwar gab es so gut wie keine Adligen und niemals Leibeigenschaft, aber doch deutliche Vermögensunterschiede. Nach Errichtung der gemeinschaftlich gebauten Deiche hatte jeder für die Instandhaltung eines Deichstückes zu sorgen. Das richtete sich nach der Größe seines Landbesitzes, war aber unabhängig von der Bodenqualität.
Da bei den meisten die Mittel nicht für neue Deiche reichten und außerdem nur die herangezogen wurden, die in unmittelbarer Nähe der Deiche wohnten, wurde Ungerechtigkeiten und Zwist Vorschub geleistet. Schließlich profitierten auch entfernter Wohnende vom Schutz der Deiche. Reformen waren schon lange überfällig. Doch erst im April 1803 kommt es zu einem neuen „Allgemeinen Deichreglement".

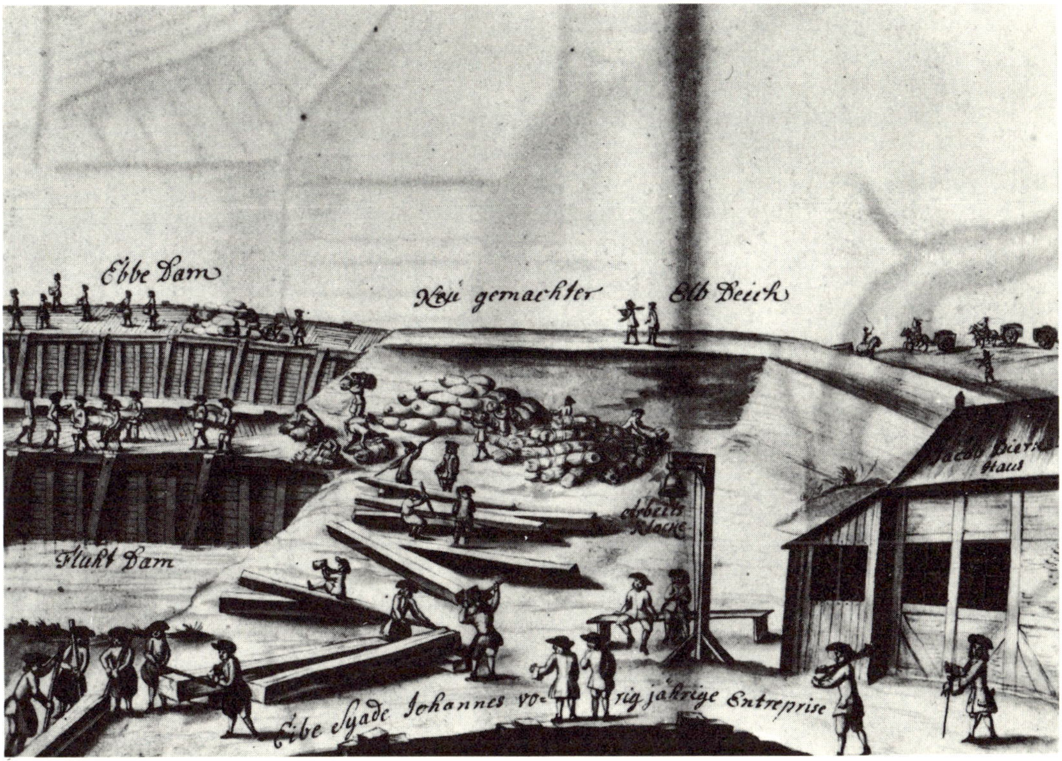

18) Zeitgenössische Darstellung des Deichbaues aus dem Jahre 1720

Im Jahre 1612 schritt der Gottorfer Herzog Johann Adolf selbstherrlich zur Enteignung von noch gar nicht vorhandenem Nutzland. Sein „corpus statutorum Slesvicensium“ schreibt vor, daß über jeden dem Meer abgerungenen Boden der Landesherr verfüge. Damit nahm Deichbürokratie und Ausbeutung ihren Lauf.

Im 16. Jahrhundert wird der Titel „Deichgraf“ erstmalig in einer Urkunde erwähnt. Bis ins 17. Jahrhundert hinein setzten die Herzöge unmittelbar und ohne Rücksicht Deichgrafen ein. Auch danach blieben sie Repräsentanten der Obrigkeit, obwohl sich allmählich ein anderer Wahlmechanismus durchsetzte. Deichgraf wurde, wer am meisten „Klei unter den Füßen“ hatte, also der reichste Mann der Deichgemeinschaft, der sich das Ehrenamt problemlos leisten konnte. Es liegt auf der Hand, daß ein solcher nicht immer idealer Vermittler zwischen Landesherr und Untertanen sein konnte. Sicher war nur, daß seine Vorfahren tüchtig genug waren, dem Meer am meisten Land abzutrotzen. Es muß allerdings immer wieder vorgekommen sein, daß die Deichgrafen nicht nur das Interesse der Obrigkeit und/oder der Reichen

durchsetzten. Der Staat versuchte nämlich wiederholt nicht den Reichsten, sondern einen Mann seiner Wahl einzusetzen.
Auf den Halligen scheinen in der zweiten Hälfte des 16. Jahrhunderts keine Bedeichungsversuche gemacht worden zu sein. In einer Verordnung wurde bestimmt, „daß die zum Nordstrande gehörigen Halligen nicht an fremde Örter außerhalb Landes sollten verkauft oder verpfändet werden“. (Mü I, 187)

Jährliche Abgaben der Halligleute wurden festgesetzt und nach Protesten, die offizielle Besichtigungen nach sich zogen, wieder herabgesetzt. Ein existenzbedrohendes Spiel für die winzigen Inseln, das immer wieder neu aufgelegt wurde. Seltsamerweise sollten den „kleinen Halligen und Südfall“ keine Ermäßigungen gewährt werden. (Mü I, 188)

Nach der verwüstenden Burchardiflut von 1634 erhielten die Halligleute einige Privilegien. Sie wurden vom Tonnen- und Bakengeld befreit, und die Seefahrer bekamen 1661 das Recht, den Engländern ihre Waren anbieten zu dürfen.

Die Idee, auch die Halligen zu befestigen, geriet in Vergessenheit. In einer „Declaration der Königlichen Resolution vom 8. Dezember 1731 d. d. 29. April 1732“ werden die angeblich „große(n) und einträgliche(n) Halligen“ gar für „niemals deichbar“ gehalten. (Corp. st. Slesvicensium, 606). Zwar hatte man 1711 im Namen des minderjährigen Herzogs Karl-Friedrich (1702 bis 1739) dem Landesinspektor Clasen und dem Deichgrafen Sibbers befohlen, nach Mitteln und Wegen zu suchen, um weitere Abspülungen der Halligen zu verhindern. Diese empfahlen u. a. die Errichtung von Dückeldämmen. Doch schließlich verlautete nichts mehr über Halligschutz.

Bis zum Jahre 1805: Am 8. April dieses Jahres erließ der Deichinspektor Salchow Anleitungen zur Entwässerung des Halliglandes.
Dann brach die Sturmflut vom Februar 1825 herein. Angesichts der Verwüstungen wurde diskutiert, ob man sie nicht künftig unbewohnt lassen sollte. Aber vor allem wegen der Tatsache, daß die Halligleute viel ausländisches Geld herbeizogen und kaum fremde Erzeugnisse brauchten, ließ man die Menschen in ihrer Heimat. Dabei mutet die Tatsache unheimlich an, daß einige die Sturmflut überstanden, aber erleben mußten, wie ihre Heimathallig gänzlich unterging.
Nach 1825 wurden von dem rührigen Deichinspektor Krebs erstmals Vorschläge zur „planmäßigen“ Erhaltung der Halligen gemacht. Doch er hatte nicht mit dem Fatalismus der Bewohner und ihrem Unmut allem Neuen gegenüber gerechnet. Sie hegten immer noch weithin eine tiefe Abneigung gegen jeden Versuch, ihr Land zu retten.
Da die 1825er-Flut ihre Warften und Häuser fast völlig zerstört hatte, setzte sich aber schließlich die Einsicht durch, daß es vielleicht doch Schutzmöglichkeiten gäbe.
Deichinspektor Krebs empfahl Lahnungen, also kleine Dämme, die im Watt den Strom umleiten sollten. Er hielt sie für eine billige Methode, „obschon ihre erste Anlage kostbar ist“. Dazu traten dann weitere Maßnahmen: Erhöhung der Warften, Abflachung der Böschungen, Häuser mit Ständerwerk, Begrüppe-

19) Sturmflut: Die Warft ist vollgelaufen wie eine Schüssel, das Wasser dringt in die Häuser

lung, Uferschutzwerke und Vorschriften gegen Auflockerung der Warfterde und Beschädigung durch Dungablagerung.

Während in den dreißiger und vierziger Jahren des 19. Jahrhunderts kaum von der Erhaltung der Halligen die Rede war, rückte sie 1853 wieder ins allgemeine Bewußtsein. Das Kirchenkollegium von Hallig Gröde wollte ein Grundstück auf Butwehl verkaufen. Dabei wurde das Für und Wider des Halligschutzes erneut aufgerollt.

Deichinspektor Kapitän von Carstensen, der ursprünglich die Halligen aufgeben wollte, hatte dazugelernt und sich anders besonnen. Er schlug die Verbindung einiger Halligen und die Landfestmachung anderer vor. Die Oberdeichgrafschaft des Schleswigschen Deichverbandes bezeichnete die Inseln und Halligen als „Bollwerk" für die Festlandsmarschen.

Ein Wendepunkt war erreicht. Man hatte erkannt, daß die Halligen nicht nur für sich existierten, sondern daß ihnen eine bedeutende Funktion als Wellenbrecher für die Küste zukam. Investitionen für die Halligen erschienen in neuem Licht: Auch für die Bevölkerung des Festlandes sprangen Zinsen heraus.
Untersuchungskommissionen wurden eingesetzt und endlich eine „Landgewinnungskommission" gegründet. Man wollte die Halligen nun tatsächlich vor dem völligen Untergang bewahren, zumindest die größeren. Die Kleineren zu erhalten, wurde zuerst als „nicht lohnend" verworfen.
Erst der Deichkondukteur Bruun schaffte mit seinen wohldurchdachten Vorschlägen den Durchbruch, auch einige kleinere Halligen ins Schutzprogramm aufzunehmen.
Doch der Kriegsbeginn von 1864 stoppte die sich anbahnenden Entwicklungen. Die Tätigkeit der „Dänischen Komission für Landgewinnung" von 1859 bis 1862 wurde erst 1866 sinngemäß fortgesetzt, und zwar durch Untersuchungsarbeiten der „Kommission für Schleswig-holsteinische Wasserbau-Angelegenheiten". (Mü I, 330)
Einer ihrer Hauptgrundsätze bestand darin, das größtmögliche Areal durch die kürzeste Deichlinie zu decken. Längst war klar geworden, daß derartige Schutzmaßnahmen nur auf Rechnung der Staatskasse zu veranstalten waren.
Verschiedene Pläne wurden noch erwogen, ehe 1894 der endgültige Umschwung eintrat. Dr. Eugen Traegers Bemühungen, gemeinsam mit dem Oberbaudirektor Franzius, trugen Früchte: Es wurde nicht mehr nur geplant, sondern endlich gehandelt.
Für Verbindungsdämme, Steindecken, Pfahlbuhnen und Buschlahnungen wurden 1,32 Millionen Mark veranschlagt. Wirklich ausgeführt wurden die Dämme Festland–Oland–Langeneß, Gröde–Appelland und Nordstrandischmoor–Festland. Die Arbeiten wurden in den Jahren 1896 bis 1902 erledigt und die Kosten beliefen sich auf „nur" 1,265 Millionen Mark.
Der Halligschutz im 20. Jahrhundert ist kein grundsätzlich strittiges Thema mehr, es wird viel getan. Der letzte Halliguntergang ereignete sich schon Ende des 19. Jahrhunderts. Vielleicht wäre er bei früherer Einigkeit und Tatkraft vermeidbar gewesen und die Beenshallig würde, wie ihre Schwestern, im Sommer eine Touristenflut anlocken.

Die Zeit zwischen den Sturmfluten von 1362 und 1634: Seeräuber und Seuchen

„Und obschon uns das Meer in den Traum
Kraken und Albdruck hineinwarf,
und es an die Schwelle unserer Häuser
die Ertrunkenen ausspie,
das Meer nicht zu hören, nicht zu schauen,
davon starb man langsam dahin . . .“
Gabriela Mistral in „Der Tod des Meeres“

Im 14. Jahrhundert trat „eine allgemeine Abkühlung der Nordhalbkugel mit einem Vorrücken von Gletschern und Packeis und strengeren Wintern ein“. (BF, 41) Diese durchdringende Kälte darf auch im übertragenen Sinne verstanden werden. Aber die Marcellusflut von 1362 hatte nicht nur Zerstörung und Elend hinterlassen, sondern auch eine unübersehbare Menge von Landresten, die schon bei leicht erhöhtem Wasserstand überflutet wurden.
Sie wurden sicher nur in besonders günstigen Fällen besiedelt und benannt. Bestimmt wurden nicht alle Namen überliefert und selten mehr als dieser. Die meisten der flutgeborenen grünen Eilande dienten wohl nur der Heugewinnung.
Nicht nur die Küstenregion, auch der Rest von Europa wurde von Katastrophen erschüttert. „Die Verwüstungen und das frühe Elend in Osteuropa, die erstaunlich große Zahl von Dörfern, die in ganz Europa während der Krise von 1350 bis 1450 untergehen“ (BF, 39), sind die fühl- und sichtbaren Umstände, die den Untergang des Mittelalters begleiten. Nach den Sturmfluten und den Pestepidemien waren die Arbeitskräfte „rar geworden, die Arbeits- und Lebensbedingungen also zwangsläufig gut“. (BF, 201) F. Braudel spricht sogar von einer „Periode individuellen Wohlstands“.
Letzteres läßt sich nur bedingt auf Nordfriesland übertragen. Vor allem war die Zeit des Wiederaufbaus unvergleichlich mühsam. Nicht zuletzt deshalb, weil die übel gebeutelten Überlebenden auch noch mit Überfällen von Seeräubern rechnen mußten.
Nicht erst seit Königin Elisabeth I. 1581 den Seeräuber und ehemaligen Sklavenhändler Francis Drake zum Ritter schlug, weiß man, daß Piraten staatlich geschützt und sogar mit Vorrechten ausgestattet werden konnten. So wundert es auch nicht, daß König Waldemar Atterdag in Nordfriesland den holsteinischen Ritter Claes Limbeck zu seinem Marschall machte und ihn mit Burgen auf Sylt und Föhr belehnte. (Uth, 58 f.) Dieser staatlich geförderte Kaperer terrorisierte das verarmte Volk und preßte es aus, soweit es ging. Spätestens 1374 fiel er jedoch beim König in Ungnade und wurde in seiner Föhrer Burg (Tinnum und Borgsum) belagert und zur Übergabe gezwungen. Claes Limbeck selbst soll in einem Boot während der Nacht entkommen sein.

Auch danach sollen die „Limbecker und deren Knappen“ noch lange auf Föhr gehaust haben. (Uth, 60 f.)

Doch sind bei der Betrachtung der Geschichte der Seeräuberei die heutigen Maßstäbe nicht anwendbar. Sie wurde vor Zeiten als ehrlich und erlaubt angesehen. Auch als es schließlich zur Verfolgung und Hinrichtung der Piraten kam, geschah das nur an der Oberfläche aus Gründen der Moral. In Wirklichkeit schaffte man sich geschäftsschädigende Konkurrenten vom Halse.

Die Hanse verdankt ihre Entstehung im Laufe des 12. und 13. Jahrhunderts nicht zuletzt dem Kampf gegen die Piraterie. Andererseits haben einzelne Hansestädte den kurz vorher oder nachher Bekämpften gerne Kaperbriefe ausgestellt, um mit ihnen gemeinsam gegen andere Feinde zu kämpfen.

Überhaupt waren die Grenzen zwischen Gesetzgebern und Gesetzesübertretern fließend. Seeleute der Hanse liefen wegen der besseren Entlohnung zu den Seeräubern über, und ehemalige Piraten wurden zu angesehenen Kapitänen, die gnadenlos ihre ehemaligen Kameraden verfolgten.

Die Anfänge der Piraterie verlieren sich im Dunkel, doch darf man annehmen, daß die Geschichte der Seeräuberei mit der Geschichte der Seefahrt beginnt. Es gilt Goethes Erkenntnis im „Faust“: „Krieg, Handel und Piraterie, Dreieinig sind sie, nicht zu trennen.“

Schon um das Jahr 1000 fielen, als „Aschmänner“ bezeichnete, dänische und schwedische Seeräuber in Friesland ein. Später nannte man die Piraten an der friesischen Küste nur noch „Utligger“.

Die im Namen des Königs von Schweden raubenden „Vitalienbrüder“ – zeitweise auch Verbündete der Schauenburger Grafen – wurden gegen Ende des 14. Jahrhunderts immer energischer bekämpft. Z. B. schlossen die Städte Wismar und Rostock ihre Häfen für die von ihnen lange unterstützten Piraten, während andere Städte immer mehr „Fredekoggen“ gegen sie aussandten. Auf beiden Seiten sollen die Grausamkeiten zugenommen haben. Die Vitalienbrüger fingen an, Lösegelder zu erpressen, wo sie früher die Gefangenen „nach Hause schwimmen“ ließen. Wurden sie selbst gefangengenommen, machte man kurzen Prozeß, der immer mit dem Tod endete, schlimmstenfalls nach vorhergehender Folterung.

Der Anteil verarmter Adliger ging in dieser Zeit bei den Piraten zurück und ist bei den "Likedeelern“ längst nicht so stark gewesen wie bei den Vitalienbrüdern. Diese „Likedeeler“, also „Gleichteiler“, gewannen in der Nordsee einen legendären Ruhm. Ähnlich wie die Seeräuber Ende des 17. Jahrhunderts auf Nordmadagaskar sowie die Bukanier und Flibustier auf den Antillen versuchten die Likedeeler einen auf freiwilliger Disziplin aufgebauten gerechten und freien Staat im Staat zu errichten.

Die Losung dieser Brudergenossenschaft, die auf Raub und Plünderung beruhte, hieß: „Gottes Freund und aller Welt Feind.“ Wegen des zu unterschiedlichen Beuteguts dürfte eine Gleichteilung in Naturalien schwer durchzuführen gewesen sein.

Vielmehr dürfte es üblich gewesen sein, die Beute zu verkaufen. *„Der Erlös ging zur Hälfte in einen allgemeinen Fonds, aus dem alle notwendigen Ausgaben*

20) Eisschollen an der Steinkante im Süden von Gröde (um 1935)

für den Kauf neuer Segel, Waffen und sonstiger Ausrüstungen bestritten wurden. Ebenfalls aus diesem Fonds erhielten die Schwerverwundeten, die Arm, Bein oder Auge verloren hatten, eine besondere Entschädigung. Die andere Hälfte des Verkaufserlöses wurde ‚zu gleichen Teilen' auf alle Besatzungsmitglieder verteilt." (N, 10)

„Für ihre benötigte Ausrüstung zahlten sie in Gold und Silber, und die von ihnen angebotenen Waren wurden auf den Märkten gern gekauft. Sie beschenkten die Armen, unterstützten die öffentliche Wohlfahrt innerhalb und außerhalb der Kirche, und sie besaßen eine feste Bindung zum Volk. Dadurch blieb es nicht aus, daß ihnen auch immer wieder junges Volk zulief." (N, 73)

1395 werden in der Lübecker Chronik Godeke Michel, Klaus Störtebeker, Wigbold und Wichmann als Häuptlinge der Likedeeler aufgeführt. Der berühmteste war Admiral Störtebeker, der die Tochter des Friesenfürsten Keno ten Broke zur Frau bekam. Es ist sehr wenig über ihn bekannt, um so mehr umwebt ihn die Sage.

Nach vorhergehenden Teilerfolgen gegen die Seeräuber beschloß der Hamburger Senat für 1401 ihre endgültige Vernichtung. Mit dem Flaggschiff „Bunte Kuh" erreichten sie Helgoland, wo die Schiffe Störtebekers ankerten. Soweit die Tatsachen. Was nun geschah, ist Gegenstand verschiedener Sagen und Legenden.

Der Steuermann der „Bunten Kuh“ bzw. ein früherer Gefährte näherte sich den Likedeelern. In einem unbeobachteten Moment soll er das Loch, in dem sich das Steuerruder drehte, mit flüssigem Blei gefüllt haben. So konnten Störtebekers Mannen, trotz ihrer schnellen Segelboote, dem Angriff der Hamburger Schiffe nicht entkommen. Den sich mit sagenhaften Schwerthieben verteidigenden Störtebeker konnte nur Hinterlistigkeit überwinden. Mit einem Netz, über Kopf und Schultern geworfen, wurde er gefangen.
Tatsächlich hat es einen harten Kampf gegeben. *„Davon zeugen die noch vorhandenen Kämmereirechnungen jener Zeit, die neben einem Geschenk in Höhe von 80 Silbermark an Admiral Schocke auch erhebliche Kosten für Schäden an Hamburger Schiffen ausweisen.“* (N, 81)

Über die Anzahl der Toten gibt es keine Unterlagen. Doch einigen Likedeelern muß die Flucht gelungen sein, denn man brachte nur 73 Gefangene nach Hamburg. Sie wurden am 20. Oktober 1401 auf dem Grasbrook hingerichtet.

Nach Kämmereirechnungen des Stadtarchivs von Hamburg (N, 81) dauerten die Verhandlungen fast ein halbes Jahr, und jeder Angeklagte erhielt das Wort zu seiner Verteidigung. Störtebeker, der als Anwalt der Armen auftrat, soll als letzte Bitte erfüllt bekommen haben, daß diejenigen seiner Kampfgenossen vom Beil verschont werden sollten, an denen er noch ohne Kopf vorbeilaufen würde.

Die einen behaupten, daß er nach seiner Enthauptung an fünf seiner Gefährten vorbeigelaufen sei, die anderen, daß er gar bis zum elften gelangte, worauf ihm

21) Ein Überfall der Seeräuber

entweder der Henker ein Bein stellte oder ihm einen Klotz vor die Füße warf. Doch schon 1428 stellte die Hanse im Krieg gegen Dänemark eine Flotte auf, unter deren Schiffsbesatzung sich 800 Likedeeler befanden.
Es gibt noch eine zusätzliche Anekdote von der Hinrichtung. Der Scharfrichter soll bis zu den Knöcheln im Blut gestanden haben. Als ihn später der Magistrat fragte wie ihm zumute gewesen sei, soll er „die kecke Antwort" gegeben haben, „ihm sei so wohl zu Muthe gewesen, daß er auch noch den ganzen hochweisen Senat auf solche Weise hätte abtun können; ein Einfall, den er mit dem Leben bezahlen mußte". (Fri, 133 f.)

Ein anderer bekannter Seeräuber war der Dithmarscher Cort Widerik, dessen Vorgänger, Anhänger und Nachfolger im 15. Jahrhundert die Küstengegend heimgesucht haben. „ . . . es schien sogar, daß Cort Widerik auf der äußersten westlichsten der friesischen Halligen, auf Norderoog, einen Sprößling zurückgelassen hatte, der in seinem Geiste noch lange nachher auf den friesischen Watten, Ufern und Inseln hausete und spukte" – weiß C. P. Hansen zu erzählen. (Watt, 74)

In der Tat war kein Ort als Rückzugsplatz besser geeignet als eine Hallig. Von hier aus konnten sich auch kleinere Gruppen erfolgreich gegen Angreifer zur Wehr setzen. Vor allem aber hatten die kleinen wendigen Piratenschiffe in dem prieldurchzogenen Wattengebiet enorme Vorteile gegen die schwerfälligen Handelskoggen. „Mehrere Quellen bestätigen, daß zahlreiche Piratenfahrten aus der Nordsee in die Ostsee ausschließlich zum Zwecke der Menschenjagd organisiert und durchgeführt wurden." (N, 48) Die Gefangenen wurden als Arbeitskräfte eingesetzt oder als Sklaven verkauft. Auf Inseln und besonders auf Halligen war ihnen die Flucht kaum möglich.

Ab Mitte des 15. Jahrhunderts soll die Seeräuberei besonders verbreitet gewesen sein. *„Im Jahre 1488 ertappten die Hamburger einige dieser gesetzlosen Herumstreifer bei dem Diebstahl eines Fasses mit eisernen Nägeln; sie nahmen bei der Gelegenheit 74 Seeräuber gefangen, ließen dieselben auf dem Grasbrook bei Hamburg hinrichten und entmuthigten die übrigen auf mehrere Jahre." (Uth, 83)*
Der „lange Peter" von Hörnum, genannt „Pidder Lüng", scharte unter der Flagge von Galgen und Rad mehr als 500 Anhänger um sich. „Noch um 1515 half er den Ost- und Westfriesen, ihre derzeitigen sächsischen Herren und Peiniger zu vertreiben, indem er eine holländische Flotte, welche den Truppen des Herzogs Georg von Sachsen Munition und Proviant zuführen sollte, überwand." (Uth, 83)

In der Gestalt des Pidder Lüng verschmilzt nun endgültig der Seeräuber mit dem Freiheitshelden. So urteilt der Prior Worp des Klosters Thabor in Westfriesland über ihn: *„Er hat viele kühne Thaten gethan zu Lande, mehr jedoch zu Wasser gegen die Holländer, seine Feinde. (. . .) Von dem, was Peter nahm auf der See mit seinen Schiffen, bekam er selber wenig, weil er für seine Person weder Geld noch Gut suchte, sondern allein seine Feinde zu kränken. Er suchte anders nichts als Friesland zu befreien . . ." (Uth, 84)*
Am 28. Oktober 1520 soll Pidder Lüng in der westfriesischen Stadt Sneeck

gestorben sein. Mit seinem Tod fand die Seeräuberei in Nordfriesland mehr oder weniger ihr Ende.
In den Jahrzehnten nach der Marcellusflut von 1362 schien das Elend der Friesen *„nachgerade seinen höchsten Punkt erreicht zu haben, war mindestens sehr groß geworden. Das Volk war unfrei, entmuthigt und unter sich zerrissen, war arm und klein an Zahl. Einzelne Reiche benutzten diese ihnen günstigen Umstände, baueten auf den Trümmern des Wohlstandes und der Freiheit des Volkes sich adelige Schlösser und gewannen Privilegien durch Hülfe der von ihnen geschmeichelten und ihnen gnädigen Landesherren". (Uth, 61)*
Das Unglück nahm kein Ende. Am 1. Mai 1380 brach bereits die nächste Sturmflut über Nordfriesland herein. – Über die Sturmflut vom 15. Juni 1406 schrieb J. Hoyer, daß sie „über alle Marschländer der weiten Welt großen Schaden" anrichtete. (SF, 19)
Anschließend wurden der geplagten Bevölkerung einige Jahre ohne verderbliche Sturmfluten gewährt, bis am 22. November 1412 eine neue „ins Haus stand" – was bei vielen Gebäuden wörtlich zu verstehen ist.
1425 geschah endlich etwas Erfreuliches. Es eröffnete sich ein neuer Erwerbszweig: die Heringsfischerei. Diese Schwarmfische verlagerten ihren Zug von der schwedischen Küste bis in die südliche Nordsee. Lange Zeit ernährten sich nicht wenige Inselfriesen, vor allem Helgoländer, Amrumer und Sylter, hauptsächlich vom Heringsfang. (Uth, 72)
Doch schon am 29. September 1426 wütete die nächste – urkundlich belegte – Sturmflut. Eine Art grausames Vorspiel zur verheerenden ersten Allerheiligenflut vom 1. November 1436, von dem Boetius behauptet, es habe Nordstrand zwei Jahre unter Wasser gesetzt.
„Negen stige volkes" sollen ertrunken sein. Genaugenommen wären das 180 Personen, doch der Ausdruck „negen stige" (= neun Stiege) wurde öfters benutzt für eine „erhebliche, aber unbestimmte Menge". (Wo, 81 f.)
Man erzählt, daß der Bürgermeister von Tönning, Aut Detlefs, seine Frau aus dem Wasser retten wollte und dazu in einen Bottich stieg, der aber abtrieb.
Er winkte, rief „Gute Nacht!" und gelobte eine Wallfahrt nach Wilsnack – einer damals vielbesuchten Heilquelle –, falls er überleben würde. Tatsächlich landete er bei Büsum, erfüllte sein Gelöbnis und „lebte danach noch manchen guten Tag". (Wo, 81)
Sylt wurde 1436 am schwersten betroffen. Das Dorf Eidum soll verschwunden sein. Nur die höher liegende Kirche stand noch bis 1635.
Vom Januar 1471 bis zum 22. November 1483 traten eine Reihe von Sturmfluten ein, von denen die am 16. Oktober 1483 die bedeutendste zu sein scheint. (Mü I, 164) Jonas Hoyer (in Camerers Nachrichten II, 762) schreibt: „Anno 1483 ist die Flut am Strande zweimal eingebrochen, erstlich auf St. Gallen-Tag und fünf Wochen danach auf St. Luciä-Tag."
Von mehreren unabhängigen Quellen bezeugt, ist die wichtigste Sturmflut des 16. Jahrhunderts die vom 2. November 1532. Diese „große Flut" soll Nordstrand allein 1600 Tote „gekostet" haben. Auch 1500 bzw. 1900 Menschenleben werden angegeben. Der Ockholmer Koog wurde besonders schwer betroffen,

und die Wilstermarsch wurde „fast zu einem wüsten Lande gemachet". (Fi III, 1. S. 329)
Die Flut setzte am Montag nach Allerheiligen ein und riß zahlreiche tiefe Wehlen in Nordstrand ein. Obwohl über die Halligen – wie meist – nichts berichtet wird, muß man annehmen, daß sie ebenfalls schwer betroffen wurden. „Welchen Schrecken die Flut in ganz Nordfriesland verbreitete, geht aus der Anordnung der dreitägigen Bettage, die Montag nach Allerheiligen beginnen, hervor." (Mü, I, 197)
Bei Boetius (Bo, 8) heißt es: *„Doch wird gerade von dieser Flut etwas Ungewöhnliches erzählt. Als nach der Überschwemmung das Wasser die Insel (= Nordstrand. U. H.) in schrecklicher Höhe bedeckte, da hätte sich beim Einsetzen des ersten Dunkels das Wehen des Windes so sehr gelegt, daß der Luftzug nicht einmal eine Öllampe im Freien habe auslöschen können. Daher wurden auch sofort dem wogenden Meer Deiche entgegengesetzt. (. . .) Aber von dieser Zeit an blieb bei allen Leuten Schrecken und Entsetzen, und das riesige Unglück wurde zu einer Epoche, nach der sie bald darauf ihre und ihrer Kinder Jahre berechneten; auch bestimmten sie zur Erinnerung an das große Ereignis für diesen Tag jährliche Bußtage."*
Furchtbare Geißeln, nicht nur in Nordfriesland, waren die mittelalterlichen Seuchenepidemien, die ganz Europa heimsuchten. Seit 1300 hielt der Aussatz im norddeutschen Raum Einzug und forderte seine Opfer. Im 16. Jahrhundert flammte er noch ein letztes Mal auf. (Ke)
Noch weit verheerender wirkte die Pest. G. Keil stellt fest, daß sich zu Beginn und gegen Ende des Mittelalters die europäische Bevölkerung „um ein Drittel verkleinerte bzw. halbierte". (Ke, 111)
Als Erreger der Lungenpest oder des „Schwarzen Todes" gilt der Rattenfloh. Sein Wirt, die Hausratte, ist in Europa schon im 8. Jahrhundert nachgewiesen, „und ebenso die Wanderratte (Rattus norvegicus), die die Hausratte verdrängt und, da sie selbst kein Pestüberträger ist, damit auch die Seuche ausgeschaltet haben soll". (BF, 81)
Der „Schwarze Tod" gelangte „spätestens bereits im 11. Jahrhundert nach Mitteleuropa" (BF, 81) und wütete vor allem 1348 bis 1351 in Deutschland. Verschont blieben die küstennahen Niederlande. (Ke)
Aus trotz zahlreicher Untersuchungen nicht ganz geklärten Gründen ging dann der Flohbefall zurück. F. Braudel zählt die äußeren Gründe für den Rückgang der Seuche auf: „. . . die Ablösung der Holzhäuser durch Steinbauten nach den großen Feuersbrünsten im 16., 17. und 18. Jahrhundert, die zunehmende Sauberkeit der Innenräume und ihrer Bewohner und die Verbannung der Kleintiere aus dem Wohnbereich, also die Beseitigung von Zuständen, die das Flohgewimmel begünstigten." (BF, 81)
Nicht nur die körperlichen, auch die seelischen Auswirkungen der Lungenpest waren verheerend. Aus Angst vor Ansteckung werden Freunde und Familienangehörige verlassen. Bei ersten Ankündigungen ziehen sich die Reichen schleunigst auf ihre Landsitze zurück. Fast jeder denkt nur noch an sich. „Hysterie stellte sich neben echte Krankheitsnot." (Ke, 124)

Der berühmte Tagebuchschreiber Samuel Pepys notiert im September 1665: „Diese Krankheit macht uns grausamer gegeneinander als Hunde." (BF, 83)
In Ergänzung zu dem, was schon an anderer Stelle über die Pest im 14. Jahrhundert geschrieben wurde, müssen noch ihre letzte Ausbrüche in Nordfriesland erwähnt werden, bevor diese Seuche in Westeuropa allmählich abklang. In dem von C. P. Hansen veröffentlichten „Ein inselfriesisches Todtenregister" (Heft 2 der heimatkundlichen Schriften des nordfriesischen Vereins, 1979) sind drei Pestwellen im 16. und 17. Jahrhundert festgehalten:
„1567 Die Pest raffte auf Sylt 243 Menschen hinweg, nach Mochel Madis allein in Morsum 240 Menschen. (?)"
„1597 Von dem 1. August 1597 bis zum 1. November 1798 (Muß „1598" heißen. U. H.) wütete die Pest auf Sylt und raffte dort viele Menschen hinweg, in Morsum allein 142 Menschen."
„1629 Die Pest wütet wieder auf Sylt und raffte in Morsum 160 Menschen weg nach den Kriegsübeln von 1628. Eine Tafel in der Morsumkirche hat die folgende Inschrift: ‚Unsere Kerke mit Scantz unde Graven vast vorsekert, beset in einer Hast. / Dat Jhar darna in korter Vrist de Pest uns Flux gefolget ist.'"
Doch neben Aussatz und Pest gab es auch noch die sogenannte „Franzosen-Seuche", die Syphilis, die um 1500 in Norddeutschland grassierte. (Ke) Und um die Heimsuchung komplett zu machen, wurde Deutschland 1529 von einer Epidemie des „Englischen Schweißes" durchzogen. (Ke, 123)
Die verschiedenen Seuchenzüge führten nicht nur zur Vernachlässigung der Amtspflichten, sondern auch zum Auseinanderfallen des sozialen Zusammenhalts. In seinem Diktum über die Pest trifft J. P. Sartre ins Schwarze: „Die Pest trifft die Armen und verschont die Reichen und treibt damit lediglich die herrschenden Klassenverhältnisse auf die Spitze." (BF, 84)
Zurück zur Chronologie der Sturmfluten.
Von 1532 bis zum Jahre 1570 scheint eine fast sturmflutfreie Zeit gewesen zu sein, wenn man von Schäden mit örtlich begrenzter Wirkung absieht. Dabei sollte man bedenken, daß sich das Wasser – wegen zu dieser Zeit noch weitgehend fehlender Deiche – besser ausbreiten konnte und deshalb weniger Schäden verursachte.
Vom 1. bis 6. November 1570 schlugen mehrere Sturmfluten mit schweren Folgen zu. Die Wirkungen spürte man von Calais bis Norwegen. Gerhard Outhof, Pastor zu Emden, berichtet:
Es war drei Tage nach Neumond. Der Sturm kam zuerst aus Westen und drehte dann nach Nordwesten. Die Höhe der Deiche erwies sich als ungenügend. Sie wurden durchweg überströmt. Schiffe von 8 Fuß Tiefgang segelten über die Marsch hinweg, nur Türmen und Kirchen ausweichend (. . .). Die Flut kam des Nachts, so daß viele vom Wasser in ihren Betten überrascht wurden. Die Rettung wurde dadurch erschwert, daß der Sturm 2 volle Tage mit größter Heftigkeit anhielt." (Wo, 87 f.)
Wie bei anderen schweren Sturmfluten wird von Erdschollen erzählt, die auf dem Wasser trieben. *„Eine solche Scholle mit einem Haus und Birken darauf wurde im Reiderland angeschwemmt und setzte sich auf ein Stück Weideland*

22) Eisschollen zerstören die Zäune

neben der Kirche. Der Eigentümer des Weidelandes verlangte den Abbruch des Hauses. Das Gericht entschied dahin, jeder solle zufrieden sein so, wie es Gott geschickt hätte. Das Haus könne stehen bleiben, aber der Platz müsse dem Reiderländer bezahlt werden." (Wo, 88)
Ein Butjadinger Pastor schildert vor Kälte Erstarrte, die sich Feuer mit auf den Dachboden nahmen und wider Willen ihr Haus in Brand steckten.
Nach Heimreich sollen in ganz Friesland gar 20 000 Ertrunkene gezählt worden sein – was ihm allerdings selbst unglaubhaft scheint.
Bis zum Herbst 1615 gab es noch einige Sturmfluten, die jedoch in ihren Wirkungen weit hinter der verheerenden Katastrophenflut von 1634 zurückstanden. Doch bei jeder verloren die Halligen Landfläche.
In den Zeitraum von 1612 bis 1615 fielen mehrere Sturmfluten, die mit leichteren Zerstörungen den gewaltigen Verwüstungen von 1634 den Boden bereiteten. Genauer Beobachter war der hochgebildete Matthias Boetius (eigentlich „Mads Boysen"), Pastor auf Nordstrand und Verfasser des lateinisch geschriebenen Werkes „De cataclysmo Nordstrandico" (1622). In Buch II beschreibt er die Sturmfluten von 1612 bis 1615 als Augenzeuge.
Über die schwerste Flut vom 1. Dezember 1615 berichtet er:
„ . . . daß man Wüsteres und Betrüblicheres nie gesehen hat. Denn man sah nachher ganz große Ackerstücke, Balken, Latten, Stangen, Strohdächer, Truhen,

Kasten, Betten, Wiegen, Tische, Decken, Kleider und anderes der Art, greulich durcheinander geworfen oder oben auf das Moor getrieben. Das ganze Aussehen dieser Gegend veränderte sich (. . .); wenn daher jemand, der vorher diese Gegend kannte, sie nachher unvermutet erblickt hätte, so hätte er sie sicher nicht wiedererkannt, sondern bestimmt erklärt, er habe sie nie gesehen." (Bo, 148)
Nachdem er einige Folgen der Flut detailliert geschildert hat, weist er auf den Leichtsinn der Nordstrander hin, die, der Gefahren „entwöhnt", „fest glaubten, das Meer werde nie wieder die Deiche übersteigen". (Bo, 150) Er fährt fort:
„Daher wurden die meisten aus den Betten fortgerissen. (. . .) Viele . . . schnürten sich, ihre Frauen und die ganze Kinderschar mit Tauen und Stricken gegenseitig fest zusammen. (. . .) Manche waren mit der ganzen Familie auf ein treibendes Erdstück entkommen und fuhren darauf wie auf einem kleinen Schiff; aber nach kurzer Zeit geschah es, daß es selbst in mehrere Stücke zerbrach. (. . .) Da konnte man sehen, wie die Leichen von Menschen und verschiedenen Tieren hier und dort und in Haufen einherschwammen; da trieben Männer, Frauen und Kinder vorbei, die auf Stücken von Strohdächern saßen oder sich an Bretter und losgerissene Ackerstücke klammerten und schrien und Gott und Menschen um Hilfe anflehten." (Bo, 150 ff.)
Doch damit nicht genug, sollen manche, die kein Boot hatten, in „abgelegenen Wohnungen . . ., da niemand sie aufsuchte, einen gar jämmerlichen Hungertod erlitten" haben. (Bo, 154)
Nach Woebcken (Wo, 90) büßten 200 bis 300 Menschen ihr Leben ein.
1625 brachte am 20. Januar und am 26. Februar zwei schwere Hochfluten mit sich. Bei Neumond und Sonnenfinsternis trat die letztere als Eisflut auf und wird an den Abbruchkanten der Halligen einiges abgehobelt haben. Nach Angaben des Chronisten Heimreich ertranken auf Pellworm 16 und auf Hooge zehn Menschen.
Als man mit Hilfe auswärtiger Arbeiter die Deiche repariert hatte, ließen sich einige äußerst hochmütig aus. Man glaubte, das Meer nun nicht mehr fürchten zu müssen. Der Deichgraf der Geestinsel Risum steckte seinen Spaten in den Deich und rief die berühmt-berüchtigten leichtsinnigen Worte: „Trutz nun, Blanke Hans!" (Heim II, 134)

Die Sturmflut vom 11. Oktober 1634

„Die Sonne scheint düster, es sinkt
die Erde ins Meer, es fallen vom Himmel
die heiteren Sterne, es wütet Feuer und
zehrende Flamme, hoch leckt die Lohe
gegen den Himmel selbst.
Heraufkommen seh' ich zum anderen Mal
aus dem Meer eine Erde, eine wieder
grüne; es fallen die Fluten. . .“
aus: Voluspa, dem Schöpfungs- und
Weltuntergangsmythos der Edda
(Übertragung: Bodo Wenzel)

„Endlich kam der jüngste, der schrecklichste Tag des alten Nordstrands, und ich möchte sagen, des alten Nordfrieslands. Noch am 10. Oktober 1634 lag es da, das grüne, von Fett und Fruchtbarkeit erfüllte Tiefland in Mitten der finstern, grollenden See, die Freude, die Kraft, der Stolz und Mittelpunkt der Uthlande, nicht ahnend dessen, was ihm bevorstand, nach hundert trüben Erfahrungen noch immer fest bauend auf den Schutz seiner erst vor Kurzem wieder errichteten Deiche. Ringsum lag ein Kranz von Halligen und Hallighütten, die wie seltsam gestaltete und gruppierte Felsen aus der Wasser- und Wattenwüste hervorragten; weiterhin, jenseits derselben, glänzte ein Schaumgürtel der sich brechenden Wellen an den äußern Sandbänken und Inseln. Im Westen und Süden zogen finstere Wolkenmassen am Himmel herauf, obgleich der Wind noch ruhte. Es war die Todtenstille, die oft dem Sturm vorhergeht.“ (Uth, 119 f.)

Dieser „großen Nordstrander Flut“ (Salchow) waren wieder Warnungen und Vorzeichen vorausgeeilt. – Einige Fluten in den Jahren 1627 bis 1630 richteten beträchtliche Sachschäden an.

Anton Heimreich zählt einige „ungezweifelte Zeichen und gewisse Vorboten“ der Flut auf. Im Winter seien häufig Aale im Korn und Heu gefunden worden. Das Wild sei von der Geest nach Nordstrand geschwommen. Vieh sei „rasend“ geworden und die Bäume seien „von neuem erblühet“. Mäuse hätten auffällig viel Korn weggetragen. Eine Henne hätte sogar drei aneinandergewachsene Eier gelegt. In St. Peter sei in einem Gerstenbrot „dickgeronnenes“ Blut gefunden worden und schließlich sei der Herbst überraschend schön gewesen. (Heim II, 151 f.)

Bekanntlich lassen sich Vorzeichen hinterher leichter entdecken. Seltsamen Geschehnissen kann man damit einen Grund unterschieben und auf diese Weise sich einreden, man hätte sie verstanden.

Manche Vorboten mögen womöglich erfunden sein, aus dem kaum bewußten Willen, dem Sinnlosen noch einen Sinn abzuringen.

23) „Die erschreckliche Wasser-Fluth" von 1634 (Ausschnitt). Aus E. G. Happelii, Gröste Denkwürdigkeiten der Welt . . ., 1. Theil, Hamburg 1683

Das hellsichtig in die Zukunft schauende sogenannte „zweite Gesicht" überkam den Pastor Petrus Clio, und er bemühte sich, alle vor einer Sturmflut zu warnen. Doch mit 171 Gemeindemitgliedern fand er den Tod in den Wellen. Seine Leiche wurde neben der seiner Tochter gefunden „und mit christlichen Ceremonien zur Erde bestätiget". (Heim II, 146)

„Sein Amtsbruder (mit Namen Jonas Friderici. U. H.) in dem benachbarten Morsum hätte sein Leben retten können, wenn er, wie seine Hausgenossen, auf den Boden gestiegen wäre. Aber er wollte seine Studierstube nicht verlassen und ertrank. In Evensbüll waren gerade die Deichrichter und Geschworenen im Wirtshaus versammelt. Sie flüchteten auf das Dach. Als sie schon dort oben saßen, forderte einer, der den Humor noch nicht verloren hatte, noch Bier. Er bekam gleich darauf genug zu trinken. Das Wirtshaus stürzte ein und alle ertranken." (Wo, 91)

Auch von dieser, vielleicht zerstörerischsten aller Sturmfluten erzählte man sich Wundersames. So soll eine fromme Frau, mit Namen Cathrine Lorenses, in ihrem Bett bis zur nächsten Warft getrieben worden sein und habe sich dort retten können. Heimreich (147) fügt hinzu, daß „ihre Oberdecke nicht einmal naß geworden" wäre.

Es regnete, hagelte, donnerte und blitzte an diesem Neumondtag im Oktober. Der Wind, aus Südwesten kommend, drehte in der Nacht nach Nordwest. Gegen 18 Uhr setzte die Flut ein und schon vor 21 Uhr ging das Wasser über die Deiche. Die Nacht war besonders dunkel. Einige glaubten, ein Erdbeben miterleben zu müssen.

„Nach einer kleinen Stunde, um 10 Uhr abends" – schreibt ein Augenzeuge – *„war alles vorbei; da hatte Nordstrand aufgehört zu sein; da waren mehr als 6200 Menschen und 50 000 Stück Vieh dort ertrunken; da waren die Deiche der Insel an 44 Stellen durchbrochen; da lagen 30 Mühlen und mehr als 1300 Häuser zertrümmert danieder; da war vernichtet die Heimath und das Glück von mehr als 8000 Menschen"* – so der Sylter Chronist C. P. Hansen (Uth, 121).

Die Überschwemmung erstreckte sich an vielen Stellen bis an den Geestrand. Die Kirche von Klixbüll, nördlich von Niebüll, hat auf einer hölzernen Wandtäfelung zwei Flutmarken. Die Einmessung ergab folgende, auf NN (= Normalnull) bezogene Höhen. (Fi III,1/331):

Sturmflut vom 2. November 1532	NN + 4,16 m
Sturmflut vom 11. Oktober 1634	NN + 4,30 m

Während C. P. Hansen 6214 Tote für Nordstrand angibt, sind es bei Heimreich 6408, einschließlich der Halligen. Woebcken schließt sich Heimreich an. In einem Aktenstück des Schleswiger Stadtarchivs (in: Mü I, 216 f.) ist von 113 Ertrunkenen auf den Halligen die Rede. Bei Heimreich sind es 194.

C. P. Hansen übernimmt die Heimreichschen Zahlen über Verluste auf den einzelnen Halligen. Demnach ertranken auf Nordmarsch 48, auf Südfall 46, auf Hooge 43, auf Langeneß 38, auf Süderoog 10, auf Butwehl und Oland je 4 und auf Gröde 1 Mensch.

„Auf Nordstrand selber waren genau gezählt, 6214 Menschen umgekommen, das Land selber aber augenblicklich in unzählige Halligen zerrissen, von welchen in

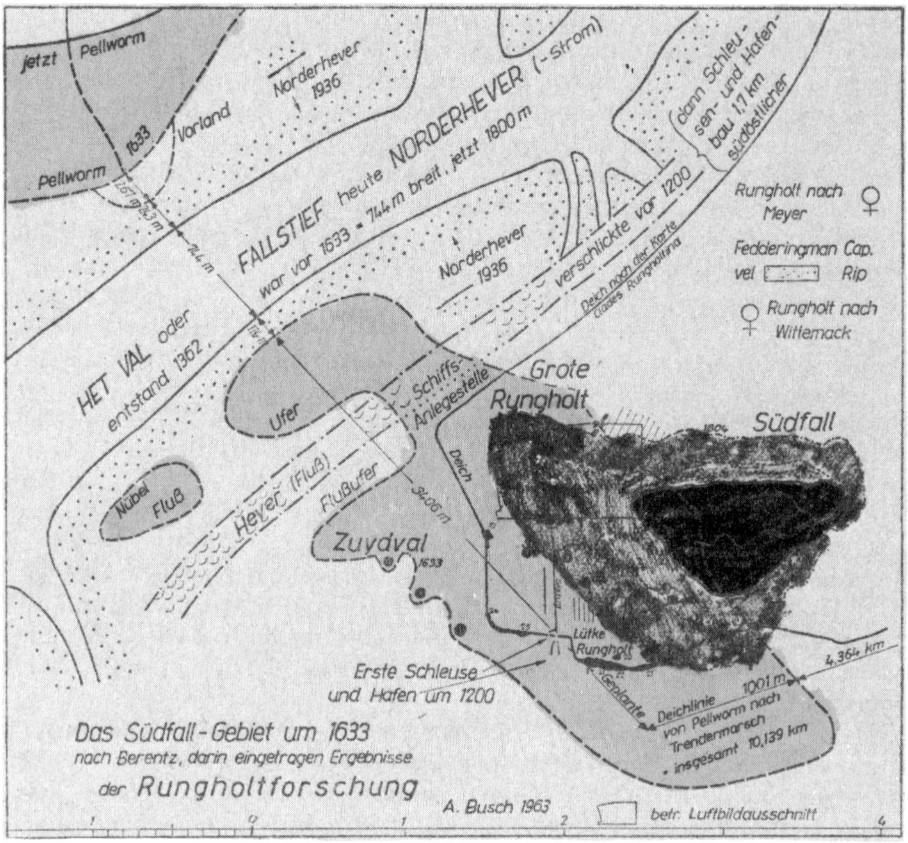

24) Das Südfall-Gebiet um 1633

der Folge nur die östlichsten und westlichsten, nämlich das jetzige Nordstrand und Pellworm, wieder bedeicht worden, die großen Mittelstücke aber, bis auf die Hallig Nordstrandischmoor und einige andere Landbruchstücke, nach und nach gänzlich im Meer verschwunden sind." (Uth, 121)

Einige der erwähnten „unzähligen Halligen" sollen im zweiten Teil dieses Buches behandelt werden, wobei sich bei solchen, die keinen Namen trugen, bestenfalls die Lage ermitteln ließ.

Ebenso wie nach der großen „Mandränkelse" von 1362 blieben nach der Flut „Landbruchstücke", die nach einiger Zeit ebenfalls verschwanden, meist unbewohnt und ohne wesentlichen wirtschaftlichen Nutzen.

Die bewohnten Halligen orientierten sich nun weniger nach Nordstrand, sondern mehr nach Pellworm, das sehr viel schneller wieder bedeicht wurde.

Nach der Katastrophe wurde den Halligleuten das „Landgeld" herabgesetzt, um 1661 allerdings wieder auf 80 Prozent des alten Betrages angehoben zu werden.

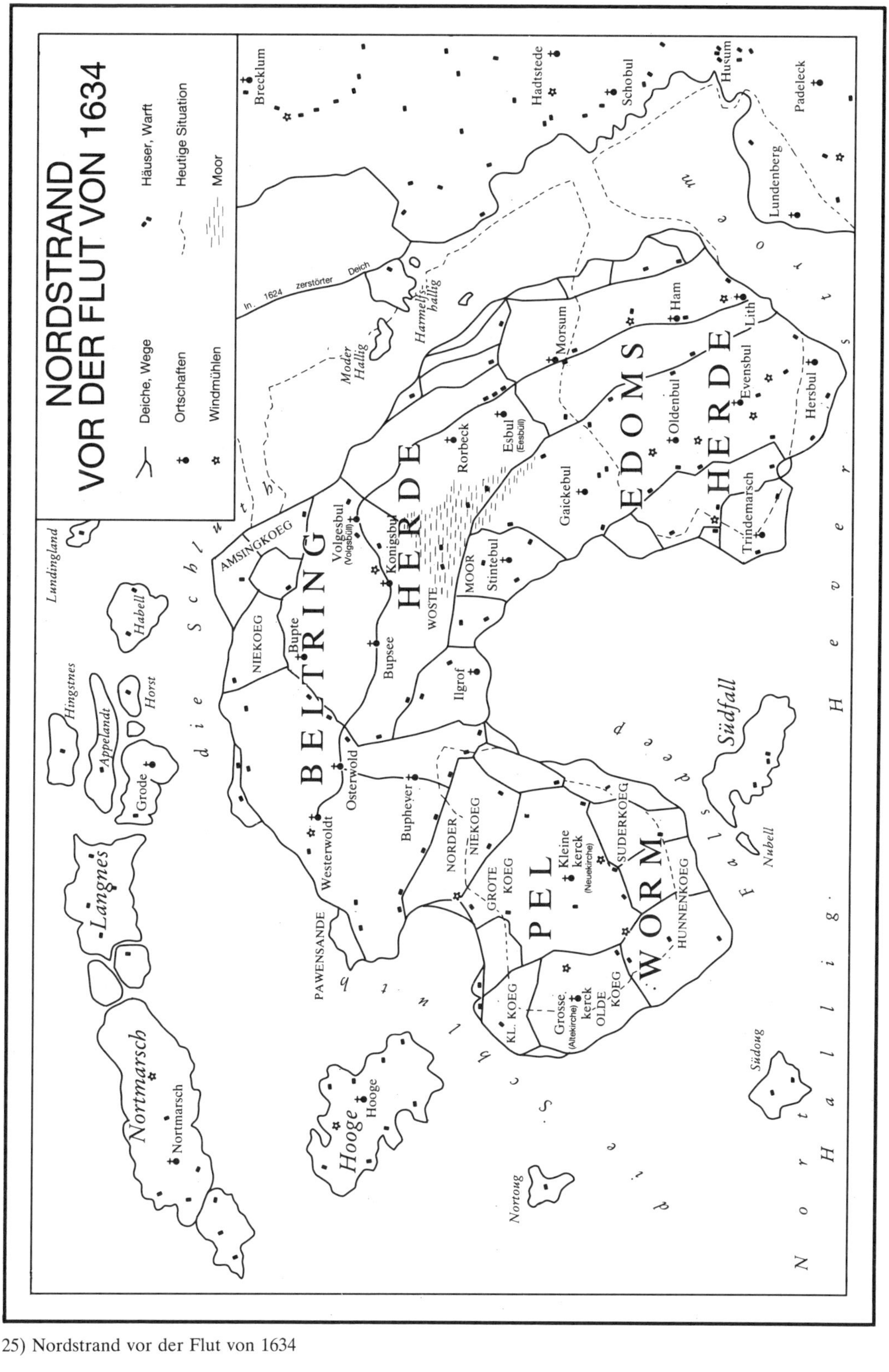

25) Nordstrand vor der Flut von 1634

Ab 1663 brauchten sie – ebenso wie die Pellwormer – kein Tonnen- und Bakengeld mehr zu entrichten.
Die größeren Halligen haben sich alle – trotz gewaltiger Landverluste – bis heute erhalten. Doch auch von einigen kleineren lassen sich Spuren auf Karten und in den Aufzeichnungen der Chronisten verfolgen.
Erstaunlicherweiser mußten nach der Oktoberflut weitere 77 Jahre vergehen, bevor ein durchdachter, zukunftsweisender Halligschutz betrieben wurde. „Die erste Nachricht über einen beabsichtigten planmäßigen Schutz der Halligen stammt aus dem Jahre 1711", schreibt Friedrich Müller. Im Auftrag des Herzoges Karl Friedrich sollten Landesinspektor Clasen und Deichgraf Sibbers nach Besichtigung der Halligen untersuchen, „wodurch die weitere Wegspülung derselben verhütet dagegen die Anschlickung allerorten befördert werden könnte". (Mü I, 300)

Anhang: „Vorschläge für den Halligschutz vom 30. Juli 1711"

In den Aktenbergen des Schleswig-Holsteinischen Landesarchivs auf Schloß Gottorf in Schleswig fand ich sieben Seiten über Vorschläge zum Halligschutz von 1711. Sie wurden bisher noch nicht in vollständig entzifferter Form veröffentlicht. Damit interessierte Leser sich mit ihnen näher beschäftigen können, soll im folgenden ein Faksimile des Originaldokumentes abgedruckt werden. Zur Hilfe soll eine Inhaltsangabe vorangehen, die F. Müller (Mü I, 300 f.) in seinem Werk „Das Wasserwesen an der schleswig-holsteinischen Nordseeküste" erarbeitete.

„Die erste Nachricht über einen beabsichtigten planmäßigen Schutz der Halligen stammt aus dem Jahre 1711 (S. A. S.; A. XX. 945). Der Herzog hatte dem Kammerrat und Landesinspektor C. A. Clasen und dem Deichgrafen C. Sibbers (. . .) befohlen, sämtliche Eiländer, die in der Gegend von Tondern, Pellworm und Nordstrand (Brabander Koeg) gelegen, zu besichtigen, deren Zustand und die Mittel zu untersuchen, wodurch die weitere Wegspülung derselben verhütet, dagegen die Anschlickung allerorten befördert werden könnte.

In ihrem Bericht vom 30. Juli 1711 halten die Kommissare es für höchst nötig, daß dort, wo das Wasser das Land abschnitte und wegspülte, eine Anflächung geschehe, auch hin und wieder einige kurze Dückelldämme (Lahnungen) gelegt würden, welche sämtliche Einwohner auf ihre Kosten je nach der Anzahl Demat ihres Besitzes anzulegen hätten, da der Anwachs künftighin auch nach Dematzahl wiederum ihnen zufallen würde. Es wird dann empfohlen, auf allen Halligen den Befehl zu erlassen, daß an den gefährlichen Orten ein Versuch vorerst auf eine Anzahl von Ruten hin gemacht werde, damit die Untertanen den zu hoffenden Nutzen einsehen und zu weiteren Arbeiten ermutigt werden. Die Ausführung der Anflächung sollte derart vorgenommen werden, daß 10–12 F. breit oben die Soden vorher abgegraben, dann die Erde ausgeflächt und mit den abgegrabenen Soden wieder belegt, im übrigen aber das Land so viel wie möglich in eine grade Fluchtlinie gebracht würde.

Der Herzog wurde ersucht, weiter darüber zu entscheiden, ob eine zweckmäßige Karte angefertigt werden sollte, aus der zu ersehen wäre, wie alle Halligen, die zuerst mit Dückelldämmen aneinandergebracht werden, belegen sind, wie steil das Ufer hin und wieder sei und wie die Anflächung gemacht werden sollte, wie die Halligen auch nächsthin in einen Deichband gefaßt werden könnten, wie lang und breit der Abschnitt zwischen jeder Hallig sei und welche Kosten die Dückelldämme erfordern würden. Ein erfahrener Landmesser sollte alsdann auf die Halligen entsandt werden. Dieses für die damalige Zeit schon vielversprechende Programm wurde leider nicht weiter entwickelt. Den damals noch wesentlich größeren Halligen würde immerhin auch mit den vorgeschlagenen Maßregeln in mancher Hinsicht geholfen gewesen sein."

Anhang
Vorschläge für den Halligschutz von 1711

Hochwürdigst = Durchlauchtigster
Bischoff und Hertzog
Gnädigster Fürst und Herr!

Da Ew. Hochfürstl. Durchl. Gn. befehl und beygelegt die gewesene eylande so in der Gegend Tündern, Hilligenley und dem be-bauden Koog belegen zu besichtigen, deren zu-stand und welcher gestalt die weitere ver-spülung derselben bestens zu verhüten, sogar gar die anschlickung aller Orten möglichst zu befördern sey zu untersuchen und nachmahls davon unsern unterthänigsten bericht und Vi-detur unterthänigst einzusenden. So haben wir solchem Gnädigst gegebenen Ordre in unterthänigkeit gelebet, und d. 17 July uns zusammen von Tondern nach Dagebüll be-geben den folgenden Tag darauf bey Ebbzeit uns nach Olandmarck hinbringen laßen, dan daselbsten befunden daß an der Norder und Süder in specie aber an die Wester seite das Land gehörig abspüle, an der Oster seite aber mehl. wieder anwachse den abgang

ersetze

eben an der Süder und theils Wester Seiten vorzu-
kommen, wären unserer unmaßgeblichen Meinung
nach von Hegebüll an bis Nordmarsch, welches
das gewesene und so genannte Oehrlige Tief zu
verschließen, ein Damm von ohngefehr 100 Ruthen
gemacht werden, wovon die Kosten auf 7. bis
800 Rthl: anlaufen dürften, über dem wäre
nothwendig daß 3 à 4 Lahnungs-dämme an der
westerwärts und Norder Ecke Nordmarsch gelegt
würden, Da wir nun weiter von Nordmarsch
nach Lütjens Mohr uns verfügt, haben wir be-
merket, daß das Tief vor erst nicht zu hem-
men sondern seinen Lauf behalten müste, doch
aber könte das Land und der Anwachs mehr be-
fördert werden, wenn denen Eingesessenen von
Hallums- und Hegebüll anbefohlen würde daß
Sie zwischen denen beyden vorbenandten Halligen
gar nichts zu hemmung des Saltzes ausspaten
müsten, von Lütjens Mohr aber nach Hallumsbüll
könte ebenmäßig ein Lahnungdamm von ohnge-
fehr 60 Ruthen geschlagen werden, davon die
Kosten bey 300 Rthl ausmachen würden, welches
dann den Anwachs bey Hallumsbüll merklich be-
fördern solte zu Verhütung des weiteren weg-
spülens so wohl von Hallumsbüll als allen
übrigen folgenden und vorhin benandten beyden
Halligen, wäre höchstnöthig daß wo das Wasser
das Land abschnitte und wegspülete, daß daselb-
sten eine Aufstöchung geschehe, auch hie und wieder

einige

einige kurtze Dückell dämme gelegt würden,
welche nach Vermöglichkeit von denen Sümpfl: Ein-
wohnern geschehen müsten, die denn der Ein-
wachs hinkünfftig auch nach Vermöglichkeit wieder
umb von ihnen genutzet werden könte, und wäre
also unsere unmaßgebl: Meinung daß auf aller
höchsten Ordre ertheilet würde, daß den den
neu gelaßenen Unterthanen ein Vorschuß vorerst
auf gewiße Jahre geschehe, damit die Un-
terthanen den zu hoffenden Nutzen vermerken
und so viel mehr zur Arbeit hinkünfftig en-
couragiret würden. Die Entwäßerung könte
folgender gestalt vorgenommen werden, nembl:
daß 10 à 12 Fuß breit oben die Boden vor-
hero abgegraben, hienechst die Erde aus ge-
flößet, und mit denen abgegrabenen Boden
wiederumb beleitet und so viel mögl: das Land
in geraden Linie gebracht würde, d: 19 Jd:
haben wir unsere Reise weiter prosegviret und
nach Wland und vermeßet, daselbsten befunden
daß eine distance von da, bis Lingstun
von 3 à 400 Ruthen sey, worin kein Dorf vor-
handen, sondern zur Abzeit übergegangen wer-
den können, wenn nur von beyden Seiten ab
von dem Landeigenern nach Vermöglzahl ein
wenigen Dückeldamm gelegt würde, könte
solches mit der Zeit verhofentl: Landes werden,
d: 20. Jd: sind wir nach Orden gefahren und bemerket
daß

daß von Jungfernsand ab bis Appelland erstere, welches bey ordinairer fluth nur 3 fuß tief seÿ, und bey weitem nicht so breit wie zwischen Osland, welches ebenmäßig mit einem Stackdamm zusammen gebracht werden könte, zwischen Appelland und der Horst oder Gröde ist zwar ein tief, befindet sich aber bey der Steerkante, welches ebenfalls mit ein Stackdamm aber mit größeren Kosten wie die vorigen fast gemacht werden könte,

ad 21 haben wir nach Habel Lundigmeland und Dreßhörn uns verfüget, und befunden, daß zwischen der Horst und Habel auch sich zwar ein tief finde, selbiges doch weilen es bey ordinairer fluth nur 4 fuß tief seÿn soll, die breite bey weitem nicht so groß wie zwischen Osland und Jungfernsand sich erstrecket, so gleichfalls mit einem Stackdamm dicht gemacht werden können, die accurate tiefe und breite zwischen vorbenandten Halligen haben wir nicht setzen können, weilen kein Landmesser auf dem Lande gewesen, dahero solches bis alles verordnet gemessen und die tiefe bey ordinairer fluth genommen worden, ein aussetzen müssen, so bald aber die Messen angegangen, sollen die Kosten so zur Verfertigung der Stackdämme erfordert werden solten, specificiret werden, zwischen Habel Lundigland und Dreßhörn gehet nur tiefe so daß dabey vor erst nichts geschehen kan, ohne daß das Fernere was en general zu Verlangsamung der verflachung und kleinen Stackdämme gemeldet

worden gesehen, d. 22 ejd: Sind wir von Groede
nach Langeneß gefahren, und befindet daß zwischen
denen beyden Halligen eine grosse Tiefe so daß
vorerst solches nicht gedämmet noch gestopfet
werden kann. Langeneß und besonders scheinet
mir ein Eyland, wie dergleichen auf den Halli-
gen sich hin und wieder befinden worüber ein
Steg geleget daß einer zu dem andern allezeit
kommen kann, d. 23. begaben wir uns nach
Nordmarsch welches umher mit lauter Sand
umgeben und von da nach der Hooge da wir
d. 23 angemerket, daß solche eine der besten
Halligen, so wohl ratione der Grösse als Güte
des Landes sey und wohl dem ansehen nach der
Mühe werth wäre, dieselbige in Eindeichung ge-
bracht würden, weilen wir aber wie vorhin
bereits gemeldet keinen Landmesser gehabt,
so haben wir nicht können erfahren wie breit und
wie groß des Landes der circumference sey
umb zu wissen wie viel Ruthen der Deich groß
seyn müste, item wie viel Kosten darzu erfo-
dert werden solten, wie viel Deichmaße auf
jeden Demath Landes kommen, und ob solches
werth ratione der im Deich zubringenden Demath
der Mühe lohnen könte. d. 24 ejd: fuhren wir
von da ab weiter Süderoog und d. 25. nach
der Brabanderlog, da zwischen lieget eine
Hallige Südfall genant, welche wie die andern
Halligen beschaffen und also mit befriedigung und
machung einiger Dünenbäumen muß conserviret
werden

werden, nicht weniger daß bey der Brabander vor
belegenen so genandte Mohr Hohe Hallig etc. welche
denen Participanten in Ihrer Octroye mit eingethan
daß aber an der Brabander Koog befindliche Außsinger
Land so denen Participanten nicht mit verschrie-
ben, sondern denen Außsingern in Hamburg gehöret
wofür 1 Rthl: in einem der Cammerath Rechnung ge-
geben wird, schlägt auch ab, um könte auch vorbe-
schriebener Art nit conserviret, und hiernechst nie-
mahl in Teichbande mit gebracht werden. d. 26. setzen
wir unsere Reise fort nacher Husum und d. 28. nach
Everschlandt oder so genandte Aedtshallig welche
dem Bürger Meister Ipsen und Kroeder Boudischen
von der Gröde gehören, selbige wird wie alle an-
dern Halligen jährl. kleiner. Wolten nun Ew.
Hochfürstl. Durchl. gnädigst gefallen daß von
diesem Werck eine ordentliche Carte verfertiget
würde und deutl. zu sehen wie alle Halligen
so mit Büttelklammen vor erst aneinander ge-
bracht werden könten, belegen, wie sehr oder
steil der Ufer hin und wieder sey, und wie die
Verlaschung hinkünfftig gemacht werden solle, wie
selbige endlich in einem Teichbande geschaffet werden
könten, wie lang und breit der abschnitt zwischen
jeder Hallig sey, und wie viele Kosten zu denen
hiezu vermuthl. zu schlagenden Bullwerk dämme
angewandt werden müssen, So erwarten wir
hierüber Ew. Hochfürstl. Durchl. gnädigste
ordre.

ordre, da wir denn bedacht seyn wollen so
bald möglich dahin zu sehen, daß ein erfahr-
ner Landmesser hinaufgesand werde, der
alles accurat messen, und in einer Carte
bringen könne, die wir übrigens in tiefe-
ster submission verharren

Ewer Hochfürstl: Durchl:

Husum d 30 Julii
1711.

unterthänigst-treugehorsambste diener

C. A. Hasen.

Christian Sibbert

Vertatur.

Vom Fischen, Fangen, Sammeln und der Abhängigkeit vom Meer

„Der Tisch wogt stundauf und stundab,
der Wind füllt die Becher,
das Meer wälzt die Speise heran:
das schweifende Aug, das gewitternde Ohr . . .“
Paul Celan in „Wasser und Feuer“

Auf einer Hallig leben heißt nicht nur vom Wasser umgeben, sondern auch auf vielfältige Weise vom Meer abhängig zu sein. Sich vor den Fluten zu schützen, bedarf es gemeinsamer Anstrengung – woraus neue Abhängigkeiten und soziale Probleme entstehen: Anno 1623 – es fällt ein Schuß.
Ein Diener des gehaßten Generaldeichgrafen Rollwagen hat im Streit einen Deicharbeiter erschossen. Ein Aufruhr bricht los. Der Diener wird von der wütenden Menge erhängt. Rollwagen muß flüchten. (Barz, 97f.)
Diese Auflehnung scheint der erste dokumentierte Vorläufer späterer Aufstände gewesen zu sein. Deiche sollen nicht nur Land und Leuten helfen, sondern ihre oft entfernt wohnenden Financiers wollen vor allem sich selber helfen. Mit anderen Worten: Deichbau wird zum Geschäft.
Besonders schonungslos ausgebeutet wurden die aus Dänemark kommenden Jüten, die als Tagelöhner die dabei anfallenden Arbeiten leisteten. Sie kamen auch zeitweise bis auf die Halligen, um durch „Heumachen“ ihre erschreckende Armut etwas zu verringern.
Sie taten das vor allem während der abenteuerlichen Epoche des Walfangs (s. a. Kap. „Auf großer Fahrt . . .“). Die Frauen und Kinder lebten im Sommer allein auf der Hallig, während ihre Männer zur See fuhren. Für die anstrengendsten Arbeiten konnten sie deshalb die Hilfe der Auswärtigen sowohl gebrauchen als auch bezahlen.
Zu anderen Zeiten mußten die Halligleute ohne fremde Hilfe auskommen, wobei sie jedenfalls in einer Hinsicht überfordert waren: bei den Schutzmaßnahmen gegen die Gewalten des Meeres. Ihre behelfsmäßigen Dämme, Stackdeiche und Entwässerungsgräben konnten den zunehmenden Landverlust vom Mittelalter bis in die Neuzeit nicht verhindern, höchstens etwas verlangsamen. Später kamen zwar Faschinen, Buhnen und Erdlahnungen mit Schlickfanggräben dazu, doch sie ließen Landgewinnung nur in bescheidensten Ansätzen zu.
Wovon aber lebten die allseits gefährdeten Menschen? Die Antwort scheint ohne weiteres Nachdenken auf der Hand zu liegen: vom Fischfang natürlich. Es ist jedoch eine seltsame Tatsache, daß niemals die Fischerei zur Haupterwerbsquelle werden konnte. Nur die sogenannte „Grönlandzeit“, in der Wale und Robben gejagt wurden, bildet eine Ausnahme. Ansonsten gab es eine lange Tradition des Widerwillens gegen den Fischfang auf den Halligen. Selbst die

Watten- und Küstenfischerei wurde meist nur in stark beschränktem Maße ausgeübt.
Woher dieser Abscheu ursprünglich kam, läßt sich nur vermuten. War es der Widerwillen gegen das fortwährende Essen von Fisch, der gefälligst kommen und nicht auch noch geholt werden sollte? Womöglich fühlte man sich als Besiedler einer amphibischen Landschaft den Fischen gleichsam verbunden und empfand sich dem Meer in ähnlicher Weise ausgesetzt. Ab dem 17. Jahrhundert findet die Abneigung allerdings eine offensichtlichere Erklärung. Als Seeleute auf „großer Fahrt" hielten sie es wohl für unter ihrer Würde, Küstenfischerei zu betreiben.
So fischte man normalerweise nur für den eigenen Bedarf.
Im 17. Jahrhundert wurden in größerem Umfang „Rocheln" bei der Hallig Jordsand gefischt. Sie wurden mit Hilfe von ins Watt gesteckten Pfählen aufs Trockene gelockt. Die Verpachtung der Fischgründe hielt sich bis ins nächste Jahrhundert.
Laurentius Lorentzen (= Lorenz Lorenzen) berichtet uns in seiner äußerst lesenswerten „Genaue(n) Beschreibung der wunderbahren Insel Nordmarsch" (1749) vom Butt- und Schollenfang.
Die „Bütt" fing man mit den Händen, denn der „Bütt" schießt zwar schnell hinweg, aber er kommt zurück „und kommt gerade auf den Fischer loß, da darf man nur die Hände herunter halten, so läuft er von selbsten hinein". (Lo, 78)

26) Buttfang im Watt

27) Halligfrauen beim Entleeren der Krabbennetze (um 1925)

Man versuchte auch, den Butt mit einer „Pregg" aufzuspießen. Die erfolgreichste Methode allerdings beschreibt Lorenzen folgendermaßen:
„Man leget zur Ebbzeit ein Netz, welches oben mit einem Tau durch einige in den Grund gesteckte Rechen oder Heugabeln versehen ist, gantz über den Fluß hinweg, drücket es in den Klei hinein, und beschmieret es solchergestalt, daß nichts davon zu sehen ist. Mit anwachsender Flut laufen die Bütt hinüber und in den Fluß hinein. Wenn denn die Fluth aufs höchste gestiegen, so ziehet man das Netz an obigem Tau in die Höhe, da denn die Bütt nicht wieder zurück können, und vor dem Netze liegen bleiben." (Lo, 79)
Man fing die „Bütt" auch mit „Porrennetzen" (Porren = Krabben, eigentlich Garnelen), wobei sich Aale und Taschenkrebse ebenfalls im Netz einfanden.
An Muscheln erwähnt Lorenzen die „Schloob-Heersene", das sind Sandklaffmuscheln, die nicht zuletzt den Ärmsten die Mahlzeiten sichern halfen.
Eine bedeutende Rolle spielte bis ins 20. Jahrhundert hinein die Austernzucht, die man bis dahin „kaputtgefischt" hatte. Heimreich teilt mit, daß schon im Jahre 1020 auf königliche Anordnung Austern aus England eingeführt und bei Sylt „gepflanzet worden seyn".

Anfangs galten die Austern als Delikatesse bei Hof. „Erst seit dem Jahre 1627 diente er (der Austernfang, U.H.) als unmittelbare Einnahmequelle für den Landesherrn, indem die Austernbänke (. . .) verpachtet wurden.“ (Fi II, 1/181) Seit dieser Zeit blieben die Austernbänke eine staatliche Einnahmequelle. Aus einer Nachricht, die Müller/Fischer (Fi II, 1/186) abdrucken, gab es 1695 zehn Austernbänke „mit nachweisbaren Schäden“: 1. bei List (auf Sylt), 2. bei der (jetzt dänischen) Insel Röm, 3. „der köstliche Platz bei Jordsand“, 4. „die Bänke im Eidumtief“, 5. „zwei Bänke unter Hörnum“, 6. „Plätze bei Föhr und Amrum“, 7. „Pandertief Bank“, 8. „Halo“, 9. „die uralte Austernstätte bei der Wiek“ (= Wyk auf Föhr), 10. eine „Stätte bei Süder Föhrde“.
1878/80 wurden die Austernbänke der Westküste vermessen und kartiert. Es handelte sich um 52 Bänke, wobei hier nur die aufgeführt werden sollen, die bei oder in der Nähe von Halligen lagen: 1. im Westen und Süden von Südfall, 2. im Süden von Gröde, 3. im Südwesten der Hamburger Hallig, 4. bei Langeneß, 5. im Norden von Nordmarsch und 6. um die Beenshallig herum.
1877 war auch das Standardwerk „Die Auster und die Austernwirtschaft“ des Kieler „Austern-Professors“ Karl Möbius erschienen. Er warnte vor einer Überfischung der Bänke vor Sylt. Mit staatlicher Erlaubnis wurden bereits die Austernbänke vor Borkum und Juist von 1841 bis 1846 so stark befischt, daß sie schon 1855 kein Mensch mehr pachten wollte. Die Mahnungen des Professors blieben unbeachtet.
Neben einer anschaulichen Beschreibung, mit welchen Vorrichtungen man Schollen fängt, schreibt L. Lorenzen noch von Seehunden und „Meer- oder Tümmelschweinen“, die ab und zu tot antrieben. Aus dem Speck kochte man Tran.
Der Seehundfang wurde im 19. und 20. Jahrhundert hauptsächlich bei Hooge und Süderoog betrieben, bevor man ihn einstellen mußte und touristische Fahrten zu den „Seehundbänken“ einrichtete.
Früher erschlug man die vertrauensseligen Robben, die von Natur aus keine Fluchttiere sind, mit Knüppeln. Ihr Fleisch, der Tran und das Fell ließen die Halligleute den Winter besser überstehen.
Hemmungsloses Abschlachten dieser für Jäger so profitablen Tiere hatte sie fast ausgerottet, als 1973 in Schleswig-Holstein die Seehundjagd endlich eingestellt wurde. 1985 betrug der Bestand hier wieder 2700 Tiere, mehr als anderswo im Wattenmeer zwischen Dänemark und den Niederlanden. Wie viele das Robbensterben, dessen Ursache vermutlich der Staupevirus sowie die zunehmende Verschmutzung der Nordsee sind, überleben werden (1988), bleibt ungewiß.
Eine bescheidene Einnahmequelle der früheren Halligbevölkerung erschloß sich durch das Einsammeln von Muschelschalen. Man verkaufte sie an Kalkbrennereien, hauptsächlich nach Tondern. Außerdem verbesserte man damit die Bodenverhältnisse, da an den Halligufern der Bewuchs durch die Muscheln nicht mehr erstickt wurde.
Wie seit alters her werden auch heute noch Muschelschalen zur Befestigung der weichen Marschwege benutzt.
In der Antike war für die Griechen und die Römer der Bernstein, eigentlich

Brennstein, die beliebteste Handelsware aus dem Nordseebereich. Der „Glees“ (= Glas), früher auch „Agt“ genannte Stein, fand sich dort damals an vielen Stellen. Später wurde die Ostsee zu einem geeigneteren Platz.

Auch heute noch treiben bei den Halligen gelegentlich bis zu faustgroße Bernsteinbrocken an. Simon Nommensen von Oland z. B. hat einen schier unglaublichen Bernstein-„Instinkt“: seine Sammlung lohnt sich anzusehen.

In gewisser Weise bewahren die Halligbewohner eine der allerfrühesten menschlichen Existenzformen; das Leben der Sammler. Das Meer als Arbeitgeber lieferte ihnen alle möglichen Arten von Strandgut. Sie lernten dabei auch Dinge kennen, die ansonsten unbekannt oder unerschwinglich waren.

Strandete ein ganzes Schiff, durften die Schiffbrüchigen nicht etwa mit Hilfe rechnen, sondern sie mußten Plünderungen und Mord befürchten. Diese Übergriffe geschahen jedoch weniger aus Gefühllosigkeit und Habgier, sondern wegen der meist bitteren Armut der Insel- und Halligbewohner. Als Strandräuber besonders berüchtigt waren die Bewohner von Hörnum auf Sylt und die Amrumer.

Schon Petreus (1597) berichtet, daß auf der Hallig „Suder Oug“ (= Süderoog), auch „Boy Ocksens Halg“ genannt, viel Strandgut antreibt. Boy Ocksen war im 16. Jahrhundert „Strand- oder Wrackvogt“. Bis in unsere Zeit hinein galt der Süderoogsand als eine der gefährlichsten „Strandungsfallen“. In den 125 Jahren zwischen 1798 und 1922 sind dort mindestens 53 (dokumentierte) schwere Schiffsunfälle passiert.

Ging es ordnungsgemäß zu, wurde das geborgene Strandgut an Ort und Stelle versteigert. Als im April 1868 das englische Wollschiff „Elisabeth Cathe“ auf Grund lief, wurde in einer zweitägigen Auktion u. a. folgendes versteigert: Balken, Baumwolle, Öl, Trossen, Kleidung, Seekarten, Kompasse, Flaggen, Kochgeschirr, Zucker, Bananen, Melonensaft, Elfenbein, Bücher, Uhren und Kupfer.

Nach J. Lass errichtete man schon Anfang des 17. Jahrhunderts eine Feuerbake, und noch heute steht auf Süderoogsand eine Rettungsbake.

Halligleute zeigten viel Geschick und Einfallsreichtum in der Wiederverwendung von Dingen, die sie am Ufer fanden oder vom Strandvogt unter der Hand billig erwarben. „Rundhölzer von Schiffen wurden Balken, die durch ‚Uetkebstölper‘, Ständer, aus Decksbalken von wracken Schiffen, getragen, den unteren Theil des Gerüstes bildeten. Raaen und Stengen dienten als Sparren, gespaltene Rundhölzer als Latten. Auch holte man damals (im 17. Jahrhundert, U.H.) noch Holz aus den im Bereiche des Wattenmeeres versunkenen Wäldern . . .“ (Jen, 194)

Auch Walknochen dienten beim Bauen. Eine Kirche auf Sylt wurde gar an Privatleute verkauft, damit das Holz neue Verwendung fand.

Vielfach noch heute auf den Halligen zu besichtigen sind die aus Sandstein bestehenden Steinsärge („nooste“), die als Viehtränke dienen. Sie scheinen römischen und germanischen Ursprungs zu sein. (Koehn, 121)

Findlinge und andere Steine verwendete man zum Kirchenbau, als Grabsteine

28) „Friesische Spinnerin“ (Gemälde von K. L. Jessen)

und später dann zur Uferbefestigung – um nur die wichtigsten Wiederverwendungsmöglichkeiten zu nennen.
Zur Seefahrerzeit im 18. Jahrhundert wird gelegentlich über den auf den Halligen betriebenen Schmuggel geklagt. Besonders auf Hooge legten – ohne Erlaubnis der Zollstelle – nicht selten Schiffe mit Waren an, die von dort heimlich nach dem Festland gebracht wurden. (Mü I, 351)
Um den Speiseplan zu bereichern, wurden auch Vögel gefangen, an vorderster Stelle Enten. Sie wurden vornehmlich bei Nacht gejagt. Erfolg versprachen Sturm- und Regennächte im Herbst. Man näherte sich dabei den eingeschüchterten Tiere mit einer vor die Brust gebundenen Laterne und erschlug die Geblendeten mit einem Stock. (Tr, 93)
Eine leicht auszubeutende Nahrungsquelle, vor allem für die Ärmeren, stellte das Eiersammeln dar. Es beeinträchtigt den Vogelbestand normalerweise nicht, denn Seevögel pflegen dann zwei- oder dreimal zu legen. Wer sammeln wollte, stand schon früh auf. Vor Sonnenaufgang ging es los. Der Reisende Kohl notiert:
„Dieß Eiersuchen steht jedem frei. Es ist dabei Sitte, daß, wenn Jemand Eier gefunden hat, die er nicht gleich mitnehmen kann, von denen er aber doch Besitz zu ergreifen wünscht, er nur ein Kreuz mit dem Stocke im Erdreiche zu machen braucht, um sich den Besitz zu sichern. Jeder respectirt dieß Zeichen und läßt die Eier und auch das ganze Nest, wenn etwa noch mehrere nachgelegt werden sollten, unangetastet.“ (Ko I, 359)
Von unbewohnten Halligen wissen wir, daß sie von Eiern lückenlos übersät sein konnten. Da viele der später untergegangenen Halligen nicht besiedelt wurden und manche davon zu klein und unzugänglich für lohnende Heuernten waren, wurden sie von Brutvögeln gerne angenommen. Diese erheblichen Nahrungsvorräte hatten für die Halligleute nur einen Nachteil: es ließ sich nur in der Brutzeit auf sie zurückgreifen.
Doch man interessierte sich für Eier nicht nur aus Gründen der Ernährung. L. Lorenzen (1749) schildert eine andere Absicht:
„Man pfleget diesen Backers (= Seeschwalben, U.H.) zuweilen 2 mit Ruß angeschwärtzte Hühnereyer unterzulegen, welche sie auch ausbrüten, ob es gleich nur kleine Vögel, und ihre eignen Eyer kaum den dritten Theil so groß sind. Die Hahnen, welche von solchen Küchlein erzogen werden, sollen sehr böse seyn, und andere im Kämpfen überwinden. Denn mit den Hahnen haben unsere Insulaner viel Kurtzweil, und tragen sie unterm Arm von einem Warff zum andern, lassen sie in der Stuben mit einander kämpfen, und wenn jemandes Hahn viele andere überwindet, der machet sich einen großen Ruhm und Ehre daraus.“ (Lo, 85)
Der Reisende J. G. Kohl bemerkt fast genau ein Jahrhundert später (1846):
„. . . da die ganze Thätigkeit der Bewohner sich fast nur auf Heuernten und Viehzucht richtet, so haben sie im Grunde nicht viel zu thun. Ihren Boden düngen und mergeln sie nicht, zu pflügen und zu säen brauchen sie nicht.“ (Ko, 333)
Das ist zwar übertrieben, doch trifft es immerhin mehr oder weniger auf das Winterhalbjahr zu. Außer wenn ihnen eine Sturmflut unerwartete Schwerarbeit

bescherte, waren die Halligleute nicht ganztägig ausgelastet. Wer auf bereits teilweise zerstörten Warften in der Nähe der Wasserkante wohnte, befand sich allerdings in höchster Existenzgefährdung. Ansonsten war er sich selbst und seiner kleinen Gemeinschaft ausgesetzt.

Zur Wal- und Handelsschiffzeit mußten die Frauen die Bewirtschaftung alleine in ihre Hände nehmen, sofern sie nicht von festländischen Tagelöhnern unterstützt wurden. Doch immer herrschte ein auffälliger Mangel an Handwerkern und naturgemäß auch an Ärzten. Handwerker lockte es nur dann auf eine Hallig, wenn sie Bargeld erwarten konnten.

29) Watten-Ever

Auch L. Lorenzen bestätigt, daß man es „durchgehends für eine große Schande" hielt, ein Handwerk zu erlernen, mit Ausnahme des Schiffszimmerers, muß hinzugefügt werden. Während zu anderen Zeiten die Pastoren Aufgaben der Ärzte zu erfüllen suchten, praktizierte man damals noch Ungesünderes:
„Weil wir nun an Ärzten und Barbierern auf den Halligen einen Mangel haben, so kommen die Quacksalber und andere liederliche Betrüger vom festen Lande herunter, geben sich für gelehrte Doctores und Wundärtzte aus, und schwatzen unsern leichtgläubigen Einwohnern das Geld aus dem Beutel." (Lo, 108)
Erkrankte jemand auf einer Hallig ernsthaft, wurde er entweder durch eigene Widerstandskräfte gesund oder siechte dahin, wenn er nicht starb. Auf die Idee, Kranke auf dem Festland medizinisch behandeln zu lassen, kamen die Angehörigen deshalb kaum, weil in der Regel dafür kein Geld zur Verfügung stand.
Überdurchschnittlich hohe Kindersterblichkeit herrschte damals nicht nur auf den Halligen. Nahegebracht wird sie uns durch die „Lebenserinnerungen des Grönlandfahrers und Schiffers Paul Frercksen" (See, 51–98). Er lebte von 1725 bis 1801 und mußte den Tod von mehreren seiner Kinder ertragen. Jahrelang quälte ihn selbst eine schwere Krankheit, die anscheinend niemals auskuriert wurde.
Zwar härteten Klima und Lebensweise die Inselbewohner und mobilisierten Abwehrkräfte, doch gab es auch Umstände, die der Gesundheit abträglich waren. So manche Krankheit wird durch die erbarmungswürdigen Trinkwasserqualitäten verursacht worden sein. Außerdem litten die Alten gewöhnlich unter Rheuma und Gicht, weil das herkömmliche Heizsystem die Feuchtigkeit nicht aus den Räumen treiben konnte.
Zur Aufbesserung eines kargen Lebensunterhaltes bot sich Heimarbeit an. Mit Schafwolle ließ sich einiges produzieren. Zum Beispiel Handschuhe oder Strümpfe, die vor allem von Sylt und Föhr ausgeführt wurden. Der Reisende Kohl schreibt (1846): „Auch auf den friesischen Inseln findet man fast in jedem dritten Hause einen Webstuhl." (Ko II, 349)
Dies mag auch in etwa für die Halligen gegolten haben. Neben der Wolle benutzte man als Werkstoff hauptsächlich Flachs und Hanf. Doch bis gegen 1880 war das Weberhandwerk fast völlig verschwunden.
C. P. Hansen berichtet noch von „aus Dünengrase gedrehten Stricken". (Uth, 202)
Bei dem chronischen Mangel an Ärzten wie an Handwerkern blieb dem Halligmenschen nicht anderes übrig, als sich in allen Bereichen mehr oder weniger selbst zu helfen. Bestenfalls unterstützten sie sich untereinander.

Der Abbau von Brenn- und Salztorf

„Unverzichtbar und unersetzlich,
ist das Salz ein heiliges
Nahrungsmittel."
Fernand Braudel

Wäldchen oder gar Wälder gab es auf den Halligen nicht. Nur auf wenigen wuchsen an stark windgeschützten Stellen einzelne Bäume. Bekannt sind die beiden Birnbäume auf Süderoog, die schon 400 Jahre alt sein sollen. Auch die wenigen Haine auf den Nordfriesischen Inseln sind größtenteils neueren Datums. Wir wissen beispielsweise, daß der Chronist C. P. Hansen auf Sylt (um 1850) Bäume anpflanzte.

Woher sollte man also Brennmaterial bekommen? Holz einzuführen war im allgemeinen zu mühsam und zu teuer. Als Strandgut angetriebenes Holz reichte nicht einmal für die allerkälteste Winterzeit.

Doch Not macht bekanntlich erfinderisch. So verfiel ein Unbekannter irgendwann darauf, daß auch „Tuul" (= Seetorf) als Feuerungsmaterial dienen konnte. Bereits Plinius (23–79 nach Chr.) berichtet davon.

In den „Schleswig-Holsteinischen Anzeigen von 1759" heißt es: „Hier auf Föhr haben wir weder Hölzung noch frischen Torf: dennoch sind hier manche Einwohner, die für Feuerung keinen Schilling ausgeben." Im Westen der Insel bemühen sie sich nämlich um das „Aufgraben" des Torfes.

Dessen Abbau diente allerdings nicht nur der Versorgung mit Heizmaterial, sondern auch der Erschließung von neuem Nutzland. Mit der „Verfehnung", d. h. dem Torfabbau und der Urbarmachung des Bodens, wurde der Bau von Deichen notwendig. Allen voran die Nordstrander betrieben das Brenntorfstechen und führten das gewonnene zum Teil sogar aus. Dies alles hatte eine allmähliche Zerstückelung des Landes zur Folge und bereitete den Untergang mit vor.

Zu einem nicht festlegbaren Zeitpunkt vor dem 11. Jahrhundert entdeckte ein findiger Friese, daß sich aus Seetorf auch Salz gewinnen ließ. Dieses „weiße Gold" (Häberlin) bot die Voraussetzungen für den Handel mit schnell verderblichen Waren. Wie Häberlin betont, stellte die Salzgewinnung eine „Schlüsselindustrie zur Ausnutzung einer anderen Naturgabe, des Fischreichtums des Meeres, dar". (Hä, 1)

Konservierung für längere Zeit steigerte den Wert der Ware „Fisch". Der Handel nahm einen gewaltigen Aufschwung.

Saxo Grammaticus erwähnt schon um 1180 den Salzabbau: „Aus getrocknetem Torf wird Salz gekocht." (Im 14. Buch) Während die Anfänge der nordfriesischen Salzsiederei sich im dunkeln verlieren, ist ihr Ende bekannt: es liegt am Ausgang des 18. Jahrhunderts. Häberlin meint, daß die Gewinnung von Salz aus Seetorf an der nordfriesischen Küste erfunden wurde. (S. 25)

30) Spuren des Salztorfabbaus

Durch den Abbau gerieten Teile der Landoberfläche unter das Niveau des mittleren Hochwassers, und bei höheren Wasserständen überfluteten die Abbaugebiete. Durch Sturmfluten verwandelten sich diese Flächen in Watt.
Der Untergang größerer Halligflächen oder gar ganzer Halligen nahm seinen Lauf. „Nur an geschützten Stellen wuchs neues Halligland über den Abbauflächen auf." (B I, 42)
Was Generationen den Lebensunterhalt bot, verursachte den Untergang künftiger Generationen, denen gewissermaßen der Boden unter den Füßen weggegraben wurde.
Es handelt sich dabei um vergleichsweise riesige Flächen.
„Dieser mittelalterliche Moorabbau, der nach meinen Untersuchungen im nordfriesischen Gebiet ein Gelände von rd. 1000 km² umfaßt, sicher aber über weit größere Gebiete umging . . ." (And, 7)
„Spuren des Torfabbaus unter Halligland finden sich im Bereich aller Halligen dieses Gebietes (‚der nördlichen Halligen', U.H.), in ganz besonders großer Ausdehnung jedoch auf dem Wattsockel um Nordmarsch – Langeneß – Butwehl und Gröde – Appelland." (B I, 85) Dazu gehört auch die ehemals bedeutende untergegangene Hallig Hingsteness.
Die Erdentnahmestellen sind, wie die Wattenarchäologie herausfand, mit Torfasche gefüllt, was als Beweis dafür gelten kann, „daß der gesamte Produktionsprozeß im Raume selbst vorgenommen wurde" (B I, 85), der folgendermaßen vonstatten ging:

Im Frühling, wenn es trockener wurde, bereiteten die Salzsieder ihre Ausrüstung und ihre Salz-Schuten (= Segelboote) vor. Diese konnten 20 bis 30 oder mehr Tonnen Salz aufnehmen, das anschließend zu den Märkten gebracht wurde.

Ungefähr gleichzeitig werden die Kajedeiche und die Salzköge ausgebessert und entschlickt, Arbeiter eingestellt, die den salzhaltigen Seetorf aus dem Schlick befreien und ihn mit den Schuten herbeischaffen.

Der Seetorf wird „Teerig", „Therig oder derrig" (J. Petreus), „Terrig" (Heimreich) oder „Kleen" genannt. Entdeckt ein Torfstecher zur Ebbezeit eine fündige Stelle, setzt er eine sogenannte „Bake", einen Pfahl, den er mit seinem Namen oder Kennzeichen versieht. So kann er schon zur Flutzeit die Stelle leicht wiederfinden. Außerdem darf „kein anderer ihm dieselbe streitig machen". (Aus den „Schleswig-Holsteinischen Anzeigen auf das Jahr 1768", abgedruckt bei Häberlin, dem ich in seiner Darstellung, unter Hinzuziehung neuerer Literatur, folge.) Vor und nach der Hohlebbe (= tiefste Ebbe) muß er sich beeilen, mit Spaten und Grabscheiden soviel wie möglich von der Materie in die Schute zu schaufeln.

Die Tuulgräber lebten dabei in steter Lebensgefahr; die Gruben konnten einstürzen oder das Wasser schneller steigen als erwartet.

Die Flut hob die beladenen Boote dann hoch und machte sie flott, auf daß sie ihre Ladung zu den Salzkögen transportieren konnten. Dort halfen „mehrenteils Frauens-Personen" (Schl.-Holst. Anzeigen von 1768) beim Löschen. Mit „Storden" bzw. „Störden" (= Sturzkarren), die von den Benutzern „Bylig" genannt wurden, brachte man den „Teerig" zum „Settland", einem trockenen Kleigrund ohne Gras.

Dort wurde der Torf mit Schaufeln geschlagen und zerstoßen, damit er besser trocknen konnte. Danach rutschten die Frauen mit ihren Füßen darauf herum, um auch die andere Seite dem Trocknen auszusetzen.

Das vollkommen trockene Material wurde zu Haufen, sogenannten „Kellen", zusammengeharkt und verbrannt. Hatte der beißende Rauch sich verzogen und die Asche sich abgekühlt, beförderten die Salzsieder sie mit Tragbahren zu größeren Haufen, die man mit den „Storden" auf die Warften schaffte. Dort standen die Salzbuden.

Hier vermischten sie nun die Asche mit Salzwasser und türmten anschließend große, viereckige Haufen auf. Diese hießen „Dan, Daan, Daane, Dann" oder „Danne", was vielleicht auf das Wort „Düne" zurückzuführen ist. Man schlug den Haufen mit kleinen Schaufeln fest, setzte neue Asche hinzu und versuchte bis in den Spätsommer hinein einen möglichst großen „Dan" zu gewinnen.

Die Asche mußte noch ein wenig Sand enthalten, um sie locker zu machen. Zuviel Sand und Klei ergab jedoch minderwertiges Salz.

Um den Jacobitag herum, bis zu dem die Arbeiter angestellt und bezahlt wurden, begann man in den Salzbuden mit dem Salzkochen.

In ihnen befanden sich schmale Dachöffnungen, unter denen der Kessel stand. Daneben standen meist zwei „Küppen", das sind große viereckige Bretterkübel

mit Zapflöchern. In diesen waren hölzerne, mit Stroh überdeckte Speichen, damit die Asche auf ihnen blieb und das Wasser hindurchrinnen konnte.
Nahbei stand ein Holztrog, auch „Schep“ oder „Schap“ genannt, der die Flüssigkeit der „Küppen“ aufnehmen sollte. Außerdem hatte die Salzbude eine Grube, über der die Salzpfanne oder der Kessel hing, welcher durch ein Feuer eingeheizt wurde.
Ein Salzkessel hielt damals übrigens höchstens drei Jahre, war er von holländischem Eisen verfertigt allerdings bis zu zehn Jahre.
An der Wand, nahe des Kessels, war die sogenannte „Stave“ angebracht, eine Art Brettergestell mit Stroh bedeckt und einer Rinne, in der das Wasser abfließen konnte. Dorthin kam das Salz des Kessels.
War das Salz vollkommen getrocknet, wurde es herausgenommen und in Tonnen verpackt. Bei der geschilderten Prozedur wurden einige Spezialwerkzeuge verwendet.
An sich liegt der Gedanke nahe, daß die Salzsieder ihre Kessel mit Seetorf heizten. Doch aus ungeklärten Gründen, die ein Geheimnis dieses ausgestorbenen Berufes bleiben, besorgte man sich teuren dänischen Brenntorf aus Jütland. Allmählich wurde dieser Torf immer teurer und war von den meist armen Salzsiedern bald kaum mehr zu bezahlen.

Überhaupt kamen manche Risiken hinzu. In „nassen Jahren“ konnte es passieren, daß die Salzgewinnung mehr oder weniger ausbleiben mußte. Der dänische Geschichtsschreiber Pontoppidan vermerkt, daß nach der Einstellung des Salzabbaus die betroffene Bevölkerung vollends verarmte.
Andererseits förderte der Stopp des Bodenabbaus die Landentwicklung. 1515 wurde durch ein Verbot Karls des V. der Salzabbau vorläufig unterbunden. Man schien die Gefahr für die Deiche und das von ihnen geschützte Land erkannt zu haben. Spanisches Salz ersetzte das niederländische und friesische. Bei J. Petreus (um 1580) ist vom „verdrethlike schmack“ des Salzes die Rede. Um Schwefelteile und andere nicht gerade geschmacksfördernde Bestandteile im Salz loszuwerden, ließ man es ausregnen und ausfrieren.

Der Salztorf soll ebensoviel Hitze wie Brenntorf gespendet haben, griff aber stark das Metall an.

Wertvoll wie das Salz war – in manchen Ländern wurde es mit Gold aufgewogen –, wollte auch die Obrigkeit kräftig mitverdienen und erhob gesalzene Steuern. Das Schleswiger Stadtrecht, das um 1150 entstanden ist, setzte einen Einfuhrzoll auf friesisches Salz fest. Auch das Flensburger Stadtrecht von 1284 enthält Richtlinien über die Einfuhr utländischen Salzes. (Fi III, 2/23)

Im Waldemarschen Erdbuch (1231) heißt es: „. . . die ganzen Steuern in Friesland gehören zum König. Item von 4 Brennstellen gehören 3 zum König und die 4. zum Herzog.“ Wahrscheinlich handelte es sich hierbei nicht um Steuern, sondern um den königlichen bzw. herzoglichen Anteil an den Salzsiedereien.

Im Frieden von Langsuntofft mit der Bökingharde von 1344 verlangt der König jährlich widerspruchslos eine Salzsteuer.

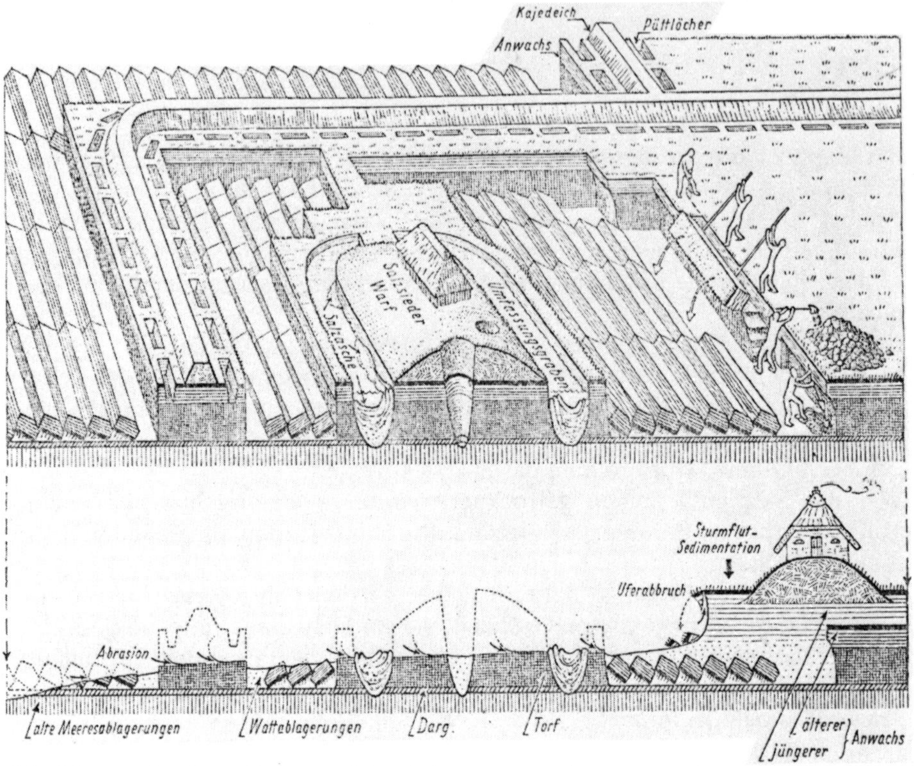

31) Schematische Darstellung des Salztorfabbaues und seiner Folgen im Raume Langeneß-Nordmarsch (Aus: A. Bantelmann „Die Landschaftsentwicklung an der schleswig-holsteinischen Westküste". Seite 84)

Oben: Vorgang der Zerstörung ausgedehnter Halligflächen durch Salztorfabbau unter Halligland im hohen und späten Mittelalter. Kajedeiche schützten die Abbaugebiete vor Sommerüberflutungen.
Unten: Die heutigen Verhältnisse im gleichen Gebiet. In unzerstörten Restgebieten (ganz rechts) liegt eine Schicht jüngeren Anwachses über der mittelalterlichen Oberfläche. Die durch den Abbauvorgang vertieften Flächen (links) wurden zunächst in ein Wattgebiet verwandelt, in dem alle höher liegenden Teile wie Kajedeiche und Salzsiedersiedlungen durch Erosionsvorgänge abgetragen wurden. Nur die Grundflächen und künstlichen Eintiefungen wie Püttlöcher, Zisternen und Gräben, letztere teilweise mit Salzasche gefüllt, blieben erhalten. Durch Verlandung entstand hier allmählich neues Halligland, dessen Ausdehnung durch Uferabbruch bis zur Gegenwart ständig verringert wurde. Viele der heutigen Warfen von Langeneß-Nordmarsch (ganz rechts) sind während der jüngeren Halligphase errichtet. Trotz des geringen Alters sind sie im unteren Teil von einer Schicht junger Überflutungssedimente bedeckt.

Exakt 200 Jahre später betrug diese Steuer an den König aus der Bökingharde 48 Tonnen Salz. „Je Bude wurden ein oder zwei Tonnen bezahlt, sodaß wir mindestens 24 Salzbuden annehmen müssen. Da von Galmsbüll allein 16 Salzhütten bezeugt sind, so ist diese Zahl, so hoch sie für den kleinen Bezirk der Harde erscheint, doch keineswegs unwahrscheinlich." (Hä, 21)
Auch die Kirche hielt natürlich die Hände auf und bekam Abgaben aus der Salzkocherei. Um 1460 finden sich im Steuerbuch des Schleswiger Bischofs einige abgabepflichtige Orte aufgeführt, von denen z. B. „Betzeem" nicht mehr auf der Landkarte zu finden ist. (Wahrscheinlich war es – nach Reimer Hansen – eine später eingedeichte Eiderinsel.)

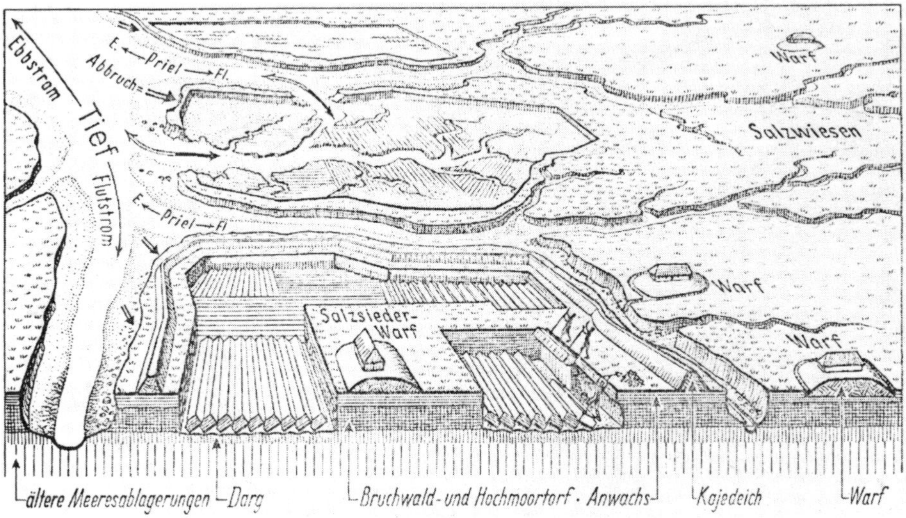

32) Auswirkungen des Salztorfabbaues (Aus Bantelmann, a. a. O., Seite 43)

An vielen, oft nicht mehr rekonstruierbaren Plätzen betrieb man den Salzabbau, auch auf dem Festland, z. B. in den Äckern um Schobüll. Einige Halligen sind in diesem Zusammenhang urkundlich erwähnt.
Johannes Petreus schreibt Ende des 16. Jahrhunderts von einer „Halg, dorup man Soltasch brennte" und meint damit vermutlich die Melfshallig (vgl. Bei, 89).
Caspar Danckwerths „Landesbeschreibung" von 1550 läßt dazu verlauten: „In der Insul Dagebüll wie auch Fahretofft und Galmesbüll wird friesisches Salz . . . gemacht."
Heimreich erwähnt die gleichen drei Halligen, wenn er das „Sotten" von Salz beschreibt. P. Petreus (um 1770) nennt an Halligen nur „Fahretoft".
Der dänische Historiker Pontoppidan berichtet 1781, kurz vor dem endgültigen Ende des Abbaus, von Dagebüll und Galmsbüll. Während Galmsbüll früher 16 Salzschiffe gehabt hätte, gäbe es heute, wegen der Armut der Bevölkerung, nur noch 2 davon.
Auch in den „Schleswig-Holsteinischen Provinzialberichten von 1788" (in: Hä, 24) wird von Salzsiedern auf Galmsbüll und Nordtoft berichtet. Letztere war eine ursprünglich große, später stark verkleinerte Hallig im Norden des nahegelegenen Galmsbüll. In den „Provinzialberichten" wird der Rückgang der Produktion beklagt. Es seien „noch 1727 auf hiesigem Warf 84 Personen damit beschäftigt gewesen und noch 1769 164 Tonnen Salz gesotten worden. Die zwei letzten Salzsieder mußten 1782 damit aufhören."
Allerdings versuchte man zwölf Jahre später noch einmal die Arbeit aufzunehmen, gab sie jedoch bald wieder auf.
1862 schreibt Christiansen (im „Jahrbuch für Landeskunde VI, 1863), daß früher auch auf Nordstrandischmoor Salz gefördert wurde.

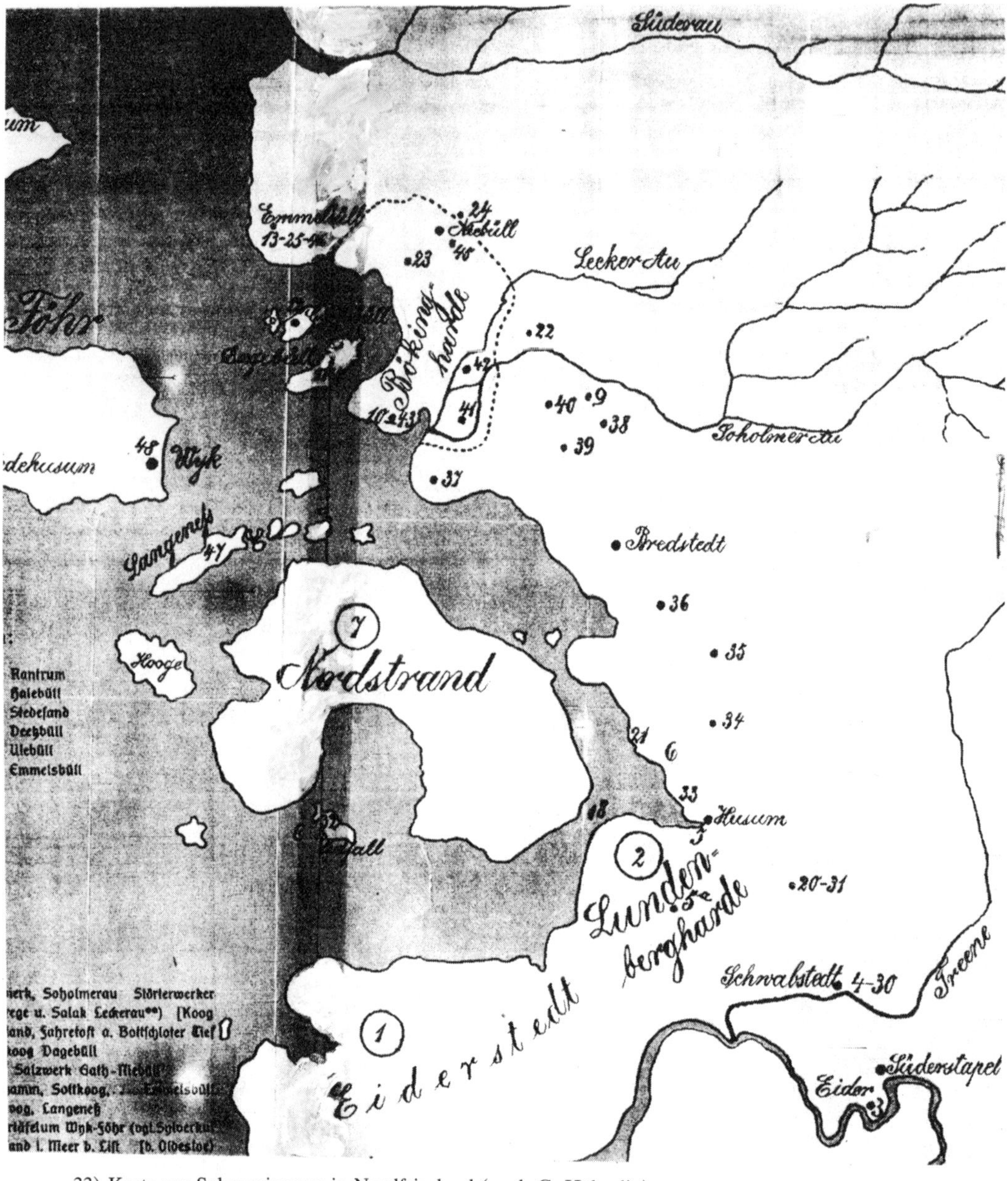

33) Karte zur Salzgewinnung in Nordfriesland (nach C. Häberlin)
Die numerierten Punkte zeigen Salzabbaustellen

Der Untergang der Salzgewinnung hing neben den schon erwähnten steigenden Preisen des Brennmaterials und anderer Bedarfsartikel auch damit zusammen, daß der Salztorf seltener wurde und vom konkurrierenden Salinensalz verdrängt wurde. Doch wie Häberlin meint, erfolgte der Untergang „letzten Endes durch Verwaltungsmaßnahmen", nämlich durch das Salzmonopol des ränkesüchtigen Ministers Görtz (1668–1719), der auswärtiges Salz einführte und „gewissenlos" (C. P. Hansen) in die eigene Tasche wirtschaftete.
Keinesfalls hält Häberlin die „mangelhafte Qualität des friesischen Salzes" für verantwortlich.
Die Qualität des friesischen Salzes ist jetzt nicht mehr überprüfbar, doch seien hier zwei extreme Meinungen gegenübergestellt: Victor Hehn („Das Salz", 1873) kritisiert scharf. „Im Norden liefert die Meeresküste unter einer kälteren Sonne kein Salz, höchstens wurde, wie noch in historischer Zeit an der Westküste Jütlands aus Seetang und Ufertorf einiges unreine Material kümmerlich gewonnen . . ."
Demgegenüber soll der Lobgesang in den „Schleswig-Holsteinischen Anzeigen auf das Jahr 1768" stehen:
„ . . . von der Gütigkeit des Friesischen Salzes. Es gibt Leute, die es ganz verachten und verwerfen, indem sie fürgeben, es führe nicht nur eine Bitterkeit bei sich, daß die Speisen und Eßwaaren, insonderheit die Butter einen herben Geschmack davon bekomme, sondern es sei auch nicht so scharf wie das Lüneburger und Englische Salz, Fleisch und Speck dadurch zu konservieren; aber sie irren sich sehr. (. . .) Was die Feinheit der Farbe anlanget, so ist das hiesige Salz eben so fein, und dabei viel weißer und hellglänzender als das Lüneburger, fast wie ein Kanarienzucker. (. . .) Allein dies einzige ist zum Beschluß hiebei wohl zu observieren, es kommt eigentlich auf die Sortierung an . . ." (Hä, 16)
Im übrigen prüfte man den Salzgehalt durch ein Ei, das auf der Salzlösung schwimmen mußte, oder entsprechend durch einen bernsteinähnlichen Stein.
Ripen bzw. Ribe, die älteste Stadt Jütlands, schon 855 urkundlich erwähnt, war Mittelpunkt und Hauptumschlagplatz des Salzes. Daneben spielte auch Schleswig eine geringe Rolle. Besonders beim großen Herbstmarkt am 8. September wurde in Ripen Salz angeboten. Nach Kinch („Ribe By's Historie", Ribe 1869. In: Hä, 26) waren 1640 13 Friesen mit 12 Schiffen von Galmsbüll und eines von Dagebüll dort, welches allein etwa 150 Tonnen Salz geladen hatte. 1605 hatten 56 Friesen noch ungefähr 4778 Tonnen geliefert.
O. Fischer (Fi III, 1/71) hat errechnet, es mußte ungefähr „eine Fläche von rd. 5,5 m^2 abgebaut werden, um 1 t Salz nach damaligem Gewichtsmaßstab oder rd. 136 kg Salz zu gewinnen."
Meyn, Wegner und Häberlin geben übereinstimmend an, daß aus 800 Pfund Torfasche 300 Pfund Salz gewonnen wurden. Wieviel wirklichen Landverlust jede Tonne Abbau nach sich zog, läßt sich noch nicht einmal schätzen. Dem Salz in der Suppe jedenfalls wurde jede Menge festes Land geopfert.

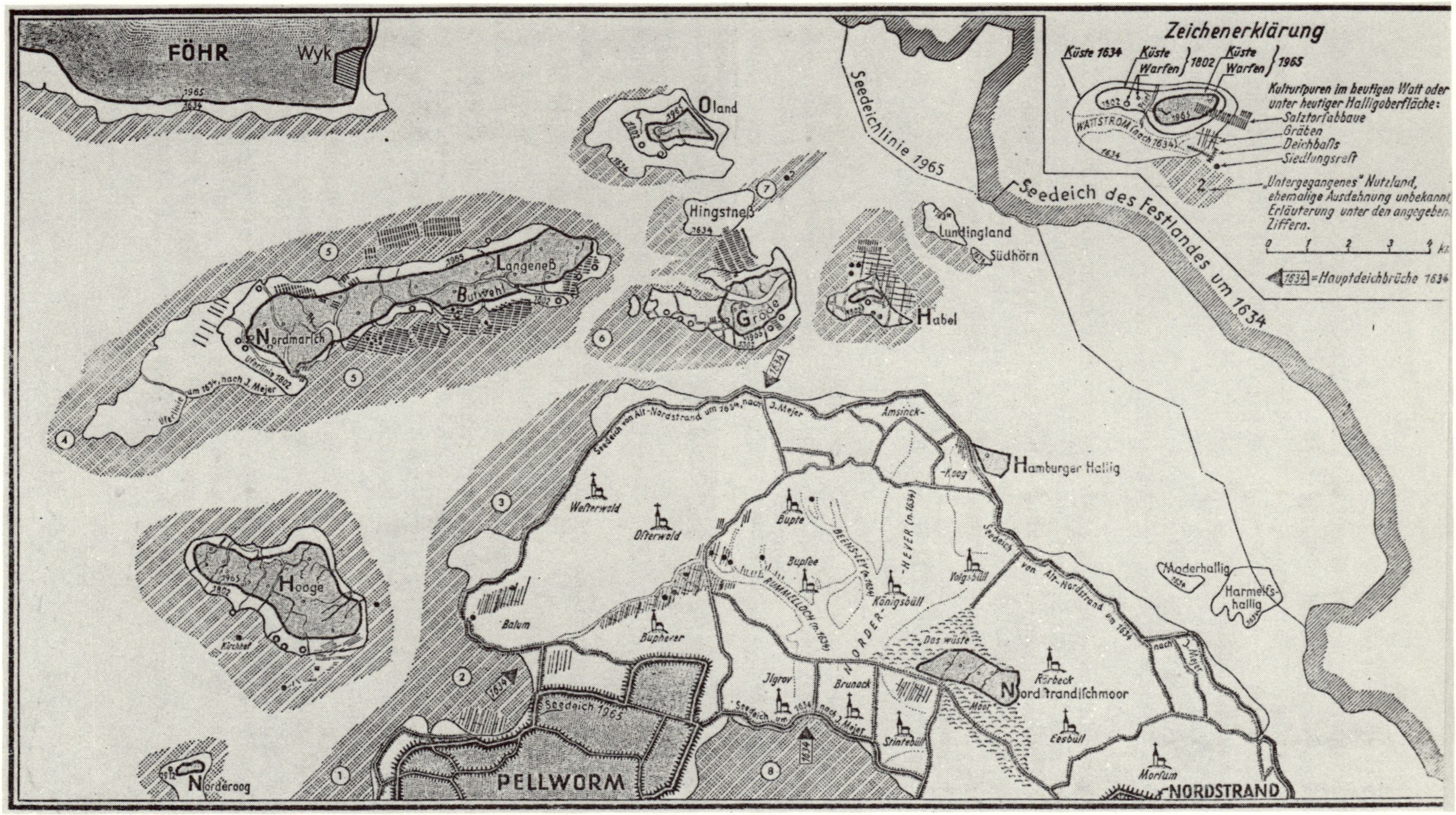

34) Veränderung der Küstengestalt in historischer Zeit

Erläuterungen zur Abbildung 34

Sicher nachweisbar ist das Ausmaß der Veränderungen im Gebiet von Alt-Nordstrand seit der Flut von 1634, im Gebiet der nördlich davon gelegenen Halligen dagegen erst seit der ersten genauen Vermessung von 1802/04. Nutzland unbekannter Ausdehnung, das bereits früher dem Meer zum Opfer fiel, ist schraffiert dargestellt. Für seine Existenz in den durch Ziffern bezeichneten Bereichen sprechen folgende Argumente:

1. Befunde im Watt westlich Pellworms weisen auf Vermoorung dieses Gebietes bei Beginn der mittelalterlichen Besiedlung hin. Die Küstenlinie muß zu diesem Zeitpunkt hier weiter im Westen gelegen haben.
2. Im Bereich der Balumer Bucht haben wahrscheinlich im 14. Jahrhundert untergegangene Teile der Kirchspiele Walthusum und Balum gelegen.
3. Im Außendeichsgebiet von Westerwold lag die „Oßlichshalg", die nach Berichten von Petkeus am Ende des 16. Jahrhunderts zur Wirichsharde gehörte (Camerers Nachr. II, S. 757), während das angrenzende bedeichte Land ein Teil der Beltringharde war. Vermutlich hat in diesem Raum das im 14. Jahrhundert untergegangene Godmersbüll gelegen (. . .)
4. Auf Grund der exponierten Lage ist anzunehmen, daß in der Gabelung zwischen Norder- und Süderau seit Beginn unseres Jahrtausends erhebliche Landflächen verlorengingen. Vielleicht lag hier, als westliche Begrenzung der Wirichsharde das 1231 erwähnte „Gästänacka" des Waldemarschen Erdbuches (vgl. R. Hansen 1894, S. 48 ff.).
5. Nördlich und südlich der Halligen Nordmarsch, Langeneß und Butwehl erstrecken sich die Kulturspuren bis an den heutigen Rand der Gezeitenrinnen. Weitere Flächen von unbekannter Ausdehnung werden der zunehmenden Vertiefung des Gebietes durch Abtrag zum Opfer gefallen sein.
6. Da Butwehl ursprünglich kirchlich und verwaltungsmäßig zu Gröde gehörte und nicht etwa zu den nahe gelegenen Kirchspielen Nordmarsch oder Langeneß, wird einst nur eine unbedeutende Gezeitenrinne beide Gebiete getrennt haben. Die Küstenentwicklung innerhalb des letzten Jahrhunderts bestätigt diese Vermutung. Auch südwestlich von Gröde müssen noch erhebliche Landflächen dem Meer zum Opfer gefallen sein (vgl. hierzu den Küstenverlauf auf einer Karte von Berends v. 1634 bzw. 1637 in Müller, I, Abb. 52).
7. Nach Angaben von Müller (I, S. 250) sollen im Raume Hingsteneß auf der Linie Gröder Kirche – Deezbüll bei tiefer Ebbe einige Feldsteine gesichtet sein. Es könnte sich möglicherweise um Reste eines Bauwerks handeln.
8. Im Raume zwischen den heutigen Inseln Pellworm und Nordstrand sind durch die Fluten des 14. Jahrhunderts etwa 7 Kirchspiele verlorengegangen (R. Hansen in Johs. Petreus Schriften über Nordstrand, Quellensammlungen der Ges. S. H. Gesch., Bd. 5, S. 1).

(Aus: A. Bantelmann „Die Landschaftsentwicklung . . .". Seite 52)

Auf großer Fahrt – Walfang und Handel

„Auf einmal begann das Wasser ringsum zu dünen, dann wogte es höher empor, als triebe ein überspülter Eisberg es auseinander, der schnell an die Oberfläche stieg. Ein dumpfes Grollen, ein unterirdisches Summen – alles hielt den Atem an, als unter Harpunen, Lanzen, nachschleppenden Enden der Riesenleib des Wales schräg aus den Wellen fuhr, von niederwallenden Dunstschleiern umsponnen, von Regenbogen überhaucht eine Sekunde lang in der Luft schweben blieb und schmetternd aufs Meer zurückfiel. Dreißig Fuß hoch spritzte das Wasser in tausend aufeinandergetürmten Springbrunnen, die alsbald zerbrochen in einem Schauer glitzernder Schuppen herabfiel, und milchweiß kreiste der Meeresspiegel um den Marmorrumpf des Wales. – ‚Auf ihn!' rief Ahab seinen Ruderern zu, und die Boote flogen zum Angriff."
Hermann Melville: Moby Dick

Wahrscheinlich fuhren schon im Mittelalter einige der Halligbewohner zur See (nach C. P. Hansen), doch im großen und ganzen betrieben sie nur Wattenfischerei im bescheidenen Umfang, wobei sie sich kaum über die Priele vor ihrer Haustür hinauswagten. Dabei hatten sie „ein hartes, armseliges Leben geführt, oft kaum das Nothdürftige (z. B. selten Brot und Bier) sich verschaffen können, aber in ihren mehrenteils offenen Fahrzeugen und bei bösem Wetter viele Gefahren, viel Ungemach, viele Noth erduldet und viele Menschen verloren." (Uth, 210)
Durch die unvorstellbaren Landverluste, besonders durch die Burchardiflut von 1634, verkleinerte sich ihre Weidefläche derart, daß sich die Bewohner der Halligen nach anderen Einkunftsmöglichkeiten umsehen mußten.
Im 16. und 17. Jahrhundert galten die Basken als hervorragende Seefahrer. Ihnen wurde auch die Entdeckung der Walfanggebiete rund um Spitzbergen mit seinen ertragreichen Gründen zugeschrieben. 1588 jedoch bezwangen die Briten die legendäre spanische Armada, und 1632 verbot der französische König den baskischen Untertanen die Mitfahrt auf holländischen Walfängern (nach J. Lorenzen geschah dies 1634). Die entstandene Lücke nutzten die verarmten Insel- und Halligfriesen aus.
Anfangs wurden die Wale ziemlich bequem von den Schiffen aus getötet, an Ort und Stelle abgespeckt und an Land zu Tran verkocht. Bis Mitte des 19. Jahrhunderts diente er zu Beleuchtungszwecken. Ansonsten interessierte man sich nur noch für einige Knochen, die als „Fischbein" mannigfaltig verarbeitet wurden, vor allem in der Miederherstellung. Darüber hinaus verwertete man noch das Spermaceti, eine fettige Masse aus den Stirnhöhlen des Pottwales. Es ist bis in unser Jahrhundert als Duftträger bei der Parfümherstellung begehrt. Die übrigen Reste der Tiere verschwanden wieder im Meer.
Nachdem die Friesen sich anfangs bei den holländischen Walfängern verdingt hatten, sandten sie seit 1634 auch eigene Schiffe aus und errichteten die

„Harlinger Kocherei unweit der holländischen Niederlassung Schmeerenburg“ auf Spitzbergen. (Fri, 94)
Aber bereits 1643 ging es mit der ungefährlichen, ganz und gar nicht abenteuerlichen Abschlachterei von Bord aus zurück. Alle bisherigen Privilegien fielen und der Walfang wurde 1645 durch Auflösung der „Nordischen Companie“ völlig frei. Im Sommer umschwärmten viele tausend Menschen auf Hunderten von Booten die Wale – nach C. P. Hansen (Fri, 94) allein mehr als 10 000 Friesen –, bis die Walfische allmählich die Gefahr erfaßten und sich verzogen.
Nun erforderte der Fang Mut, Geschick und Geduld. Die Jäger mußten die Wale „mehrenteils einzeln an den Eisrändern und selbst in dem Eise, zwischen den Eisschollen und Eisfeldern Ostgrönlands aufsuchen und tödten (. . .), manches Schiff blieb im Eise stecken und hunderte von Menschen verloren nicht selten das Leben dort“. (Fri, 94)
War schon zu Zeiten der Jagd bei Spitzbergen irrtümlich von „Grönlandfahrern“ die Rede, dehnte sich das Fanggebiet nun wirklich bis dorthin aus. Die Ergebnisse ernährten eine stattliche Zahl von Menschen.
Während der gesamten Walfangzeit blieben die Holländer führend.
„Die höchste Zahl der Grönlandfahrer war im Jahre 1683; sie betrug 242 Schiffe; die größte Menge der zerlegten Fische im Jahre 1701, nämlich 2073 ¾. Diese lieferten 67 317 Fässer Speck.“ (Posselt in: See, 23)
Durch die Konkurrenz anderer Nationen reduzierte sich die Zahl der niederländischen Walfangschiffe auf 68 im Jahre 1785. Dazu kam, daß die unkontrollierte Bejagung der großen Meeressäuger den Grönlandwal fast völlig ausrottete. Seinen Artgenossen wie Pottwal, Blau- und Buckelwal erging es auch nicht viel besser.
Ende des 18. Jahrhunderts hatten die Walfänger die Bestände derart dezimiert, daß sie sich ihrer eigenen Existenzgrundlage begaben.
1740 notiert der 15jährige Paul Frercksen in seinem Tagebuch:
„Nach dem harten Winter im Frühjahr hatte ich solches Verlangen und Trieb zur See, obschon meine liebe Mutter mich noch gerne ein Jahr länger wollte zu Hause behalten, durch Furcht, weil sie ihren lieben Ehemann und ältesten Sohn zugleich im Wasser verloren hatte. Und mich doch nicht konnte davon abhalten.“ (See, 56)
Zur Blütezeit des Walfangs wurde auf allen Halligen am 21. Februar, dem Vorabend des Petrifestes, ein noch heute zelebrierter Brauch, das Bijkenfeuer, „zum Abschied für die Grönlandfahrer“ entzündet. Sobald der Wind günstig stand, segelten die Männer mit Schmackschiffen nach Amsterdam, dem Abfahrtshafen fast aller Walfangschiffe.
Schon im Alter von 14 Jahren, manchmal noch früher, ließen sich die mehr oder minder gesunden Männer und Knaben der Halligen anheuern.
Die Walfangschiffe waren bis zu 60 m lang und konnten eine Ladung bis zu 300 Registertonnen transportieren. Kommandeur und Offiziere erhielten keinen festen Lohn, sondern nur ein Handgeld. Als „Partfahrer“ waren sie am Fangergebnis beteiligt. Die übrigen Besatzungsmitglieder bekamen außer dem

35) Holländische Kachelplatte: Kuff aus dem 18. Jahrhundert

Handgeld eine feste Heuer. Nach Fahrtende erhielten sie ein „Fischgeld", das sich nach dem Erfolg richtete.
In diesem Zusammenhang liefert der Sylter Chronist C. P. Hansen einen interessanten Grund für alkoholische Abstinenz an Bord:
„Man entwöhnte sich auf unseren Inseln allmählich von den abendlichen Versammlungen in den Wirthshäusern. Die Commandeure schämten sich, mit Matrosen in den Wirthshäusern sich zu betrinken und herumzubalgen; obgleich die auf Schiffen herrschenden und nothwendigen Rangunterschiede sofort aufzuhören pflegten, sobald eine friesische Schiffsmannschaft nach der Heimat zurückgekehrt war." (Uth, 181)
Normalerweise lief Anfang April die Walfangflotte aus. Die Robbenjäger segelten schon ein bis anderthalb Monate früher los. Alle blieben im Fanggebiet, bis Stürme und Nebel die Aussicht erschwerten und die Wale verjagten. Das war meist in den ersten Augusttagen der Fall.
Die Schaluppen, wie die kleinen Beiboote hießen, boten etwa sechs Mann Platz: Ruderern, Steuermann und nicht zuletzt dem Harpunierer. Still auf dem Wasser treibend, lauerten sie darauf, daß der Wal auftauchte. Als Säugetier braucht dieser Atemluft, wozu er jede Stunde an die Wasseroberfläche kommt. War es soweit, versenkte der Harpunierer seine Waffe ohne großen Kraftaufwand in die Schwarte des Wales – was diesen keineswegs tötete. Statt dessen schwächte der kaum herausziehbare Widerhaken das Tier, welches seine Verfolger so lange hinter sich herzog, bis diese ihm mit Lanzen den Garaus machten.
Mit der Schaluppe wurde das Opfer zum Mutterschiff geschleppt, um es dort sogleich zu „flensen", d. h., seinen Speck zu zerschneiden und zu verpacken. Nach dem Abspecken wurden die gefüllten Fässer an Trankochereien geliefert. Wenn er sie überlebte, brachte dem Walfänger seine Tätigkeit nicht selten beträchtlichen Reichtum ein. Doch die Reise auf den Schiffen war karg und hart.
Paul Frercksen schreibt 1747 in sein Tagebuch: *„Wir hatten eine saure Reise, nicht allein aus Furcht vor den Türken, sondern öfters von den Englischen Kapers geplündert, und sehr schlechtes Essen und Trinken, in 16 bis 17 Wochen nichts als Wasser zu trinken, und noch dabei sehr magere Speise." (See, 64)*
Dazu kam, daß sein Schiff auf einem Sand sieben lange Winterwochen festsaß. Dabei hatte der junge Frercksen noch vergleichsweise Glück gehabt.
Einen tragischen Ausgang nahm ein Schiffsunglück am 10. September 1744. Die Grönlandfahrer waren mit wertvoller Ladung glücklich heimgekehrt. Hundert friesische Walfänger (120 nach Oländer Archiv) schifften sich auf der Schmack von Pai Mellfs ein und hofften, bald zu Hause zu sein. Doch westlich von Amrum, unweit des Kniepsandes, überraschte sie ein furchtbarer Nordweststurm. Keiner kam mit dem Leben davon. Elf Menschen stammten von Langeneß, sieben von Nordmarsch und „einige von anderen Halligen", wie es bei C. P. Hansen heißt.

Darunter könnte auch der eine oder andere Seemann einer später untergegangenen Hallig gewesen sein. Aufgrund der vorhandenen Offizierslisten läßt sich nur feststellen, daß wohl kein Kommandeur von dort stammte.
Die Leichen der Fast-Heimgekehrten trieben meistenteils an den heimatlichen Strand. Ein Halligmann will beobachtet haben, daß sie „gleich angefangen haben zu bluten, als wollten sie nach dem Tode klagen, wie es ihnen ergangen, und um ein Begräbnis bitten". (Uth, 187)
Ein besonders schreckliches Unglücksjahr war 1777. In der Nähe von Jan Mayen wurde eine Flotte von mehreren hundert Schiffen vom Eis eingeschlossen. Schließlich versuchten die ausgehungerten Schiffbrüchigen zu Fuß die Küste Ostgrönlands zu erreichen. Doch nur eine sich abspaltende kleinere Gruppe, die dem Strandverlauf folgte, schaffte es, auf Eskimos zu stoßen. Nachdem die Seeleute sich von „todten Seethieren" ernährt hatten, halfen ihnen die Eingeborenen, eine dänische Kolonie zu finden. Alle anderen überlebten nicht. Diese Fahrt ging als die „Totenreise" in die Annalen ein.
Im gleichen Jahr verunglückte auch der letzte Kommandeur von den Halligen, Volkert Jansen, im Alter von 30 Jahren mit seinem Schiff „D. Hoopende Visser".
Neben dem Walfang nahm zunehmend die Handelsschiffahrt ihren Aufschwung. Schon im 16. Jahrhundert ist auf Oland ein „Volles Seegericht" belegt, an das sich die Seefahrer wenden konnten, wenn sie den Spruch des „Halben Seegerichts" anfechten wollten. Die Urteile fällten die Richter nach dem alten Visbyer Seerecht. In späterer Zeit zog Husum die Rechtsprechung mehr und mehr an sich, bis das Oländer Gericht jegliche Bedeutung einbüßte.
Nachdem der Walfang allmählich nicht mehr so einträglich war, wandten sich die Halligleute verstärkt dem Handel zu. Auch dort arbeiteten sie meist unter holländischem Kommando. Eine Förderung dieses Erwerbszweiges erhielten sie durch den englischen König Charles II., der den „Nordstrander Halligen" 1661 mit 12 Schiffen die Erlaubnis erteilte, „die Freiheit mit nordischen Waaren auf England zu fahren". (Heim II, 170)
1668 gewährte ihnen auch Friedrich III. von Dänemark bei Fahrten nach Norwegen Zollerleichterung.
Nordfriesland wurde damals von Handelsschiffen häufig aufgesucht. „Cruppius schrieb, daß er am 24. Sept. 1673 Schiffe aus 12 Nationen bei List gesehen habe." (Uth, 145) Zu dieser Zeit existierte der nun längst versandete Königshafen an der Nordspitze von Sylt noch. Der Name wird wohl daher rühren, daß dieser Teil der Insel direkt dem dänischen König unterstand, während der übrige Teil Sylts wie auch sonst Nordfriesland zum Herzogtum Schleswig gehörte.
C. P. Hansen faßt anschaulich zusammen, wie die Lage an Bord und auf den Halligen in der Ära der Handelsfahrt war. Vieles kann auch auf die Walfangepoche übertragen werden.
„Sie waren aber nach allen vier Winden zerstreut, kehrten, je weiter ihre Reisen wurden, immer seltener heim und manche derselben erst nach zehn- bis zwanzigjähriger Abwesenheit, ließen jedoch ihre Frauen ab und zu nach

36) Der „Wallfischfang“

Hamburg, Kopenhagen oder Amsterdam zu sich kommen und überließen denselben mehr als je das häusliche Regiment, die Kinderzucht und Viehzucht sammt dem Ackerbau daheim. Manche der Seefahrer kehrten aber nie wieder zurück, verloren in Stürmen oder Krankheit (viele durch das Gelbe Fieber in Westindien) das Leben, oft ohne je daß eine Todesnachricht von ihnen anlangte. Dadurch entstanden nun im allgemeinen seltsame Verhältnisse, und im einzelnen oft trübselige Mißverhältnisse, wie leicht zu ermessen. Manche Insulanerin wurde nie verheirathet; manche lebte einige Wochen im Ehestand und darauf Jahre, ja ihr ganzes Leben im Wittwenstande; manche erzog ihre Söhne unter vieler Sorge und Mühe, sandte sie unter den besten Hoffnungen und Segenswünschen auf die See und – sah sie nie wieder. Die glücklicheren Capitänsfrauen wurden hauptsächlich durch die Reisen zu ihren Männern nach fernen und nahen Seestädten und Ländern gleich diesen für Neuerungen und Cultur, für fremde Sitten und Genüsse zugänglicher.“ (Uth, 211)

Im Unterschied zur Walfangzeit kamen die Männer nun weit in der Welt herum, aber waren auch länger von zu Hause fort. Statt Wale und Robben zu jagen,

transportierten sie nun Waren, was nicht für alle Tätigkeiten an Bord einen Unterschied machte. Vor Überfällen waren sie nie sicher.
So berichtet derselbe Sylter Chronist über eine abenteuerliche Fahrt des Oländer Schiffers Ipke Paulsen, der auf eigenem Schiff im März 1687 von der Heimat nach Drontheim fuhr. Im Verlauf der Reise traf er am 20. Juni auf der Doggerbank türkische Seeräuber, „d. h. ein afrikanisches, mit 32 Kanonen und 400 Mann besetztes, aber von 2 deutschen und 1 schwedischen Offizier geführtes, unter türkischer Flagge segelndes Schiff". (Uth, 157)
Ipke Paulsen wurde mitsamt seiner Mannschaft gefangen genommen, und sie sollten in Algier als Sklaven verkaufen werden. „Es war jedoch von der Vorhersehung anders beschlossen. Nach einer nebligen Fahrt fanden die Türken am Morgen des 26. Juli ihr Schiff an der Seite eines großen kanonenführenden französischen Kriegsschiffes liegend, und mußten sich denselben nach einigem Schießen ergeben." (Uth, 158) In Toulon angekommen, erhielten die 140 Gefangenen, unter denen 7 Nordfriesen waren, „ihre Freiheit und einiges Reisegeld".
Die Walfang- und Handelsfahrtepoche wird oft als „große Zeit" der Halligen bezeichnet. In Wirklichkeit waren es Jahre der Extreme; dem einen brachten sie großen Reichtum, dem anderen großes Leid.
Für das Jahr 1709 berichtet Hansen über „große Armuth in den westlichen und mittleren Dörfern Sylts". (Uth, 167) Der dortige Pastor Flor schrieb über die Seefahrer: „Jedermann strebet durchgehends seinen Nächsten gerecht zu werden und schämt sich des Bettelns. Gegen Arme sind die freigebig und nach zurückgelegter Reise sendet ein jeder nach seinem Verdienst an die Hausarmen, Wittwen und Waysen." (Uth, 180)
Vergleichbares gilt auch für die Halligen, wo die Wohlhabenden Legate für bedürftige Personen einrichteten.
Äußerlich bemerkbar wurde der ungewohnte Reichtum einiger an den Einrichtungen der Häuser: wertvolle Uhren und Schmuck, Öfen, Kacheln, Spiegel und feingeschnitzte Kommoden hielten Einzug. Mancherorts wurde höher, stärker und ansehnlicher gebaut. „Thee und Taback wurden allgemeiner bekannt und gebraucht; Kaffee, Zucker und Kartoffeln begannen bekannt zu werden . . ." (Uth, 189)
Obwohl manches von den Holländern übernommen wurde, behielten die Häuser ihre Schilfdächer. (vgl. Uth, 189)
Um 1769 waren die Halligmänner fast ohne Ausnahme Seeleute. (Uth, 203) Auch Lorenz Lorenzen schreibt 1749 von Nordmarsch, daß „die Seefahrt das einzige Gewerbe ist". (Lo, 108) Daraus läßt sich ableiten, daß in dieser Epoche nicht genügend für die Erhaltung des Halliglandes getan werden konnte. In den Sturmfluten von 1717 und der besonders verheerenden Flut von 1825 mußte dafür ein hoher Preis bezahlt werden.
Im Winter lernten Insel- und Halligfriesen alles für sie Notwendige über die Seefahrt und bildeten sich zu allgemein anerkannten vorzüglichen Seeleuten aus. Besonders rühmenswert ist dabei der „Prediger Richardus Petri, welcher zu Dagebüll geboren war und von 1620 – 1678 als Hauptprediger an der Kirche

37) Alte Grabsteine (Nebel auf Amrum)

St. Laurentii zu Westerlandföhr stand". Er hatte „viele hier in der Gemeine die Navigationswissenschaft oder Steuermannskunde gelehret, und zwar umsonst, doch mit dem Beding, daß sie wieder andere umsonst informieren sollten". (Uth, 136)

Im Januar 1735 wurden durch königlichen Erlaß die Insel- und Halligseeleuten „zu ewigen Zeiten" vom Soldatendienst befreit. Sie mußten allerdings im Kriegsfall eine selbst ausgewählte Flotte stellen.

Trotz dieser Privilegien verloren die Halligleute allmählich die Lust an der Seefahrt, was nicht nur an der rapide sich verschlechternden Rentabilität lag, sondern auch an den zahlreichen Unglücksfällen. Mitte des 19. Jahrhunderts stellten die Halligen praktisch keinen Seemann mehr.

Nicht nur an langen Winterabenden hörte man auf den Halligen Geschichten und Anekdoten aus der Seefahrtsepoche. Auch mancher – die Sturmfluten überdauernde – Gegenstand erinnert noch heute an die sogenannte „große Zeit", die nur für wenige Beteiligte wirklich „groß" war. Doch die abgelegene Welt der Halligen hatte Kontakt mit Ländern und Menschen in aller Welt aufgenommen.

Die Sturmfluten von 1662 – 1825

„Eine Insel ist ein Bauwerk des Ozeans. Das Meer hat sie errichtet und wirft sie auch um.“
Victor Hugo

„Die Küste hier verlangt nach tragischem Geschehen wie alle schönen Stätten: und weil die Leidenschaft des Menschensinns Leid braucht wie Brot . . .“
Robinson Jeffers

Während auf dem europäischen Festland der Dreißigjährige Krieg sein Unwesen trieb, litten die Halligen noch an den Zerstörungen der Flut von 1634. Glücklicherweise brachte der Rest des Jahrhunderts keine bedeutenden Schadensfluten mehr – außer denen vom 19. Februar und 16. November 1662, sowie der Catharinenflut vom 25. November 1685 (Fi III, 1/332), die hauptsächlich in den Elbmarschen wütete.
Kaum eine Flut dürfte die Betroffenen mehr überrascht haben als die Weihnachtsflut von 1717. Es war eine der wenigen Sturmfluten, die sich über die gesamte Nordseeküste ergossen. Der Augenzeuge Gerhard Outhof berichtet, der Wind sei aus Südwest gekommen, um bei Sonnenuntergang des 24. Dezember nach Nordwest zu drehen. Danach habe er abgeflaut. Der Mond stand im letzten Viertel. Die Leute gingen unbesorgt zu Bett. Zwischen ein und zwei Uhr nachts aber verstärkte sich der Sturm zum Orkan.
Am schlimmsten traf er Ostfriesland, Oldenburg und Groningen. Nach den von Arends zusammengestellten Angaben fanden an der gesamten Küste 10 828 Menschen und über 90 000 Stück Vieh den Tod. 4915 Häuser wurden weggespült und 3375 beschädigt.
Der Sohn des Chronisten Anton Heimreich erlebte die Flut als Pastor auf der Hallig Nordstrandischmoor. Er verdankte das Leben seiner 17jährigen Tochter, die kurz vor Mitternacht aufwachte und gerufen haben soll: „Ach Mutter, Mutter, es weht so stark, diese Nacht ertrinken wir.“
Man schickte sie jedoch zurück in den Schlaf, aus dem sie aber immer wieder erwachte, um ihre Ahnungen zu wiederholen. Gegen 3 Uhr erhob sich schließlich ihr Vater, um nachzusehen. Tatsächlich standen bereits die höchsten Stellen der Hallig unter Wasser. Gerade noch langte die Zeit, sich auf den Boden zu retten, wo die Familie es acht Tage aushalten mußte. Vor ihren Augen ertrank ihr Vieh unter schrecklichem Gebrüll.
Nach C. P. Hansen (Uth, 174) sollen auf Nordstrandischmoor 14 (nach Heimreich waren es 16), ebensoviele auf Langeneß, und auf Gröde 3 Menschen ertrunken sein. Besonders schlimm erwischte es Nordmarsch, wo 16 oder 17 Menschen das Leben lassen mußten.
Von dieser Hallig erzählt C. P. Hansen folgende Begebenheit:
„Eine Familie hatte bereits ein Kind durch das eindringende Wasser verloren, da trug der Hausvater ein anderes durch die Wellen in ein benachbartes Haus und setzte es, weil er es da am sichersten hielt, auf das Dach desselben; dann kehrte er

38) Geographische Darstellung der großen Sturmflut vom 25. Dez. 1717

Bericht.
Es ist nicht nachdrücklich genug vor zustellen der sehr
betrübte und erbärmliche Zustand, der den Nördlichen Theil
von Teutschlandt den 25 December in der heiligen Christ Nacht
des verwichenen 1717ten Iahrs betroffen, da nemlich die See bey
einem gar ungestümmen Nord-West Wind die Dämme durchgebro„
chen, viel tausendt Menschen und Vieh um das Leben gebracht,
und unzehlich viel Häußer darnieder gerissen, Man hat
aber die Nachricht, daß so wohl Dittmarschen alß das Eÿder-
städtische: samt einigen Insuln mehrentheils unter Wasser ge„
setzt worden, und sind im Nordtstrand allein 6308 Menschen,
im Eÿderstädischen 2107, im Dittmarschen 1000, zu Hamburg
200, und nochmehr in disen Gegenden ertruncken. Unttrund jen-
seits der Elbe im Bremischen, hat ebenfalls das wasser grossen
Schaden gethan, besonders in dem Land Ködingen, im Land
Hadeln, im alten Land, und im Land Wursten, da bey
2000 Menschen und sehr viel Vieh umkommen. Im
Oldenburgischen des Pudjadinger Lands, sind auch 921
Menschen ertruncken. In dem Ost Frisischen, Emdischen,
item um Aurich und Iever, hat es einen unbeschreiblichen
Schaden verursachet; in diesen Gegenden sind 5604 Mensch
en umkommen, nebst allen Vieh, so daß sich die Summa
der Ertrunckenen Menschen auf 18140, so wie es annach
wissent ist betrifft. Es haben auch die See=Canten van
West=Frißland, Grönningen, und Nord=Holland, große Noth
gelitten. Hiebey ist noch um desto mehr zu bejammern daß
der Schaden wegen den Hohen Fluthen noch immer mehr
und mehr anwachse, zumahl da die Dämme sehr zer„
rissen und allen Fluthen offen stehen, gleich wie erst neu
lich den 25 Febr: das Wasser bey einem starcken Nord-West
wind in dem Holsteinischen und einigen andern Gegende
um 5 biß 6 Schue höher gestiegen, und weiter in das Land
eingebrochen, welche traurige Begebenheiten gegenwärtige
Charte gantz special und mit mehrern vor die Augen leget.
Wie weit nun das Land unter Wasser bleiben, oder von selbi-
gen wieder befreyet wird, ist zu erwarten, da es sadann
auch eigentlich soll angezeiget werden.
HERTZOGTHUM HOL
NORT DITH-MAR-SEN.
SUD DITHMARSEN.
DAS EYDERSTADT
Olant I.
Risum
Bargum
Bredstedt
Bredlum
Schobul
HUSUM
Ellerbull
Simrensbergen
Lundenberger
Olsbulle
Oldenswort
Friedrichs stadt
TÖNNINGEN
Garding
Lunden
Hem
Nienkirchen
Wesslingburen
Heide
Oldenworden
Eyder Strom
Die Kont
Büsumer Hafen
Meldorff
Marne
Rodemafrel
Brunsbüttel
S. Margaretha
GLÜCK STADT
Dyck Sand
EDOMS HERDE

wieder zurück, um auch die Frau und die übrigen Kleinen zu retten; jedoch die übrigen Kinder waren der Mutter unterdeß schon alle durch das tobende Meer entrissen worden, so daß nur er, seine Frau und der auf's Dach gesetzte Sohn gerettet wurden." (Uth, 174)

Die Sage überliefert, daß Inge Mannis von Archsum auf Sylt samt ihrer Hütte von den Wellen davongetragen worden ist. „Bei ihrer Abreise hätte sie aber mit großer Seelenruhe ihrem staunenden Nachbarn zugerufen: ‚Gute Nacht, Buh Tamen!' und wäre darauf in der Fluth verschwunden." (Uth, 175)

„Abschreckend", schreibt Arends, „war der Anblick des Landes nach Abzug der Wasser." Anschließend heißt es:

„Überall waren die Felder mit Leichen von Menschen und Thieren bedeckt. Hier traf man erblaßte Mütter an, die ihre todte(!) Kinder in den Armen hielten, dort Eheleute aneinander gebunden; von Kälte erstarrte Menschen in den Bäumen hängend, andere in verschlammten Gräben liegend oder auf den(!) Kopf stehend. Hier lagen die Leichen einzeln, dort in Gruppen (. . .) Noch lange nach der Fluth, selbst noch im Sommer, fanden sich hin und wieder todte Körper beim Aufräumen des angeschwemmten Strohs, Heus oder Schlamms, und der Gräben. Traurig war nächstdem das Loos der Überlebenden."(Ar II, 237)

„Die Deiche hatten sich überall als zu niedrig erwiesen." (Wo, 96) Eine Wiederherstellung oder gar Erhöhung wurde jedoch durch eine Serie von Sturmfluten meistenteils vereitelt.

Am 25. Februar 1718 erhob sich das nächste Unwetter, das wegen der sich auftürmenden Eisschollen an vielen Orten noch mehr zerstörte als 1717. „Auf den Halligen litten diesmal die Warften besonders und die Fehdinge wurden alle mit salzigem Wasser abermals gefüllt." (Uth, 175)

Es folgte eine Sturmflut am 10. Oktober desselben Jahres und dann wieder zwei am 18. Februar und 31. Dezember 1720. Der Organist Peter Jung Peters von Föhr schreibt: „Diese Flut bewog viele Einwohner, deren Wohnungen nahe an der Marsch standen, sie höher nach der Geest zu versetzen, und es wurden auch zu der Zeit, wie früher geschehen war, viele Häuser auf ihren Ständern von einer Stelle nach der andern getragen." (in: Uth, 176)

Diese Ausweichmöglichkeit stand den Halligbewohnern nicht offen. Doch auf Nordstrandischmoor rettete der Seefahrer Nummen Hansen 12 Menschen dadurch, daß er rechtzeitig ein Loch durch ein Dach schlug und alle sich schließlich halb erfroren bei dem Pastor Heimreich einfinden konnten.(Uth, 176 f.)

Im Juni 1722 richtete der Ratmann auf Oland, J. Nickelsen, auch im Namen der Bewohner von Hooge, Langeneß, Nordmarsch und Gröde, eine Bittschrift an den König. Durch die in Abnahme begriffene Seefahrt und die Sturmfluten von 1717 bis 1720 wären die Halligen in eine „traurige Lage" versetzt worden. Wie schon in zwei vorangegangenen Petitionen, bat er nochmals dringend um Befreiung von allen Lasten und Abschreibung des verlorenen Landes im Kataster. Ein Viertel der Landfläche soll sich das Meer geholt haben.

Der König bewilligte 1731 schließlich eine Befreiung von „Magazinkorn-, Heu-

und Strohlieferungen“ und einigte sich mit den Halligleuten über jährliche Zahlungen für ihr Nutzland. (Mü I, 258 f.)
Im Dezember 1748 wurden „alle Halligen während 31 Flutzeiten jedesmal überschwemmt“. (Mü I, 259)

Bevor am 11. September 1751 wieder eine Sturmflut anstand, hatte man die Deiche den Erfahrungen von 1717 angepaßt und sie entsprechend erhöht. So hielten sie den Wellen stand – was auch, mit wenigen Ausnahmen, für die Sturmflut vom 7. Oktober 1756 galt. An diesem Tag liefen einmal mehr alle Fetinge der Halligen mit Meerwasser voll.

Die Sturmflut-Reihe von 1791–94 brachte die meisten Deiche dem Einsturz nahe, doch es gab nur wenige Durchbrüche, vor allem auf Pellworm. Bis dahin hatten allerdings die Halligen weiteres Land verloren, und die dadurch spärliche Heuernte reichte im Winter nicht mehr zur Viehfütterung. Deshalb mußten die am meisten Geschädigten wegziehen. Die auf ihren Halligen verbliebene Anzahl betrug in der zweiten Hälfte des 18. Jahrhunderts „nahe an 2000“ Personen (Uth, 202), wovon fast ein Viertel auf Hooge, der damals größten Hallig, wohnte.

„Von dem schweren Sturme, welcher vom 10. auf den 11. Dezbr. 1792 an den Wester See-Küsten gewüthet (. . .) haben auch die zu der Landschaft Pellworm gehörigen sämtlichen Halligen einen ganz entsetzlichen Schaden erlitten. Die Warfen . . . sind größtentheils von der Macht der Wellen weggespület; (. . .) das frische Wasser von der schrecklichen Überschwemmung versaltzet. (. . .) einige Häuser sind ganz von Wind und Wellen zerstöret worden. – Traurig ist der Anblick von unserem Lande. Mit Sand und Steinen liegt alles so überschlagen (. . .), daß es auf sehr vielen Stellen fast keinem Lande ähnlich sieht.“ So heißt es in einem „Supplicatum“ vom 28. 2. 1793, worin der Vorsteher der „Pellwormer Halligen“ um Befreiung von den königlichen Dematgeldern auf 8 Jahre bittet. (in: Mü I, 260)
Zwar hatte sich im Laufe dieses 18. Jahrhunderts die Sturmfluthäufigkeit nicht wesentlich verändert, doch durch die verbesserten Deiche hatte die Zahl der Schadensfluten abgenommen. Den unbedeichten und wenig geschützten Halligen kam dies nicht zugute. Im Gegenteil – sie verkleinerten sich.

Eine Flutkatastrophe höchsten Ausmaßes brach im Februar 1825 über die Nordseeküste herein. Bis auf die Beens- und die Pohnshallig sowie den heute noch existierenden wurden alle anderen Halligen von ihr verschlungen.
Eine Reihe von Sturmfluten kündigten das Unglück an. Mit einer „hohen Flut“ vom 1. Dezember 1821 ging es los. Am 4. März 1822 folgte eine Eisflut. Im nächsten Jahr tobte vom 1. bis 6. Dezember ein Sturm fast ohne Unterbrechung. Danach traten im Herbst 1824 anhaltende Niederschläge auf, die in der von „einem furchtbaren Orkan“ begleiteten Flut vom 3. November mündeten. Bereits am 12. November schloß sich ein erneuter dreitägiger Sturm an, so daß gegen Ende des Jahres weite Flächen der nordfriesischen Marsch überschwemmt waren. Wie Deichinspektor Salchow betonte (LA Schleswig, Abt. A XVIII, Nr. 6179), bestand bei starken „Meeresebben“ die Gefahr eines

TABELLARISCHE NACHRICH

des durch die Sturmflut vom 3. Februar 1825 verursachten Schad
Aufgenommen auf Angabe und Calcül der V

Gemeine	Menschenverlust (ertrunken)	Familien, die weggezogen sind	Stärke der weggezogenen Familien. Personen.	Hingezogen nach	Nachgebliebene Familien: Zahl	Nachgebliebene Familien: Erwachsene	Nachgebliebene Familien: Kinder	Davon sind mit Lebensmitteln zu versorgen	Von den mit Lebensmitteln zu versorgenden Personen müssen vielleicht die Gemeinen räumen wegen Mangel an Obdach	Ganz verschwundene Häuser	Ganz verschwundene Häuser und solche, die nicht bewohnbar sind	Nachgeblieb und bewohnb Häuser, die auch mehr c weniger beschädigt
Hooge	25	19	53	Wyck	67	209	104	66	25 Pers.	23	75	
Nordmarsch	13	47	94	—	12	22	5	19	12 Pers.	29	58	
Langeneß mit Butwehl	12	22	59	—	32	83	33	33	27 Pers.	15	55	
Oland	2	3	11	—	31	70	26	50	6 Pers.	5	30	
Gröde	10	3	14	Ockholm	19	46	20	31	17 Pers.	2	14	
Südfall zum neuen Kirchspiel auf Pellworm gehörend	12	—	—	—	keine	keine	—	—	—	5	—	keine
Norderoog	—	1	3	Hooge	keine	keine	—	—	—	—	1	
Süderoog	—	keine	—	—	1	8	3	—	—	—	—	
	74	95	234	—	162	438	191	199	87	79	233	27…
Pellworm	—	keine	—	—	Sämtliche Einwohner			—	—	—	—	—

Extrahirt Königl. Landvogtey

39) Tabellarische Übersicht: Sturmflutfolgen von 1825

ND ÜBERSICHT

d Zustandes der Landschaft Pellworm mit den dazugehörigen Halligen
herschaft der Halligen den 19. Februar 1825.

an Häusern	Verlust an				Schaden an den Warfstellen	Kirchen- und Pastorat-Gebäude				Totalschaden	Bemerkungen
	Mobilien	Vieh	Futter	Feuerung		Zerstört oder beschädigt	Schaden an den Gebäuden	Schaden an den Warfstellen	Zusammen		
ß	mß	mß	mß	mß	mß		mß	mß	mß	mß	
000	78 000	3300 50 Kühe 140 Schafe	4 000	3 000	11 000	Stark beschädigt	1 500	200	1 700	173 000	
000	55 000	3400 45 Kühe 200 Schafe	3 000	2 000	9 000	Zerstört	1 400	500	1 900	134 300	
000	76 000	6600 70 Kühe 450 Schafe	4 000	3 000	13 000	Zerstört	1 300	500	1 800	166 400	
000	40 000	1300 12 Kühe 82 Schafe	500	500	4 000	Pastorathaus und Küsterhaus verschwunden, die Kirche steht auf einem Warfe zwischen anderen Häusern und ist stark beschädigt	—	—	1 900	69 200	Von den erwähnten 25 Häusern, die zerstört sind, sind einige zur Not bewohnbar
000	7 000	2700 7 Kühe 300 Schafe	1 500	800	6 000	Zerstört	1 200	500	1 700	26 700	
400	1 000	2000 260 Schafe	140	—	3 000	—	—	—	—	8 540	Alle Einwohner sind ums Leben gekommen
800	400	300 2 Kühe 30 Schafe	100	—	300	—	—	—	—	1 900	
—	—	100 13 Schafe	—	—	600	—	—	—	—	700	
200	257 400	19 700	13 240	9 300	46 900	—	5 400	1 700	9 000	580 740	Außerdem haben die Deichbrüche dem Distrikt in Hinsicht des Ackerbaues sowohl wie in Absicht auf das Deichwesen einen unersetzlichen Schaden verursacht.
—	—	Kann noch nicht angegeben werden	—	—	—	—	—	—	—	—	

worm den 22. Februar 1825. In fidem Klinker.

„Nach einem Protokoll über die Taxation des Sturmflutschadens, aufgenommen am 8. März 1825 (S. A. S.; C. X. I. 117), ergibt sich eine von der vorstehenden Tabelle abweichende Höhe des taxierten Schadens, nämlich für: Nordmarsch 80 644 Mark 6 β; Langeneß 71 872 Mark; Oland 18 473 Mark; Gröde mit Hamburger Hallig 28 943 Mark 1 β; Hooge 64 405 Mark 6 β; Süderoog 2844 Mark 8 β; Norderoog 4138 Mark 12 β; Südfall 8480 Mark; Insel Pellworm 185 797 Mark
Zusammen 465 598 Mark, 1 β oder 248 318 Rbthlr. 93 β" (Mü I, 264 ff)

Deichbruches vom Binnenlande her. Bis Ende Januar 1825 hatte man die Überschwemmungen beseitigt.
Am 28. Januar beobachtete Deichinspektor K. H. Christensen einen Barometerstand von „ihm noch nicht vorgekommene(r) Höhe", der kurz danach auf eine „fast ebensowenig gekannte Tiefe" fiel. (Fi III, 1/334) Christensen schloß auf eine bevorstehende Sturmflut.
Tatsächlich erhob sich am 2. Februar ein starker Südwestwind, der in der folgenden Nacht mit gewaltigen Regenschauern an Heftigkeit gewann. Man registrierte bereits einen Anstieg des Tidehochwassers um rund 2,20 m über Normalnull (=NN).
Im 19. Jahrhundert waren die Angaben über Wasserstände schon recht zuverlässig. Durch erste Flutmesser sowie Latten- und Schreibpegel ließ sich die absolute Höhe der Sturmflut vom Februar 1825 später exakt berechnen.
An jenem verhängnisvollen 3. Februar herrschte nicht enden wollender Sturm mit Böen und Schneegestöber, der in der folgenden Nacht auf Nordwest drehte und sich weiter verstärkte. Dazu gesellte sich eine hohe Springflut. Da der Sturm jedoch nicht so stark wie im November des Vorjahres blies, wähnten die meisten sich in Sicherheit. Doch das Wasser stieg und stieg, und die Katastrophe nahm ihren verheerenden Lauf.
Der höchste aller bisher bekannten Wasserstände wurde gemessen. In der Kirche von Klixbüll zeigt die Flutmarke noch heute, wie hoch das Meer im Februar 1825 auflief, nämlich 4,43 m, während 1634 nur 4,30 m erreicht wurden.
Der damalige Pastor von Nordstrandischmoor, J. C. Biernatzki, hat in einem moralistischen Roman nichtsdestotrotz die Sturmflut von 1825 eindringlich beschrieben:
„Die Lage der Armen ward zur furchtbaren Angst gesteigert. Um sie her fluteten die Wellen mit schrecklicher Gewalt, schlugen nach und nach alle Seitenmauern im Innern des Hauses ein, warfen sich mit rasendem Spiel die schwersten Lasten wie leichte Federbälle zu, und jeden Augenblick in Gefahr, von den umhergeschleuderten Massen zerschmettert zu werden, standen die schon halb dem Tode Verfallenen vor der offenen Bodenluke, von der eine längere Lebenshoffnung wie neckisch herabschaute, da keine Stiege mehr hinaufführte." (Bie, 207)
Nach einer dramatischen Schilderung des Durcheinanders von Lebendigem und Totem, das die Brecher vor sich herjagten, schreibt Biernatzki: *„Aus diesem Gewirre, welches das Schicksal auch der übrigen weiter nach Nordwesten gelegenen Halligen beurkundete, tauchte dann und wann eine Gestalt auf, die den aller Lebenshoffnung Entsagenden ihr eignes Schicksal in einem schauerlichen Bilde malte."* (Bie, 208)
Da bei dieser Flut die Halligen besonders schwer betroffen wurden, heißt sie auch die „Halligflut". Während auf Hooge von über 80 Häusern nur 11 Wohnungen gerade noch bewohnt werden konnten, blieb auf Nordmarsch gar nur ein einziges von 59 Häusern „in bewohnbarem Stand".
Am grauenvollsten war die Lage auf Südfall. Der Pellwormer Landschreiber Bahnsen berichtete am 19. Februar 1825: „Die Hallig ist ruiniert und gleichfalls

40) Die Sturmflut tobt und überrollt die Zäune

für die Zukunft nicht zu bewohnen. Die daselbst sich aufgehaltenen 4 Familien und ein Schneider vom festen Lande, der sich eine Zeitlang daselbst aufgehalten, zusammen 13 Personen, sind mit Hab und Gut ein Raub der Wellen geworden und kaum eine Spur von dem allen mehr vorhanden." (in: Mü II, 374)
Im Herbst des Vorjahres hatten die 6 Personen der Familie Christiansen die Hallig verlassen müssen, weil in der Flut ihr Haus zusammengestürzt war. Für sie ein lebensrettender Zusammenbruch. Nachdem sie der Sturmflut vom Februar 1825 dergestalt glücklich entronnen waren, siedelten sie sich wieder auf Südfall an.
Insgesamt mindestens 74 Menschen kamen auf den Halligen ums Leben.
Aus den Akten des ALW im Schleswig-Holsteinischen Landesarchiv (Abt. 7343 Nr. 1330) geht hervor, daß sich die Ständerbauweise der Häuser bewährt hatte. *„Auch die Fundamente der Gebäude wurden erschüttert, und die Dächer stürzten zusammen. Nur wo das Ständerwerk neu und gut verbunden war, hielt sich das*

Dach. Alle von Ziegelsteinen gebauten Häuser, oder die deren Ständerwerk verfallen war, stürzten zusammen, und manche der Bewohner wurden unter den Trümmern begraben."

Dies bestätigt auch ein Bericht von Jakob Ipsen aus Oland: „Die Ständerhäuser haben sich am besten gehalten, wenn auch die Mauern stürzten, nur ging es schief mit den Häusern, deren Ständer vergangen waren . . ." (in: Mü II, 124) Auf Oland hatte nämlich ein Brand ein halbes Jahrhundert früher 24 oder 25 Häuser vernichtet, die „ohne Ständer wieder aufgeführt" wurden.

An anderer Stelle heißt es in den obengenannten Akten des ALW: *„Gräßlich übertönte der Sturm das Toben und Gebrülle der zurückgebliebenen Thiere, es*

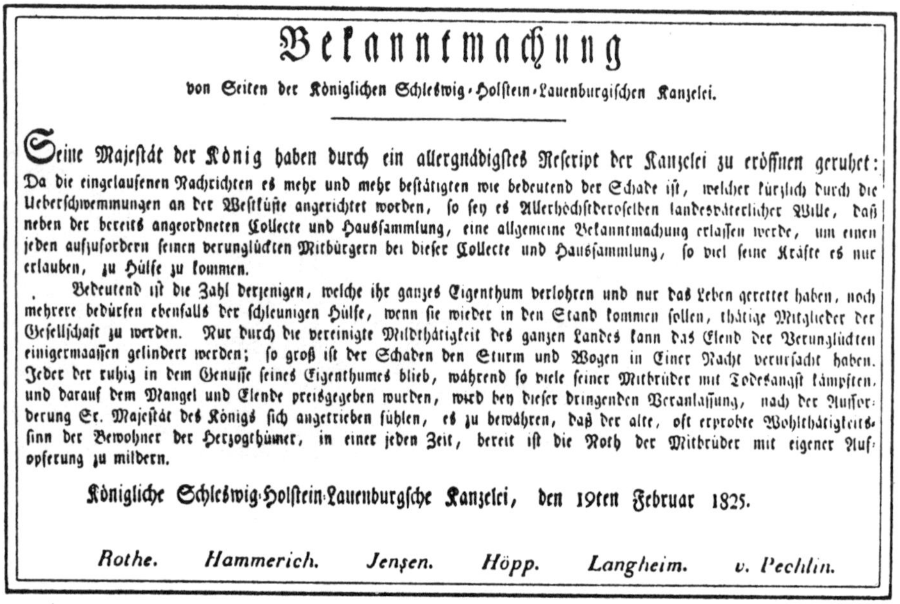

Bekanntmachung

von Seiten der Königlichen Schleswig-Holstein-Lauenburgischen Kanzelei.

Seine Majestät der König haben durch ein allergnädigstes Rescript der Kanzelei zu eröffnen geruhet: Da die eingelaufenen Nachrichten es mehr und mehr bestätigten wie bedeutend der Schade ist, welcher kürzlich durch die Ueberschwemmungen an der Westküste angerichtet worden, so sey es Allerhöchstderoselben landesväterlicher Wille, daß neben der bereits angeordneten Collecte und Haussammlung, eine allgemeine Bekanntmachung erlassen werde, um einen jeden aufzufordern seinen verunglückten Mitbürgern bei dieser Collecte und Haussammlung, so viel seine Kräfte es nur erlauben, zu Hülfe zu kommen.

Bedeutend ist die Zahl derjenigen, welche ihr ganzes Eigenthum verlohren und nur das Leben gerettet haben, noch mehrere bedürfen ebenfalls der schleunigen Hülfe, wenn sie wieder in den Stand kommen sollen, thätige Mitglieder der Gesellschaft zu werden. Nur durch die vereinigte Mildthätigkeit des ganzen Landes kann das Elend der Verunglückten einigermaaßen gelindert werden; so groß ist der Schaden den Sturm und Wogen in Einer Nacht verursacht haben. Jeder der ruhig in dem Genusse seines Eigenthumes blieb, während so viele seiner Mitbrüder mit Todesangst kämpften, und darauf dem Mangel und Elende preisgegeben wurden, wird bey dieser dringenden Veranlassung, nach der Aufforderung Sr. Majestät des Königs sich angetrieben fühlen, es zu bewähren, daß der alte, oft erprobte Wohlthätigkeitssinn der Bewohner der Herzogthümer, in einer jeden Zeit, bereit ist die Noth der Mitbrüder mit eigener Aufopferung zu mildern.

Königliche Schleswig-Holstein-Lauenburgsche Kanzelei, den 19ten Februar 1825.

Rothe. Hammerich. Jensen. Höpp. Langheim. v. Pechlin.

41) Bekanntmachung betreffs allgemeiner Hülfeleistung für die Überschwemmten an der Westküste

vollendete das Schauerliche des Nachtgemähldes und griff die Einwohner, wie der Rathmann Ipsen auf Oland betonte, stärker an als das Geheul des Sturmes selbst."

Einmal mehr ist die Rede von fast unglaublichen Rettungsaktionen:

„Eine Frau, deren Mann zur See abwesend war, lag mit ihren Kindern ruhig zu Bett und erwachte nicht eher, als bis die Fluth sie mit dem Bett aus der eingerissenen Mauer warf. In einer Entfernung von einer Ruthe faßte sie Grund, raffte sich mit den Kindern auf und eilte einem benachbarten Hause zu, schlug ein Fenster ein, steckte die Kinder dadurch, kroch dann selbst nach, und gelangte so zu den Hausbewohnern auf den Böden. Wären sie nur 6 Fuß weiter getrieben, so würde ein Fäting (kleiner Teich) sie verschlungen haben."

Einige Menschen und Tiere konnten sich auf Schutthaufen retten. Eine Kuh, „die sich selbst los gemacht hatte und auf den Feuerheerd gestiegen war," konnte sich in dieser grotesken Position vor schlimmerem bewahren.
Eine Familie versuchte einer kranken Frau zum Überleben zu verhelfen, indem sie sie in einen Backtrog legten. „Das Wasser stieg und hob den Trog auf, doch nicht höher als bis zur Decke des Zimmers und nach der Flut fanden sie die Kranke unversehrt, sie starb aber nach einigen Tagen." (Schl.-Holst. LA/ Abt. 734. 3, Nr. 1330)
Mehr als 220 Halligleute, deren Hab und Gut die Flut vernichtet hatte, wurden zum Teil nackt, halb verhungert und fast erfroren in Wyk auf Föhr aufgenommen. Auch Ockholm und Dagebüll, als ehemalige Halligen, wurden manchen zur neuen Heimat. Andere zogen später wieder zurück auf ihre Hallig.
Als König Friedrich VI. im Jahre 1825 die Flutschäden in Nordfriesland persönlich in Augenschein nahm, besuchte er auch die Halligen. Auf Hooge mußte er, wegen eines aufkommenden Sturmes, übernachten – woraus die Hooger ihr noch heute fließendes touristisches Kapital schlugen, indem sie die königliche Übernachtungsstube zum „Königspesel" erklärten.
Anscheinend blieb der König durch Begegnungen mit den Nordfriesen nicht unberührt und setzte ziemlich großzügige Hilfsprogramme ins Werk. In Husum bildete sich ein „Privat-Hülfsverein". Aus dem In- und Ausland kamen Spenden. Doch es dauerte lange Jahre, bis einige der Häuser wieder – meist an flutsichereren Stellen – aufgebaut wurden und die verwüsteten Ländereien der Halligen neuen Grünbewuchs zeigten.
Trotzdem sollten im 19. Jahrhundert noch weitere Halligen Opfer des Meeres werden. Ob dies endgültig die letzten gewesen sind, wird die Zukunft erweisen.

II. TEIL

42) Ein Apfelbaum inmitten der rasenden Sturmflut

Über die einzelnen untergegangenen Halligen (Einführung)

„. . . die fünf berühmten
Kontinente
nur hinderliche Masse
für das Meer.“
Gottfried Benn in „Melodien“

Viele Halligen gingen unter, ohne daß sie jemals einen Namen erhielten oder ohne daß ein solcher überliefert wurde. Alte Karten zeigen kleine oder gar winzige Landstücke, die möglicherweise Halligcharakter hatten und bei denen nicht auszuschließen ist, daß sie zumindest zeitweise bewohnt waren.
Von einem Teil dieser Überreste alten Festlandes, aufgeschlickt oder nicht, sind noch Bezeichnungen bekannt, aber mehr ist über sie nicht herauszufinden. Doch die Namen allein weisen mit einer gewissen Wahrscheinlichkeit darauf hin, daß sie irgendeinen Nutzen für den Menschen hatten. Sie können der Heugewinnung, der Beweidung oder dem Eiersammeln gedient haben. Vielleicht haben sie auch Schiffern in Seenot geholfen.
Die genaue Anzahl der verschwundenen Halligen zu ermitteln, „darf als nicht restlos zu lösende Aufgabe hingestellt werden“. (Mü I, 242)
Zwölf der untergegangenen Halligen werden in den folgenden Kapiteln näher behandelt, dabei werden weitere 25 erwähnt. Zu diesen 37 kommen noch folgende mit Namen oder (ungefährer) Lage bekannte:
(Mit Großbuchstaben gedruckte sind in den Karten enthalten:)
38) NIELANDT, 39) AUDTSHALG, 40) TEENTHAM, 41) UTHEREGGE, 42) GARDSLANDT, 43) EBBLANDT, 44) NEES, 45) SILBOLL, 46) JENS HAISENS HALLIG, 47) HABEL ODD, 48) HORST (Bevor sie unterging, wurde sie eine Zeitlang mit Gröde landfest. Man darf sie jedoch nicht verwechseln mit der untergegangenen Gröder Warft „Horst“ bzw. „Heerst“), 49) Grote Winckel und 50) Lütt Winckel. Soweit die bei Petreus aufgezählten Namen, zu denen er noch eine unbenannte Hallig 51) „IM SUEDOSTEN VAN DER LITH“ zählt.
Bei Peter Sax finden sich noch die Hallignamen 52) HILBÜLLUM und 53) Ins. Famullanum. Die Wittemaksche Karte weist noch auf: 54) BREDELANDT, 55) DERNSHALGH und 56) STATHOLDERS HALGH.
Inderveldens Karte nennt außerdem 57) de Wis, 58) ROERBEECK HALLIG, 59) ESBUL HALLIG, 60) MOERSEN (bei Heimreich als „Hallig von Morsum“ genannt).
Auf einer behandelten „Karte von 1668“ erscheinen darüber hinaus 61) AKEN HALLIG, 62) Amsing-Hallig (zu dieser Zeit eine Vorlandhallig).

43) Neu-Peterswarft (Langeneß) von Osten, um 1920

Heimreich berichtet zusätzlich von der 63) Meinstorper (bzw. Meinsdörffer) Hallig und der 64) Hensebeck-Hallig. Bei beiden handelt es sich allerdings wohl um Vorland-Halligen.
Aus den Mejer'schen Karten lassen sich weitere zwei Namen ablesen: 65) HEIDFENNE und 66) TÖFFKE. Beide lagen in der Dagebüller Bucht.
Dazu kommen schließlich noch 6 Halligen, deren ehemalige Existenz zweifelsfrei zu sein scheint, ihre Benennung jedoch unsicher oder überhaupt nicht rekonstruierbar ist. Friedrich Müller erwähnt die im 19. Jahrhundert untergegangenen winzigen 67) Halligreste an der Südwestspitze von Nordstrandischmoor, 68) den „SCHLÜTT", an der Westspitze von Gröde, 69) die „SEEHUNDSHALLIG", nordöstlich von Gröde, 70) „RICKERTS WARF HALLIG", nahe der untergegangenen Butwehler Lüddens Warf und 71) und 72) „die beiden kleinen HALLIGINSELN VOR DER MÜNDUNG DES WESTER WEHL bei Nordmarsch", die noch bis ins 20. Jahrhundert hinein Bestand hatten.
Auf der Karte „Die untergegangenen Halligen" von J. Knikker befinden sich außerdem 73) PADELACKSHALLIG, 74) FINKHAUSHALLIG (Diese beiden sind ans Festland angedeichte Halligen, die in meinem Text nicht näher behandelt wurden). 75) SOLTASCHHALLIG, 76) HEVER HALLIG, 77)

44) Neu-Peterswarft, nach der Sturmflut von 1962

45) Neu-Peterswarft, nach 1962

46) Neu-Peterswarft, um 1980

HAICKENSHALLIG, 78) SCHAPE HALLIG (Eine Hallig, von der kein Name überliefert ist und über die der „Schape-Damm“ gebaut werden sollte) sowie folgende Halligen aus der Dagebüller Bucht 79) OSTIANSHALLIG 80) NORDMARSCH (nicht zu verwechseln mit der gleichnamigen Hallig bei Langeneß). 81) TROLSLOTH, 82) RICK, 83) DANSTIEG, 84) KLEINE HALLIG, 85) UTLAND, 86) ODDENSGROF und 87) ODDEHÖRN.
Über die „MEEDHALLIG“ und die „JACOBSHALLIG“ ist zusammengefaßt zu sagen, daß beide vorübergehend wahrscheinlich Teil der „HARMELFS-HALLIG“ waren. Zu anderen Zeiten war die „MEEDHALLIG“ wohl eine reine Vorland-Hallig. Der Name „Jacobshallig“ löste später den Namen „Harmelfshallig“ ab.
Mit Sicherheit gab es noch mehr untergegangene Halligen, vor allem auch auf dem Gebiet des heutigen Festlandes (s. a. Vorwort), das durch Landgewinn in Form der Köge erst nach und nach entstanden ist.
In den folgenden Kapiteln will ich nun 12 dieser kleinen Inseln näher behandeln. Eine Gruppe stellen die als Landfläche nicht völlig verschwundenen

Halligen dar, die durch Eindeichungen Teil des Festlandes wurden. Ich habe dabei diejenigen in der ehemaligen „Dagebüller Bucht“ ausgewählt, deren wichtigste Ockholm, Dagebüll, Galmsbüll und Nordtoft waren.
Die andere Gruppe umfaßt die restlos verlorenen Halligen Nubel, Moders-, Harmelfs-, Hains-(oder Oselichs-) und Beenshallig sowie Lundinglandt, Südhörn(ke) und Hingsteness. Letztere war die größte dieser Gruppe.
Eine Sonderstellung nimmt die Pohnshallig ein. Sie wurde mit einem Teil ihrer Fläche an die Insel Nordstrand angedeicht und später durch Landgewinnungsarbeiten in einen Damm zum Festland integriert.
Wegen der häufig, manchmal sogar innerhalb eines Schriftstückes wechselnden Schreibweisen habe ich auf eine Vereinheitlichung verzichtet und grundsätzlich die in der jeweiligen Quelle benutzte übernommen.
Daß die Darstellungen manchmal lückenhaft sind, konnte ich bei dem vorliegenden Quellenmaterial nicht vermeiden. Eine lückenhafte Darstellung dieser verschwundenen kleinen Welt erschien mir immer noch besser als gar keine.

Hallig Nubel

Die Geschichtsschreibung hat diese Hallig mit keiner Nachricht erwähnt. Wenn nicht gewissenhafte Kartographen sie gelegentlich der Vergessenheit entrissen oder Chronisten sie unter verschiedenen Namen wie „Nübell“, „Nübel“ oder „Nubel“ oder nur als „K“ aufgeführt hätten; sie wäre nicht nur im Meer, sondern auch im Gedächtnis der Menschen untergegangen – für immer.
Nur daß dieses kleine Eiland einen Namen besaß, hat es vor dem völligen Untergang verschont und vor dem totalen Schweigen bewahrt. Es ist zwar nicht körperlich, aber doch geistig gegenwärtig geblieben.
Zwar habe ich bei meinen Nachforschungen außer der tatsächlichen Existenz, ihrer wechselnden Größe und ungefähren Lage nichts Besonderes aus den mir zugänglichen Quellen entnehmen können; doch soll allein die Bezeichnung einer Hallig Anlaß genug bieten, sich näher mit ihr zu beschäftigen und gleichzeitig die Gelegenheit genutzt werden, die wichtigsten Karten und Chronisten, die meiner Arbeit zugrunde liegen, vorzustellen.
Johannes Petersen, der zeitgemäß seinen Familiennamen als Gelehrter in „Petreus“ lateinisierte, führte in der „Ein korte Beschrivinge des Lendlins Nordstrandes . . . (1565 bis 1597)“ „ein öde halg, Nübell genomet“, also eine unbewohnte Hallig namens Nübell an.
Diese Insel sollte, seinen Worten zu Folge, zwischen „Nielandt“ und „Südfall“ östlich geortet worden sein.

47) Brunnen im Rungholtwatt

Peter Sax, dessen „Descriptio Insulae Nordstrandiae“ 1637 erschien – von dem A. Heimreich vieles abgeschrieben hat –, zählt „Nübel“ zur „Pylwormhard“. Schon kurz nach Beendigung des 10. Jahrhunderts begannen die dänischen Könige und Schleswiger Herzöge das Land in „Harden“ (herreder) aufzugliedern. Jede Harde mußte militärische Gefolgschaft leisten und hatte ihre eigene volkstümliche Rechtspflege, die auf dem Hardesthing ausgeübt wurde.

Eine Sonderstellung nahm dabei Nordfriesland ein. Die „Karrharde“, „Norder- und Sudergoesharde“ umfaßten die Geestlandschaften, lebten nach jütischem Recht und unterstanden als „Herzogfriesen“ dem Schleswiger.

Hingegen waren die „Dreilande Eiderstedt“, „Evershop“ und „Utholm“ sowie die fünf Harden „Alt-Nordstrand“ und die fünf nördlich davon gelegenen Harden dem dänischen König untertan als „Königsfriesen“. Dieselben suchten Ende des 13. Jahrhunderts Anlehnung an Schleswig, mit dem es, unter Wahrung seiner Sonderstellung, 1435, kurz vor dem Vertrag von Ripen (1460), noch unter dem Einfluß Gerhard III. dem Großen locker verbunden wurde.

Die verheerende Sturmflut 1362 führte in den Inselgebieten zu einer Verringerung der Harden auf insgesamt fünf. Dies darf aber nicht allein den riesigen Landverlusten zugerechnet werden, auch zusätzliche Reformen verminderten die Anzahl. So wurden sie auf dem Festland zu Sysseln, meist aus drei ehemaligen Harden bestehend, zusammengelegt.

Bei Anton Heimreich ist auch wieder die Rede von der kleinen Hallig „Nübell“. Dieser hat sich anscheinend nicht gescheut, auch bei Petreus abzugucken, der den bis heute gültigen Begriff „Hallig“ geprägt zu haben scheint. 1593 schloß Herzog Johann Adolf (1590 bis 1616) die verbliebenen Insel- und Halligflächen zur „Edoms-“, „Beltring-“ und „Pilworm-“Harde zusammen.

Auf der Karte von Peter Sax „Geometrische delineatio der Landschaft, sambt Schlicken und Anwachsungen, alß, Anno 1634 J. Johann Berentz alles hatt gemessen und gefunden“, also einer späteren Nachzeichung der Karte von Berends, liegt westlich von Südfall, umschlossen von zwei anscheinend tieferen Prielen, ein namenloses Eiland. Auf einer anderen Karte von Sax findet es sich schlicht unter „K“, wobei nach den modernen Erkenntnissen der Wattforschung auf „Nubel“ geschlossen werden kann.

Auch A. Heimreich (I, 258 + 287) berichtet zweimal von der Existenz der Hallig, aber ohne ergänzende Mitteilungen.

Der berühmte Kartograph Johannes Mejer hat Mitte des 17. Jahrhunderts unter anderem auch „Nuball“ ohne Kommentar dargestellt. Zwischen „Südfall“ und westlich von „Nuball“ soll einer der zwei Seitenarme des „Fals deep“ (Fallstief) verlaufen sein. Aber in der Karte von Sax fehlt dieser westliche Ausläufer völlig.

Bei dem Niederländer L. J. Waghenaer taucht in dessen Karte „Spieghel der Zeevaerdt“ von 1588 zwischen Pellworm und dem unbenannten Südfall „Nubel“ wieder auf. Die Größe der Hallig ist sicher überzeichnet; sie wirkt fast gleichgroß wie Hooge oder Langeness.

Auf einer anderen Karte von J. Berends, 1634 oder 1637, gibt es westlich von

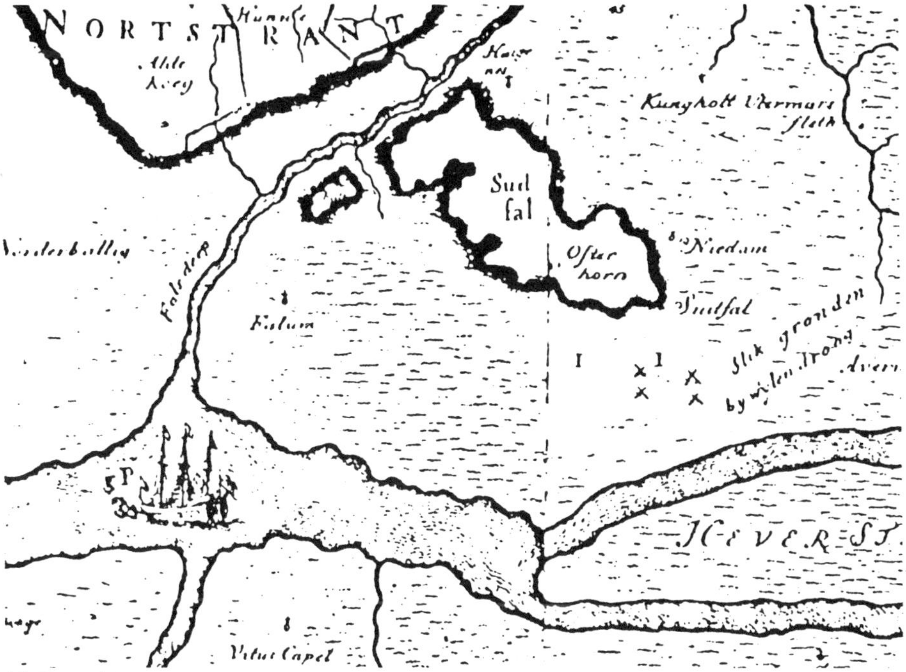

48) Kampfplatz eines Gefechts zwischen Schweden und Dänen im Watt bei Südfall am 16. Februar 1713

„Zuydval“ (Südfall) ein unbenanntes Eiland, bei dem es sich nur um „Nubel“ handeln kann.
Auch der Deichgraf Johannes Wittemak kartographierte in seiner Darstellung Nordfrieslands 1640 eine namenlose Hallig neben Südfall.
Quirinius in der Velden (Inderwolden) erstellte als Deichgraf 1659 Handzeichnungen von Pellworm, Nordstrand und Umgebung nach der Zerstörung durch die Burchardiflut von 1634. Wieder liegt westlich von „Suytval“ ein kleines, nicht näher gekennzeichnetes Landstück.
Die Kartographie nach Mitte des 17. Jahrhunderts gründete sich bis zum Ende des 18. Jahrhunderts vornehmlich auf die Karten von Johannes Mejer. Im dänischen Reichsarchiv befinden sich zwei Karten ohne Titel und Datum. Müller (I, 236f.) meint, die eine müßte vor 1742 gezeichnet worden sein. Sie ist die erste, auf der Pellworm und Nordstrand getrennt sind. Sie enthält alle Halligen, doch Nubel fehlt. Ebenso verhält es sich mit der „Charte von dem sogenannten Schmal-Tieffe, desselben Tonnen und Baaken und von dem umherligenden Wasser- und Landgegenden. Verfertigt bey der Commissional Besichtigung, den 25. August 1756 von J. H. Remmers. Copiiert den 16. Sept. 1782 von H. P.“
Es gibt noch eine Zeichnung des dänischen Kapitäns Woldenberg (Koehn, Tafel 36), die den „Kampfplatz eines Gefechts zwischen Schweden und Dänen im Watt bei Südfall am 16. Februar 1713“ festhält. Auf ihr ist Nubel, ohne Namen, noch enthalten. Man darf annehmen, daß sich der Zeichner nicht von den Mejerschen Karten hat festlegen lassen.
Demnach muß Nubel zwischen 1713 und 1742 untergegangen sein, vermutlich durch eine oder mehrere Sturmfluten zwischen 1717 und 1720.

Die Dagebüller Bucht

Nachdem im 16. Jahrhundert die Wiedingharde besonders durch die Eindeichung des Gotteskoogs (1566) landfest gemacht wurde, entstand die „Dagebüller Bucht“. In ihr lagen eine größere Anzahl von Halligen, die verhältnismäßig schnell Opfer des Meeres und bis auf die Warftsiedlungen zu Watt wurden. Es handelte sich unter anderem um die Halligen *„Ritt“*, *„Tofthallig“*, und *„Ballschift“*. Die beiden letzteren wurden von Deezbüll als Kuhfennen genutzt. Außerdem existierten noch die *„kleine Hallig zwischen der Schlut“* und die *„buten die alte Ow“*.

Manche dieser durch Sedimentation aufgewachsenen Landstückchen verschwanden in der Folgezeit völlig, andere wurden durch Andeichung Bestandteil des Festlandes.

Schon Ende des 16. Jahrhunderts wurde der Versuch unternommen, die gesamte Dagebüller Bucht abzudämmen.

Nach der Schadensflut im August 1573 vereinbarten der Bevollmächtigte des „Störtewerker Koogs“ und die Bewohner der Halligen *Bollhusen* und *Waygaard* 1574 einen neuen, vorverlegten Deich über Waygaard und die Bollhuser Au bis an den Ockholmer Deich zu errichten.

Für diejenigen, die nicht in den Schutz des Werkes kommen würden, sollte eine Entschädigung gezahlt werden.

Dieser Deichbau beanspruchte vier Jahre, was auf Schwierigkeiten schließen läßt. 1567 riß eine Wehle ein, die aber wieder gestopft werden konnte. Voller Stolz konnten 1577 die Beteiligten auf den vollendeten Deich blicken. Das nördlich der Soholmer Au gewonnene Land erhielt nach der ehemaligen Hallig den Namen „Waygaarder Koog“.

Der Versuch, das „Bottschlotter Tief“ durch eine künstliche Landbrücke nach Fahretoft zu schließen, schlug mehrfach fehl, – bis es 1633 doch gelang. Dieser Damm widerstand sogar der verheerenden Flut von 1634, nicht zuletzt deshalb, weil die unvollkommenen Stackdeiche solchen mit flacher Außenböschung gewichen waren. Diese technische Großtat des „Bottschlotter Dammes“ nahm Fahretoft seinen Halligcharakter, wobei eine gewaltige Fläche für die Bodenentnahme abgespätet (= abgetragen) wurde. 1686 begannen die Fahretofter im Westen und Norden innerhalb von zwei Jahren noch einen Seedeich zu bauen, wodurch die einstige Hallig endgültig Festland wurde.

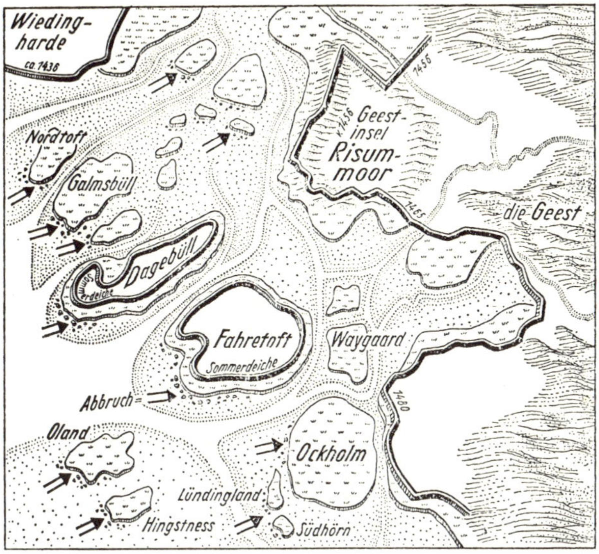

a. Um 1500

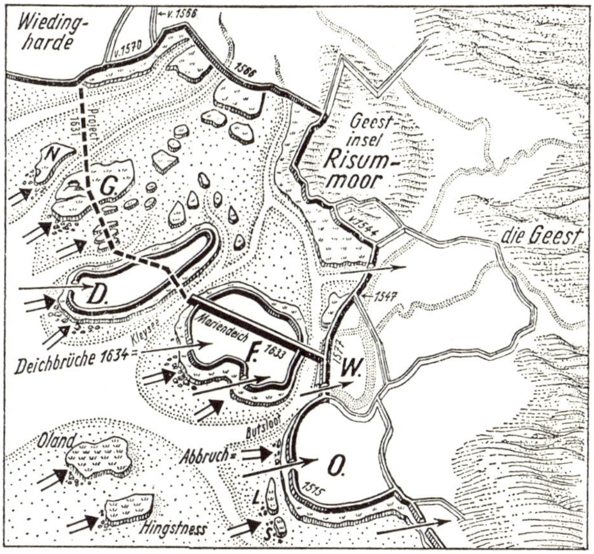

b. Um 1634

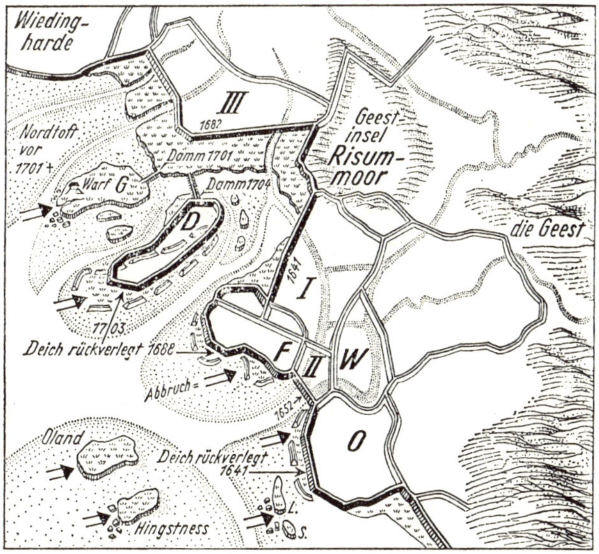

c. Beginn 18. Jahrhundert

49) Veränderungen in der Dagebüller Bucht (nach A. Bantelmann)

Dagebüll

Bei Petreus hieß die Hallig Dagebüll (fries. Dogebell) noch Westermarsch, was eigentlich nur für ihren Westteil zutrifft, während der östliche „Wisch" oder „Dagebüll" genannt wird. Heimreich bezeichnet sie aber meist als „Dagebüll oder Westermarsch".
Nach 1634 erscheint Dagebüll in der Beschreibung der „Boking- oder Mohrharde" von Peter Sax (Sax, 129) als „kleiner Particular", der „überig geblieben" ist. Die nahe gelegene Hallig *Vredesham* ist offenbar bei der Burchardiflut untergegangen.
„Wahrscheinlich sind die niedrigen Deiche an der Südseite Dagebülls, wie sie bei einer Aufnahme vom Jahre 1631 vorhanden waren (. . .), bis Ende des 17. Jahrhunderts zurückverlegt worden." (Fi III, 2/239). Nach Schätzung Fischers umfaßte die nutzbare Fläche in der ersten Hälfte des 17. Jahrhunderts etwa 800 Demat, wovon ungefähr die Hälfte im „alten Koog" bis zum Ende desselben erhalten blieb. (S. 239)
Aus einer Karte vom Januar 1701 (Tafel 50 in Fi III, 2) läßt sich entnehmen, daß Dagebüll damals noch 10 Warften besaß, von zwei der westlichen ist auch der Name „Koogswarf" und „Jensseswarf" genannt. Auf der östlichsten Warft ist neben einer Kirche ein besonders großes Haus und auf einer anderen eine Mühle eingezeichnet. Nördlich der Westspitze von Dagebüll ist auf halben Weg nach „Gallmsbüll" die Hallig *„Nordmarck"*, auch *„Nordmarsch"* genannt, zu sehen. Sie hatte eine Warft und ist nicht identisch mit dem gleichnamigen, noch existierenden Teil von Langeneß.
1704 vereinbarte man einen Damm von der zu Galmsbüll gehörigen Hallig *Tefkebüll* bis nach Dagebüll. Er wurde noch im selben Jahr ausgeführt.
Östlich von Dagebüll befindet sich noch die winzige Hallig *„Kolding"*, *„Coling"* oder, wie bei Geerz, *„Keling"*. Von ihr aus wollte der Jesuitenpater Filster schon 1636 einen Damm nach Fahretoft errichten lassen.
Nachdem letztere 1686 endgültig landfest gemacht worden war, richteten die Einwohner Dagebülls ein Gesuch an die Landesherrschaft, in dem sie um eine Winterbedeichung baten, die weiteren Landverlust verhindern sollte. Die Petition hatte Erfolg. Durch Erlaß 1697 gewährte Herzog Friedrich IV. zunächst den Austritt Dagebülls aus dem Amt Tondern und der Bökingharde. Jedoch bestanden da noch eine Menge Schulden, die gemeinsam getilgt werden mußten. So wurde den Einwohnern geraten, ihren Anwachs durch Abdichtung der Gräben sowie durch Kajedeiche und Schlickzäune zu fördern.
Nach einer Besichtigung des Amtmannes von Tondern, von Pincier – späterer „von Königstein" –, genehmigte der Herzog die Bedeichung Dagebülls und erteilte einen entsprechenden „Oktroi" im September 1700 (Fi III, 2/240f.).
Nach Petreus begann im April 1702 die Bedeichung, vorerst nur an der Südspitze, während die noch bewohnte westlichste Warft außerhalb blieb. 1703 wurde der Seedeich vollkommen geschlossen, brach jedoch bei der Sturmflut vom 8. Dezember 1703. Im folgenden Jahr wurde er repariert. Doch durch seine

exponierte Lage beschädigte die Nordsee immer wieder der Menschen Werk, vor allem während der Sturmflutserie von 1717 bis 1720, die andererseits auch eine Menge Aufschlickung brachte.
„Eine Erleichterung in der Deichlast trat erst ein, als mit der Eindeichung der ganzen Dagebüller Bucht bis Ausgang des 18. Jahrhunderts mehr als die Hälfte des Dagebüller Seedeiches abgedeicht wurde." (Fi, III, 2/242)
Zwischenzeitlich fiel der Förderer und Hauptinteressent, von Pincier, in Ungnade. Sein Besitz, wozu ein Hof von 180 Demat zählte, beschlagnahmte die Landesoberherrlichkeit und verkaufte ihn. 1721 erreichte der Enteignete eine entschädigungslose Rückerstattung.
Zu dieser Zeit durfte der Dagebüller Koog weitgehend selbstverwaltet werden. Auch bei seiner Entwässerung blieb er eigenständig. Ein Problem bildete aber das Kleiseer Tief. Seit 1634 versuchten die Anwohner den ursprünglich 810 m breiten Priel zu schließen. Durch Verkleinerung der Wattflächen der Dagebüller Bucht wies es 1725 nur noch eine Breite von rund 130 m auf. Als es auf 42 m eingeengt worden war, wühlte sich die verstärkte Strömung aber 8 m tief in das Watt ein.
„Nach Eckermann scheiterte ein Versuch, das Tief durch Versenken von drei alten Schiffen zu schließen. Eine Woche später gelang aber die Abdämmung unter Verwendung von Busch und Einsatz von 450 Wagen für die Bodenabfuhr." (Fi III, 2/249) Erst mit dem nun gewonnenen „Kleiseer Koog" war Dagebüll landfest geworden und hatte endgültig aufgehört, eine Hallig zu sein.
Salz wurde auf Dagebüll schon seit einer langen, nicht näher konkretisierbaren Zeit gewonnen. Das Ende dieses Erwerbszweiges steht allerdings fest. Die „Schleswig-Holsteinischen Anzeigen auf das Jahr 1768" melden: „In der Gemeine auf Dagebüll ists mit dem Salzwesen fast zu Ende, maassen den in den 2 letzten Jahren nur ein einziger Mann sich damit bemühet hat . . ." (Hä, 15)
So hat ausnahmsweise die Salzgewinnung, die sehr viel festes Land gekostet hat, die Hallig als solche bis 1782, also mehr als fünfzig Jahre überlebt.

Galmsbüll

Sie hat im Laufe ihres Daseins viele, wenn auch verwandte Namen gehabt. Petreus nannte sie „Galmersboll“ und „Galmersbull“; Sax „Galmeßbüll“; Heimreich „Galmsbüll“, aber auch „Galmesbull“. Auch Schreibweisen wie „Godmersbull“, „Goelmesbull“, „Galfsbull“ (s. Beschreibung der Karte von 1701) sind nachzuweisen. Die Endung „-bull“ in all ihren Verwandlungen läßt jedenfalls den Schluß zu, daß der Name dieser Hallig dänisch-nordfriesischen Ursprungs ist. (Vgl. Otto Claussen „Flurnamen Schleswig-Holstein, 1988 S. 62).
Nach Jordsand, das zu Dänemark gehört, ist Galmsbüll die nördlichste Hallig Nordfrieslands. Wann sie ihre größte Ausdehnung erreichte, läßt sich anhand der vorliegenden Quellen nicht ermitteln. Die Auswirkungen der „Großen Mandrenke“ von 1362 sind nicht überliefert. „Galmsbüll“ wird bereits 1344 namentlich erwähnt (B I. 91).
Auf jeden Fall hat „Galmsbüll“ diese Naturkatastrophe überlebt. Nach Sach (S. 203) mußte sie von 1463 bis 1523 „das gleiche Landgeld und Kathedraticum“ zahlen.
Auf Galmsbüll bestand Mitte des 16. Jahrhunderts eines der bedeutendsten Salzabbaugebiete der Westküste. 16 Salzhütten sind nachweisbar. (Hä, 21). 1640 verfügte die Hallig über 10 Schmacken und zwei Schuten. (Cla) 1727 beschäftigten sich 84 Personen mit der Salzgewinnung. 1769 werden 164 Tonnen Salz gesotten, doch dann ging es rapide bergab. 1782 arbeiteten nur noch zwei Salzsieder. Dann wurde der Betrieb endgültig eingestellt. Einen bescheidenen Neubeginn gab es noch einmal 1790, aber 1794 findet dieser Erwerbszweig sein absolutes Ende.
Das Abdämmungsvorhaben der „Dagebüller Bucht“ betrifft auch Galmsbüll. Schon 1571 verhandelt die Landesobrigkeit mit den Betroffenen über einen Deichbau auf der Hallig. Sie verlangt, daß die Bewohner von Galmsbüll und Dagebüll als Nutznießer des Vorhabens 85½ Störten zu stellen haben. (Fi III, 2/134)
Nach Sach hatte Süder-Galmsbüll schon 1609 Ländereien im Südteil eingebüßt, die 1825, bekannt als Süder- und Nordertoft, gänzlich verlorengingen. Immerhin war 1626 die Hallig noch 282 Demat und 133½ Ruten groß. (Jeki, 522)
Die Karte von Leeghwater 1631 zeigt, daß Galmsbüll, im Gegensatz zu Dagebüll und Fahretoft, immer noch unbedeicht ist. Aber dies könnte sich mit dem neuen Seedeich im Rahmen des „Bottschlotter Werkes“ ändern, da er auch über Galmsbüll führen soll. Nach Art. 13 des Oktroi vom 25. 11. 1631 genießen die Bewohner der Hallig die gleichen Freiheiten wie die anderen Partipizanten des „Bottschlotter Werkes“, soweit sie innerhalb des neuen Deiches ansässig sind.
Fehlschläge gab es bei der Errichtung dieses Jahrhundertwerkes viele. Dennoch zeigt die Wittemaksche Karte von 1640 eine Verbindung zwischen Galmsbüll und Dagebüll, wobei das „Unliensdeep“ auf seiner gesamten Breite abgedämmt ist.

50) Sturmflut: Die Zäune stehen schon unter Wasser

Zahlreiche Gaben an die Kirche zu Galmsbüll zeugen zudem davon, daß die Hallig zu jener Zeit einen gewissen Wohlstand ihr eigen nannte (Cla).
Doch die zunehmende Eindeichung der Dagebüller Bucht brachte für Galmsbüll neue Gefahren. Bei Flut, besonders wenn diese durch stürmische Westwinde hoch auflief, staute sich das Meer zunehmend vor der Hallig. Für ihren ständigen Schutz war die Bevölkerungszahl im Verhältnis zu ihrer Größe zu gering. Nur eine Warft im westlichen Teil war ständig besiedelt.
So zeigt die Karte vom Januar 1701 Galmsbüll noch als zusammenhängende Landfläche (Taf. 50 in Fi III, 2); 1734 im Februar stellt sie Hans Hemsen als in acht Landstücke zerrissen dar (Taf. 51 in Fi III, 2).
Aber der Zerfall der Hallig muß schon früher eingesetzt haben. Die Pflugschar wurde 1669 von 417/48 auf 217/48 herabgesetzt, wie es aus dem Oktroi zur Bedeichung vom 20. 9. 1700 hervorgeht. Die einzudeichende Fläche wird dort auf 350 D veranschlagt, „der Steuersatz für das unbedeichte Galmsbüll beträgt somit die Hälfte von dem für Dagebüll festgesetzten, indem auf 1 Pflug etwa 145 entfallen.“ (Fi III, 2/250)
Diese Anordnung kam aber niemals zum Tragen, da den Galmsbüllern die Mittel für die teuren Schutzmaßnahmen fehlten.
1695 wurde im Rahmen von Bedeichungsplänen ein 1,2 km langer Damm von *Niemeed* nach *Tefkebüll* gebaut und von dort aus weiter nach Galmsbüll.
Nachdem auch der Christian-Albrecht-Koog geschützt war, befanden sich allerdings die Halligen *Tefkebüll, Nordhallig,* Teile von *Bendixham* und *Grotsand* außendeichs. Dennoch konnten sich die kleinen Inseln durch

Anwachs an ihrer Nord- und Ostseite zunächst beträchtlich vergrößern. „Nach Melfsen besaßen die Galmsbüller auf Tefkebüll 60½ D, auf Nordhallig 24 D und auf Bendixham 10½ D.“ (Fi III, 2/243)

Im Juli 1705 verzichteten allerdings die Galmsbüller gegen eine Abfindung auf ihr Eigentumsrecht an *Bendixham* und *Nordhallig* zugunsten des Christian-Albrecht-Kooges. (Fi III, 2/245)

Mit dem Dammbau von *Tefkebüll* nach dem *„Krokhallig“* genannten Vorland von Galmsbüll, der 2400 Mark kostete, war diese 1701 landfest geworden – ohne bereits ihren Halligcharakter völlig einzubüßen. Die südlich der Hallig gelegene *Tudensmeede* – schon auf älteren Karten eingezeichnet – wurde außerdem durch einen rund 350 Meter langen Damm mit Galmsbüll verbunden. Fischer (III, 2/251) stellt eine Nachricht aus den „Schleswig-Holsteinischen Provinzialberichten“ von 1788 vor, in der auch von der Vergangenheit der „Halbinsel Galmsbüll“ die Rede ist. Galmsbüll besaß demnach früher 3 Warften; die 1788 noch vorhandene Warf „Großgalmsbüll“, eine zweite, nordwestlich davon auf Nordtoft, „Kleingalmsbüll“ genannt, und eine dritte, südwestlich von „Großgalmsbüll“, mit unbekanntem Namen. Die Kirche soll in der Mitte des Dorfes gestanden haben.

Trotz der Landfestmachung werden sich die Bewohner der Warft „Großgalmsbüll“ kaum anders als auf einer abbrechenden Hallig gefühlt haben. Große Aufwendungen in den 50er und 60er Jahren des 18. Jahrhunderts verhinderten den rapiden Abbruch nicht. Ab 1780 wurde der Zustand äußerst kritisch. Die Zerstörung machte jetzt auch auf der Südseite keinen halt, so daß der bewohnte Teil der Warft immer kleiner wurde.

Der Amtmann von Bielke aus Tondern machte deshalb 1786 den Vorschlag, das Kirchspiel Galmsbüll aufzulösen und die Bewohner auf den benachbarten Kögen anzusiedeln. (Fi III, 2/253 f.)

Nach Protesten und einigem Hin und Her entschied die Rentenkammer 1790, daß, entgegen den Wünschen der Betroffenen, die Galmsbüller Warft außerhalb der Deichlinie verbleiben sollte.

Während der Eindeichung des Marienkooges, ab 1796, begann man die Galmsbüller umzusiedeln. Das Schicksal der Warft war endgültig besiegelt. Nach den erwähnten Provinzialberichten von 1788 besaß Großgalmsbüll kurz davor noch 43 Häuser und eine Kirche auf einer 150 × 150 m großen Warft.

Die Kirche und die Häuser der Armen wurden niedergerissen, und aus dem Erlös des versteigerten Materials wird im Marienkoog ein Armenhaus, das „Kloster“, errichtet. Die Bewohner der mittlerweile ehemaligen Hallig verlassen den Ort nach und nach. Einige Jahre vor der Sturmflut von 1825 ist Galmsbüll bereits menschenleer. (Vgl. Cla)

Im Verlauf des 18. Jahrhunderts wurde auch die Hallig *Nordtoft* immer kleiner, bis sie ganz verschwand. Sie muß einst ein ausgedehntes Nutzland umfaßt haben. Für den Deichbau von 1570 mußten die „Nordtoftinger“ 77 Störten stellen; also fast soviel wie die Dagebüller und Galmsbüller zusammen. „Nach der vorläufigen Berechnung sollen mit jeder Störte 18 D Hoch- und 22 D

Schlickland gewonnen werden, daraus errechnet sich die Gesamtfläche zu rd. 26 500 D.“ (Fi III, 2/134)
Der Mitte des 20. Jahrhunderts gewonnene „Galmsbüllkoog“ liegt auf dem alten Hinterland der ehemaligen Hallig. Die Erde der Warft „Großgalmsbüll“ ist Teil des heutigen Seedeiches geworden.
Die Großeltern des Nordfrieslandforschers Christian Jensen stammen übrigens noch von der Hallig Galmsbüll. (Jen, 221)

Ockholm

Ockholms Zeit als Hallig währte nur ungefähr 150 Jahre. Ihr Name leitet sich (Sach S. 181) von dem Personennamen Okke her. Die „grote Mandrenke" von 1362 zerstörte das Gotteshaus des alten Kirchspiels Ockholm. Nach „beträchtlicher Aufschlickung" wird danach die Hallig entstanden sein, „deren Lage sich infolge einer Verlagerung nach Nordosten verändert und deren Abstand von der Festlandsmarsch sich auf diese Weise verringert hat." (Fi III, 2/113)
Über die Größe des ehemaligen „Occoholm" (oder „Ockeholm"), das in der Brunschen Liste aufgezählt ist, liegen keine klaren Angaben vor. Da es jedoch noch zur Beltringharde gehörte, wird es eher mit der Insel „Strand" als mit dem Festland in Zusammenhang gestanden haben.
Schon zu jener Zeit besaß die relativ niedrige Hallig Dämme. Geeignete Teile des Landes sind „mit Sicherheit im Schutz von Sommerdeichen als Ackerland genutzt worden." (Fi III, 2/114) Von diesen Deichen sind zumindest einige noch nach 1362 erhalten geblieben.
Während des Krieges zwischen den holsteinischen Grafen und Erich von Pommern, Neffe von Königin Margarethe und späterer dänischer König, entsandte letzterer 1410 eine Heeresabteilung unter Führung von Mogens Munk und Johann Scharpenberg in die Gegend von Bredstedt und Husum. Nachdem die Dänen, ohne auf größeren Widerstand zu stoßen, plündernd und mordend durchs Land gezogen waren, machten sie sich endlich auf den Rückweg.
Doch am 12. August 1410 auf der Solleruper Heide bei Eggebek bereiteten 700 Friesen, die sich mit 400 Holsteinern verbündet hatten, dem dänischen Heer eine vernichtende Niederlage, wobei 1400 Dänen fielen, darunter auch Mogens Munk. „Er wurde von einem Friesen aus Ockholm, Namens Haje Brodersen, erschlagen." (Fri, 47)
Von dieser Schlacht leitet die Sage die Bezeichnung „Grützköpp" für die Dänen her. Beim plötzlichen Angriff der Holsteiner und Friesen sollen die Dänen gerade beim Essen gewesen sein. Um ihre Grützration nicht zu verlieren, sollen sie diese schnell in ihre Helme gekippt haben. Als aber im Kampfgetümmel ihnen der Brei aus ihren Kopfbedeckungen hervorlief, sollen die Friesen und Holsteiner geschrien haben: „Schlaet de Grützköpp!" Aber auch die Dänen nahmen die Erzählung für sich in Anspruch und dichteten den Friesen ebenfalls „Grützköpfe" an.
Im Zinsbuch des Schleswiger Bischofs von 1462/63 liegt dagegen wieder eine urkundliche Nachricht über Ockholm vor. Sie vermeldet noch Einkünfte aus 3 Äckern und Butterabgaben, „solange bis sich das Land verbessert hatte." (Fi III, 2/114) Ockholm ist jetzt unter der Nordergoesharde aufgeführt. „Wahrscheinlich ist Ockholm im Jahre 1435, als die friesischen Marschharden dem Herzog von Schleswig unterstellt wurden, aus der Beltringharde ausgegliedert worden." (Fi III, 2/115)
Der Erzbischof in Lund schreibt 1469, daß sich die überschwemmten Ländereien durch Aufschlickung in fruchtbares Land verwandelt hätten. (Fi III,

2/114) Bereits vor der Andeichung ans Festland schüttete man auf Ockholm Warften auf, ohne sich durch umfassende Deiche zu schützen.
An Warftnamen waren noch herauszufinden: Eggens-, Grüne, Diedrichs-, Redleffs-, Credensborg-, Bonde, Bahnsens-, Neue, Fedders-, Gaard, Kirch-, Sünnens-, Süder-, Peter- und Tadenswarft.
Wahrscheinlich wird das Trenngewässer zwischen Ockholm und dem Festland allmählich verlandet sein und weiter westlich sich ein neuer Wattstrom gebildet haben.
Urkundliche Nachrichten aus der Zeit direkt vor der Landfestmachung liegen nicht vor. (Fi III, 2/115) In dem späteren Zinsbuch des Schleswiger Bischofs (1509/15) wird Ockholm nicht erwähnt, in dem früheren von 1462/63 sind 16 Grundstücke in Ockholm und Ovekenbul der Kirche von Langenhorn berechnet worden.
Aus einem Vertrag von 1543 zwischen den Ockholmer und Langenhorner Bürgern über Deichpflichten geht die lange vorhergegangene Andeichung der Hallig Ockholm hervor. Fischer (Fi III, 2/116) druckt eine Quelle ab, die wiederum auf dem Koogbuch von 1586 beruht: die „Chronik von Ockholm" von Th. Ingwersen (1912). Dort heißt es: „Anno 1515 iß Ockholm erstlich gedicket worden . . ." Man kann also die Andeichung von Ockholm mit dem Jahre 1515 als abgeschlossen betrachten. Wahrscheinlich hat der umfangreiche Deichbau länger als ein Jahr gedauert. Schon nach der „großen Manndränke" (1362) konnte man – nach Heimreich (I, 189) – von „Ockeholm (. . .) nacher Grode und Ohland zur Ebbezeit durch den Schlick gehen." Dies kann man noch heute, und es mag daran erinnern, daß Ockholm einstmals selbst eine Hallig gewesen ist.

Pohnshallig

Die Pohnshallig ist ein Beispiel für eine Hallig, die zwar als solche unterging, deren Areal jedoch durch Andeichung an Nordstrand „überlebte". In der Bezeichnung „Pohnshalligkoog" ist sogar ihr Name bewahrt.
Höchstwahrscheinlich wurde die Hallig als östliches Außendeichsland des alten Nordstrand durch die Sturmflut von 1634 abgerissen. Eine bei Müller abgebildete Handzeichnung vom Jahre 1668 (Mü I, 232) zeigt die „Bonans-Hallig" (= Pohnshallig), welche die Aufschrift trägt: „Stadthalters undt Hambulling Koog, jetzt Bonans-Hallig genannt." Sie weist vier Häuser auf.
Auf der Karte von Indervelden, neun Jahre vorher, hatte „Poenen Hol" nur ein Haus.
Heimreich (II, 261) schreibt: „A. 1710 ist am Dienstage post festum Trinitatis bey einem schweren Sturm und erfolgter Flut alles Vieh, als Veeste, Pferde und Schafe auf Pohnshallig ersoffen und der gegrabene Torf hieselbst weggetrieben." Zu beachten ist, daß offenbar auch auf dieser Hallig Torfabbau betrieben wurde.
Nachdem die herzöglichen Kommissare Clasen und Sibbers die Halligen begutachtet hatten, schrieb letzterer in seinem Bericht von 4. 8. 1721: „Das dem Brabander Koog belegene sogenannte Mohr Pohns Hallig, welches den Partizipanten in ihrer Oktroi mit eingetan, muß mit Beflachung und Machung einiger Dückeldämme konserviert werden." (Mü II, 379)
1758 berichtet Lass (in: Ca I, 348): „Dem Christianskoeg auf Nordstrand gegen über sieht man eine lange schmale Hallig, welche man Pohnshallig nennet, liegen; auch diese besitzen die Participanten, welche dieselbe den Einwohnern in Shobull (= Schobüll), Hohlebull jährlich zu Graß verhäuren.
In dem Sommer halten sich Personen auf diesen untergehenden oder werdenden Welten auf."
Da die Hallig also zur Gräsung verpachtet wurde, befand sich damals zumindest noch eine Hütte darauf.
Wie auch auf der erwähnten Handzeichnung von 1668 zu sehen, lag nördlich der Pohnshallig noch eine *kleine unbenannte Hallig mit einem Haus.* Über deren Schicksal findet sich eine Eintragung bei Heimreich. Von einem Sturmwetter der 90er Jahre des 17. Jahrhunderts heißt es dort: „ Auch ist in dieser Fluth eine alte Frau bey 70 Jahren von hiesiger Gemeine auf einer Hallig bey Pohnshallig, woselbst sie neben andern ihre Kühe auf die Edgründe gebracht, um sie daselbst zu melken, ums Leben gekommen, und nebst vier Kühen auf dem daselbst befindlichen Warfe von den Meereswellen weggerissen worden." (II, 258)
Die Sturmflut von 1825 richtete auf der Pohnshallig selbst einen Schaden von 710 Reichsbanktalern an. Der Ratmann Jacob Jacobsen von Nordstrandischmoor berichtet jedoch, daß die 100 Demat des Partizipanten Wiesmann von Nordstrand „so wenig als der Bewohner und dessen Dienstherr durch die Flut gelitten" habe. Auch das 5fachige Haus des Schäfers scheint nicht beschädigt worden zu sein. (Mü II, 379)

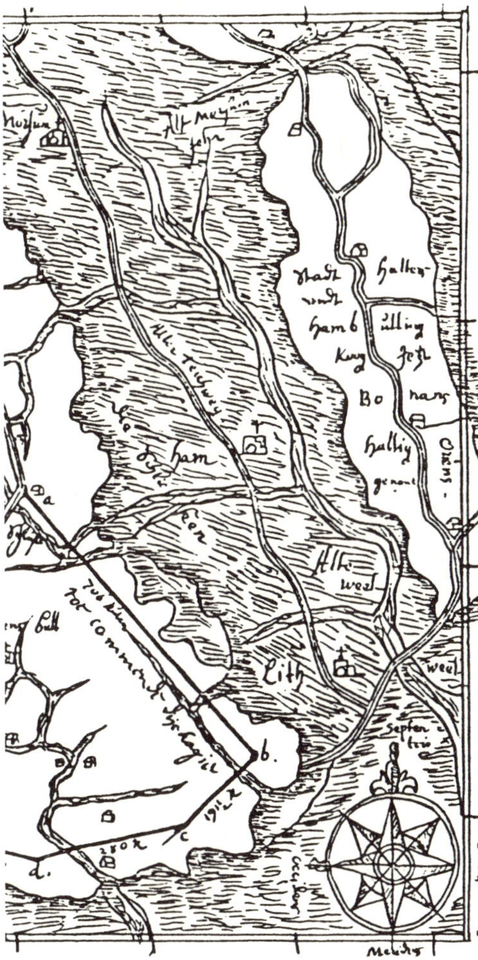

51) Neu-Nordstrand mit nächstgelegenen Halligen im Jahre 1668

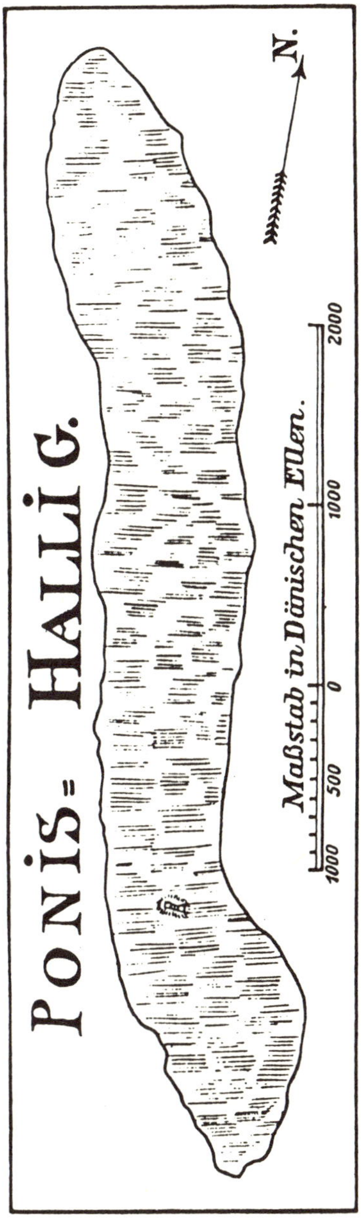

52) Pohnshallig nach den dänischen Vermessungen

Trotzdem erhielt der besagte J. H. Wiesmann 200 Reichsbanktaler, was aus einer Quittung hervorgeht, die sich in den Akten des „Schleswig-Holsteinischen Landesarchivs" befindet. (Abgedruckt im Anhang dieses Kapitels)
Aus diesem Vorgang läßt sich ersehen, daß es nicht einfach war, von außerhalb zweifelsfrei festzustellen, was auf den unzugänglichen Halligen wirklich

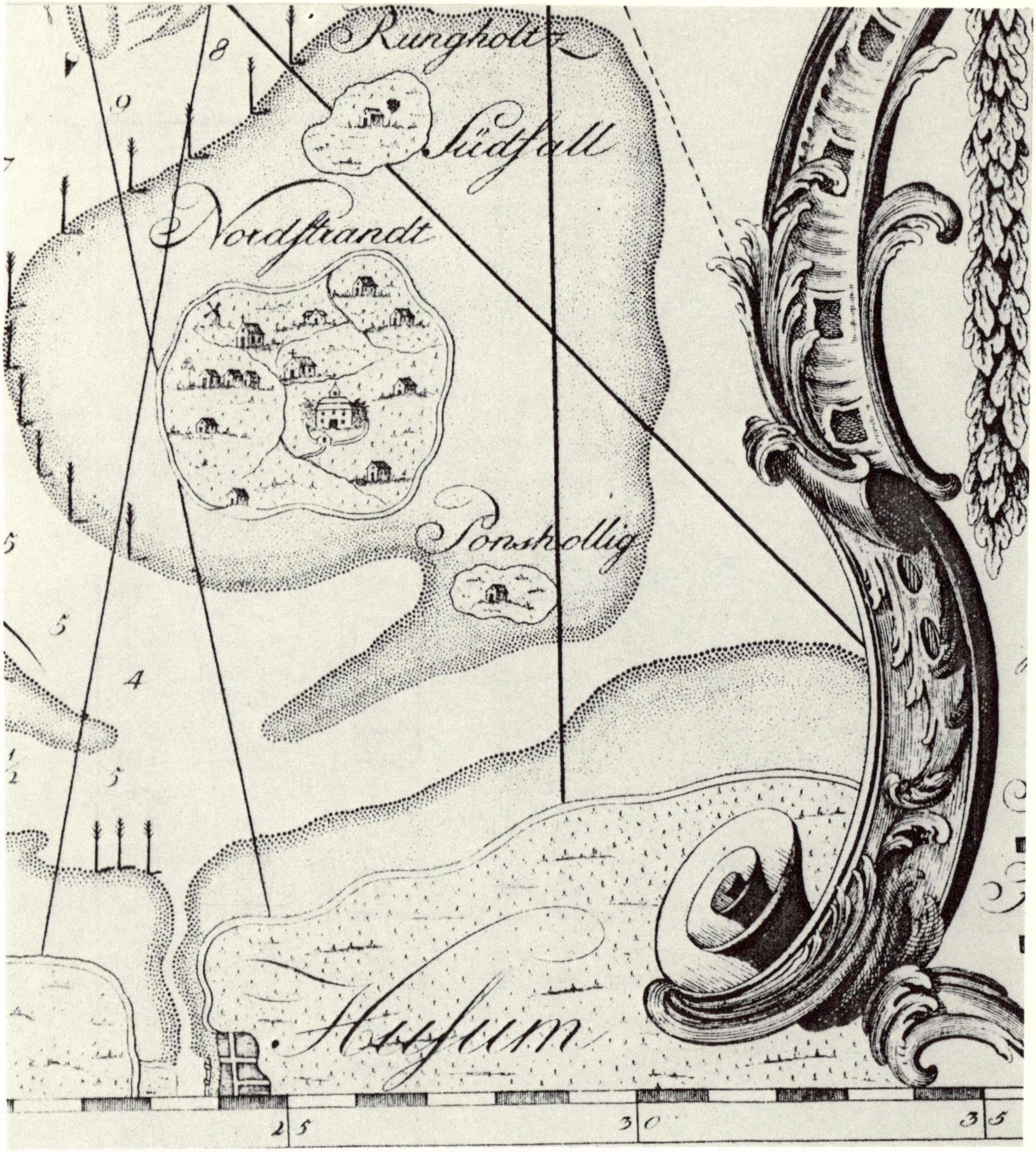

53) H. F. Rosencrantz: „Hever nebst Mündungen . . .“, 1776

geschah. Wenn ein möglicher Gewinn dabei heraussprang, suchte manch einer seinen Vorteil, ohne der Wahrheit die Ehre zu geben.
In einer Eingabe der Landschaft Nordstrand an die Rentenkammer vom 9. Oktober 1829 heißt es, daß sich der „Ertrag der nicht bewohnten Pohnshallig“ über die Hälfte vermindert habe, nicht berechnet seien dabei die Kosten zur „Sicherstellung dieser Hallig“. Die Nordstrander verlangten demnach eine

Remission für vier Jahre wie die übrigen Halligen. Diese würde dann bis 1829 insgesamt 55 Reichsbanktaler und 32 Schilling betragen. (Mü II, 379f.)
In einem „Promemoria" der Schleswig-Holsteinischen Kasse vom 25. August 1832 wurde die Landsteuer für 1825 bis 30 gänzlich erlassen und danach auf die Hälfte herabgesetzt. (Mü II, 380)
Wenn man bedenkt, daß, nach Bruun, die Pohnshallig 1802 noch 300 (was 303 Steuertonnen entspricht), aber im Jahre 1859 nur noch 232 (= 234,1 Steuertonnen) Tonnen groß war, läßt sich der geschwinde Abbruch nachvollziehen. (Mü II, 380)
Doch die Landgewinnungskommission konnte im August 1860 einen günstigen Umbruch feststellen. Nach Beobachtungen des aufmerksamen Kapitäns Hammer, hätte man vor „ungefähr neun Jahren" in dem zirka 20 Ruten breiten Fahrwasser bei Tiefstebbe einen Wasserstand von vier Fuß gehabt. „Jetzt dagegen liegt dieses Fahrwasser bei einer keineswegs besonders guten Ebbe völlig trocken." (Mü II, 380f.)
Bei Überprüfungen zeigte sich „außerordentlich bedeutende Anschlickung", so daß der feste Plan entstand, die Hallig „durch zweckmäßige Vorkehrung im Laufe der Zeit landfest zu machen".
Trap gibt 1864 die Länge der Hallig mit ½ Meile, die Breite mit 1000 Ellen höchstens an. Die Warft trage zwei Häuser. (Mü II, 381)
1866 war es dann soweit: durch einen Damm wurde die Pohnshallig mit Nordstrand verbunden. „Jetzt ist die Pohnshallig mit dem Vorland von Nordstrand vollkommen verwachsen", verlautet es über dasselbe Jahr in den Akten des ALW (SHLA Abt. 734.2 Nr. 320).
Die Hallig, die nun keine mehr war, wuchs bald mehr und mehr mit Nordstrand zusammen. In der Folge überwog der Anwachs den Abbruch bei weitem.
Der Reisende G. Weigelt erwähnt in seiner „Skizze des Landes und seiner Bewohner" 1873 die Pohnshallig als „dem Vaterland auch nur einer Familie". (S. 30)
1892 spricht Eugen Traeger Pohnshallig schon nicht mehr als Hallig an, sondern meint, „daß die Hallig als Außen- oder Vorland von Nordstrand betrachtet werden kann." (S. 16)
An anderer Stelle berichtet Traeger: *„Ganz verwildert und verfallen zeigten sich mir die Baulichkeiten und Werteinrichtungen der Pohnshallig, als ich sie im Herbst des Jahres 1884 besuchte. Wenn ich zutreffend unterrichtet wurde, gehört die Hallig einem Bauern auf Nordstrand, der vom Frühjahr bis Herbst seine Heerden durch einen Hirten auf ihr verpflegen läßt, während sie im Winter, gleich der Hamburger Hallig, unbewohnt bleibt; aber trotzdem brauchten das Wohnhaus, die Ställe und der Fething nicht den verkommenen Eindruck zu machen, den ich empfing. Der Garten fehlte ganz . . ."* (S. 32)
Nachdem Eindeichungsmaßnahmen Ende des 19. Jahrhunderts noch wegen mangelnder Deichreife zurückgestellt wurden, baute man 1906/07 einen Damm vom Seedeich des Morsumkooges quer über die Pohnshallig bis zum Seedeich von Wobbenbüll. Als letzten Schritt der Bedeichung gewann man 1925 den „Pohnshalligkoog".

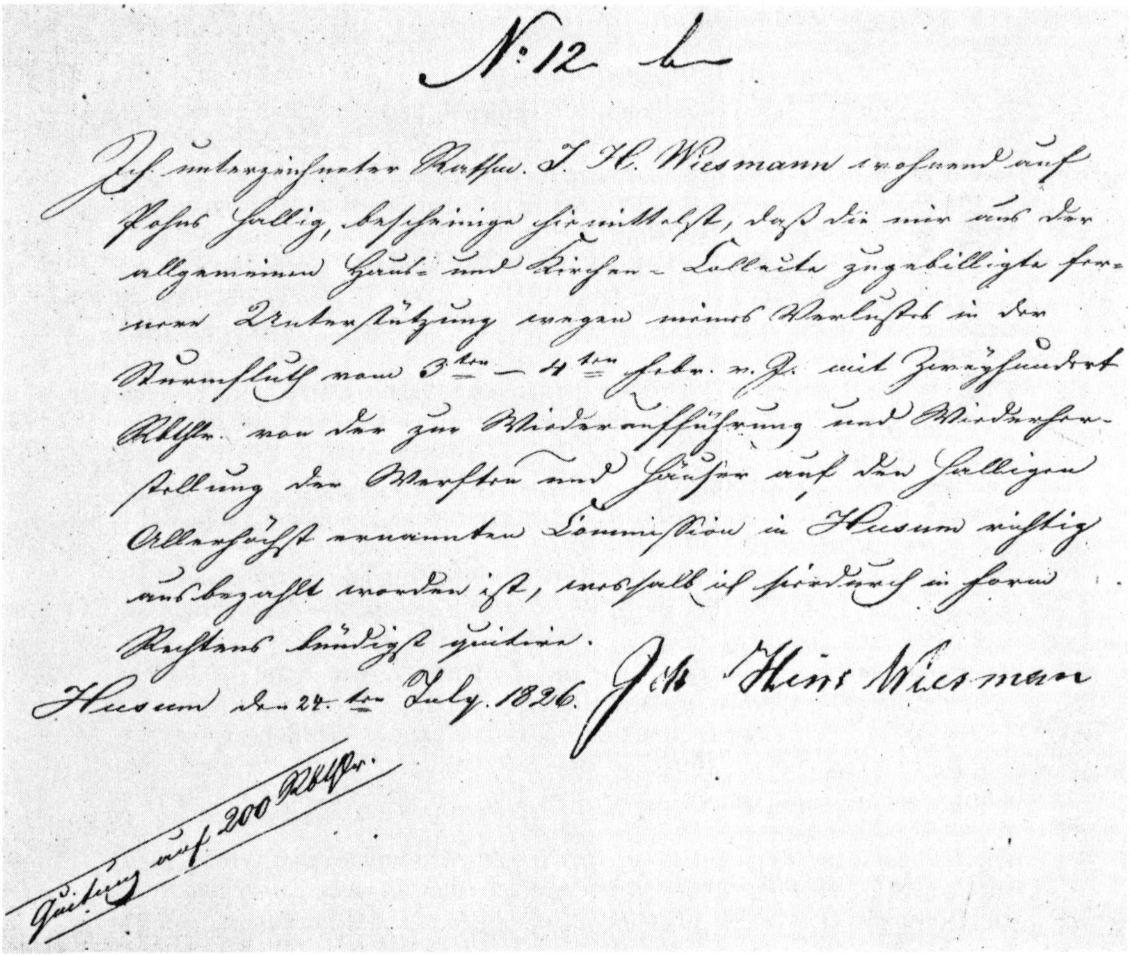

54) Quittung vom Bewohner der Pohnshallig

Anhang

Ich unterzeichneter (Rathm.) J. H. Wiesmann wohnend auf (Pohns) Hallig, bescheinige hiemittelst, daß die mir aus der allgemeinen Haus- und Kirchen-Collecte fernere Unterstützung wegen meines Verlustes in der Sturmfluth vom 3ten – 4ten Febr. v. J. mit zweyhundert (Rbthlr) von der zu Wiederaufführung und Wiederherstellung der Werften und Häuser auf den Halligen Allerhöchst ernannten Commission in Husum richtig ausbezahlt worden ist, weshalb ich hierdurch in form Rechtens bündigst quitire.
Husum den $24.^{ten}$ July 1826 Jost Hinz Wiesman
Quitung auf 200 Rbthlr.

Moderhallig und Harmelfshallig

Wahrscheinlich wuchsen nach der Sturmflut von 1362 nördlich von Nordstrand nahe der Küste die Moderhallig und Harmelfshallig auf alten Festlandssockeln heran. Im 16. Jahrhundert erwähnt Petreus die „Modershallich" und „Melleff Harsens hallich". Zur zweiten schreibt er, „ein Halg dorup man Soltasch brennte."

Kurz nach der Flutkatastrophe von 1634, nämlich 1637, sind auf einer Kartenskizze von Peter Sax die Buchstaben „H.M." für die Harmelfshallig eingetragen und die Moderhallig wird „Insula Moderanum" genannt.

Erst Wittemaks Karte von 1640 gibt ein deutliches Bild der beiden Inselchen. Zwischen dem alten Nordstrand und dem Hattstedter Neuen Koog liegend, zieht sich zwischen beiden das „Botter Gat" (= Buttergatt) hin. Die „Mellefs Halgh" erscheint als größte einer Gruppe von vier Halligen mit zwei Häusern und wohl auch einer Mühle. Die umliegenden heißen *„Dernshalgh"*, *„Jens Haisenshalgh"* (erscheint auch bei Petreus) und *„Statholdershalgh"*, die alle zwischen 1634 und 1687 verschwanden.

„Mellefs Halgh" liegt bei Wittemak 100 Ruten vom Festland mit einer Breite von 180 Ruten, während die „Moderhalgh" 160 × 100 Ruten mißt und ein Haus besitzt.

Bei Johannes Mejer erscheint nur eine der drei genannten Halligen, nämlich die unbenannte *„Dernshalgh"*, nahe der Hermelfshallig. Hier hat die Moderhallig eine Länge von 5/32 Meilen und 1/16 Meilen Breite. Südöstlich liegt eine unbenannte kleine Hallig, wahrscheinlich „Utheregge". Bei Mejer umfaßt die Hermelfshallig 1/4 × 3/16 Meilen mit einem Anwesen.

Auf der Berendschen Karte von 1637, in der Nachzeichnung von Peter Sax, findet sich die „Melff Hers"-Hallig und ein unbenanntes Eiland etwa an der Stelle, wo die Moderhallig zu vermuten ist. Die Druckausgabe der Berendschen Karte zeigt denn auch die „Harme Edelfs hal"(lig) und die „Moeders h"(allig). Inderveldens „Karte des zerstörten Nordstrandes" enthält ebenfalls beide Halligen; die „Herman Edolfs-Hal" hat ein Haus.

„Harre Melfsen Hallig" wird nach der Nordstrander Landrechnung von 1680 als Feste für 4 Rthlr. an Bandix Jacobsen aus Bredstedt vergeben". (K)

Ohne Titel und Datum ist eine Karte, die Müller auf die Zeit vor 1742 datiert (I, 237). Auf ihr trägt die Harmelfshallig den Namen „Jacobshallig". Auch hier trennt sie das Bottergatt von der „Moderhallig".

Auf einer von J. H. Remmers im August 1756 verfertigten Karte sind beide Halligen verschwunden. Dafür liegen in dieser Gegend eine „kleine Hallig", anscheinend ein abgetrennter Teil von Nordstrandischmoor, und eine *„Lange Hallig"*, von der man nie mehr etwas hört.

(Der verdienstvolle Friedrich Müller, dem ich gerade im vorliegenden Kapitel Wesentliches verdanke, hat die Kommentare zu den beiden letztgenannten Karten offenbar verwechselt.)

Um die Mitte des 16. Jahrhunderts plante man bereits, die Moder- und

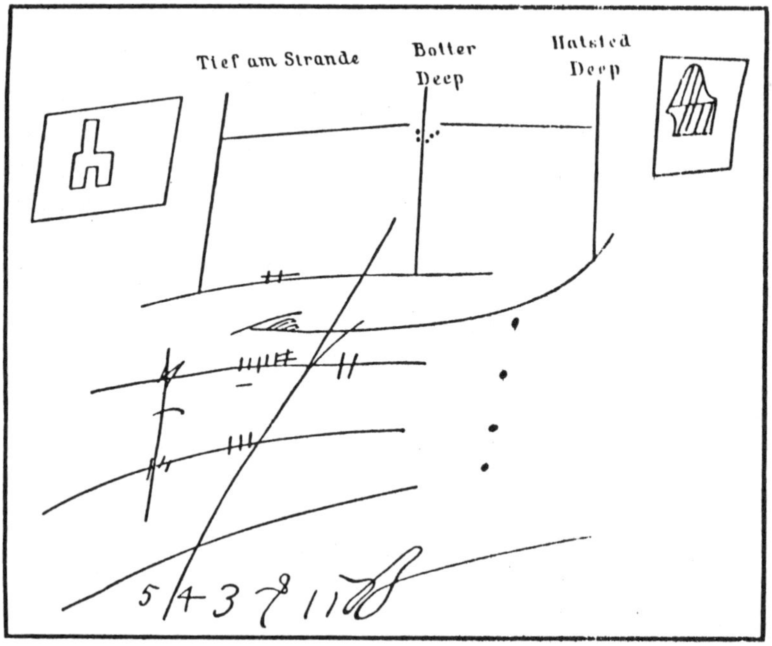

55) Skizze zum Dammlegungsplan Nordstrand-Festland (1553)

Harmelfshallig als Stützpunkte für einen Damm vom Festland nach dem alten Nordstrand zu benutzen. Auf eine diesbezügliche Idee des Schauenburger Herzogs Johann des Älteren aus „Lütken Tundern" reagiert der Gottorfer Herzog Adolf an Weihnachten 1553 positiv. Skizzen entstehen und Kosten werden errechnet. Doch erste Verhandlungen scheinen gescheitert zu sein. (Mü I, 244ff.)

1558 machte man jedoch erneute Anstalten, den Plan in die Tat umzusetzen. Petreus (S.170) berichtet sogar, daß auf Nordstrand dafür gesammelt wurde. Für jeden Demat mußte ein Schilling bezahlt werden, so daß 2125 Mark zusammenkamen.

Eine weitere Besichtigung fand am 2. Mai 1559 statt. Es gab jedoch Streit, und man schob den Leuten vom alten Nordstrand die Schuld zu, obwohl sie noch einmal 2125 Mark gespendet hatten. Der Damm wurde nie gebaut und das Geld nie zurückgezahlt.

Wieder aufgewärmt wird der Dammlegungsplan im Jahre 1615. In einem Bericht des Deichgrafen Rollwagen heißt es: *„Die Untertanen haben dadurch großen Vorteil zu erwarten, nicht nur, daß von den bösen Deichen wie Lonnenberg (Lundenberg), Simonsberg, Ulsbüll und Nordstrand dadurch die Gefahr abgewendet wird, sondern auch große Landanwüchse zu erwarten stehen, wofür sowohl die fürstlichen als die königlichen Untertanen wohl mehr als 30 000 Reichstaler aufbringen würden. Diese Summe würde zum Bau eines genügend breiten und großen Dammes hinreichen." (Mü I, 247)*

Rollwagen fügt noch hinzu, daß der Herzog in fünf bis sechs Jahren mehr Land gewinnen könnte, als ganz Eiderstedt groß wäre. Doch die Verwirklichung der Pläne ließ auf sich warten. Erst am 1. Februar 1619 schreibt Herzog Friedrich, daß der König von Dänemark sich an ihn gewandt habe, „wegen Überdeichung eines Ortes außendeichs von der Hattstedter Marsch bis nach der Melfshallig." (Mü I, 248)

Obwohl Rollwagen sich weiter für den Damm einsetzt, schreitet man immer noch nicht zur Tat, vielleicht wegen der „schweren Unkosten". Auch der Verkauf der im Privatbesitz befindlichen Harmelfshallig findet nicht statt. Die „inß Amt Strand" gehörige Hallig hat zu dieser Zeit „nur Graß" getragen und wurde „offtermalß, auch zu Sommer Zeit, mit dem Saltzen Waßer uberlauft." (Fi. III,2/207)

Höchstwahrscheinlich werden die schweren Sturmfluten ab 1625 bis zur vernichtenden von 1634 den Plan endgültig begraben haben. In einem späteren Bericht des Landschreibers A. Jessen vom April 1687 heißt es, man hätte das Tief zwischen „Hattstedter Hörn und Jacobshallig" nicht abdämmen können, obwohl man „große Schiff hineingesenket" hätte. (Fi III, 2/213)

In einem „Extractus Protocolli" vom 20. 10. 1705 steht: *„Von Harre Melfßen Hallig habe, so lange in officio gewesen, nicht einen Schilling gehoben, und kan nicht erfahren, wer den eigentlich selbige sich anmaßet, es ist aber selbige nur klein, und wird jährlich geringer. Wegen Wehrkambs Hallig ist auch nichts produciret, ob die Leute oder eigener nicht zu Hause, kan nicht wissen, es gibt selbige Hallig jährlich 4 Rthlr. im Register sind auch allemahl richtig abgeführet worden."* (Mü I,249)

Der neu auftauchende Namen *„Wehrkambs Hallig"* wird in einer Relation von 1711 nur als ein anderer Name für die „Melfshallig" gebraucht. Es heißt dort, daß sie dem Bürgermeister Ipsen und B. Bendixen von Gröde gehöre und jährlich an Größe verliere.

Auch der jüngere Heimreich schreibt „Wehrkamms- oder Jacobshallig" (II, 205).

Die Frage, ob es sich dabei um eine oder zwei Halligen handelt, ist aus den vorliegenden Quellen nicht eindeutig zu entnehmen. Vielleicht ist die „Wehrkambs-Hallig" ein abgerissener Teil der Harmelfshallig.

Schröder behauptet in seiner „Topographie" (S.208), daß die Harmelfshallig früher bewohnt war und zu Anfang des 18. Jahrhunderts untergegangen sei. „Es wird dies wohl zwischen 1717 und 1720 der Fall gewesen sein." (Mü I, 249)

Aus einer Handzeichnung, die um 1760 entstand, geht hervor, daß die inzwischen ans Festland angedeichte „Jacobs-Hallig" immer noch eine Warft besessen hat. (Fi III, 2/289)

Lundingland, Südhörn und Südhörnke

Außer der Existenz, der ungefähren Lage und dem Untergangsdatum wüßten wir über Lundingland, Südhörn und Südhörnke nichts, wäre da nicht ein Bericht Friedrich Müllers (I. 243 f.) über einen Bedeichungsplan im 17. Jahrhundert, in den diese drei Halligen einbezogen werden sollten.
Wie so oft werden die Inselchen je nach Quelle unterschiedlich bezeichnet. Petreus nennt sie „Lundinglandt", Sax „Lundigslandia". Die Nachzeichnung der Karte von J. Berends durch Sax zeigt ebenfalls nur „Lundigland". Erst in der Druckausgabe der Berendschen Karte von 1637 ist neben Lundingland eine zweite Hallig auszumachen. Obwohl beide hier keinen Namen tragen, kann es sich dabei nur um Südhörn handeln.
Auf der Wittemakschen Karte „Frisia Minor" von 1640 sind alle drei Halligen namentlich eingetragen: „Lundiglant", „Südhörn" und „Südhörnke".
Sie liegen vor „Ocke-Holm" auf einer Wattinsel. Zwischen Lundingland und dem Festland befindet sich ein Priel. Am Südende von Südhörn ist eine Muschelbank angegeben.
Auf einer davon leicht abweichenden Karte von Johannes Mejer liegen die beiden Halligen auf einer anders gestalteten Wattfläche. Durch einen in die „Schluth" mündenden Priel sind sie geschieden, und zwischen Lundingland und der Küste verläuft ein weiterer Priel, der nordwestwärts dem Wattstrom Bottschloth entgegenläuft. Die Entfernung Küste–Lundingland beträgt ⅛ Meile.
Nördlich von ihr ist die untergegangene Kirche „Occoholm" eingezeichnet. Südlich von Südhörn findet sich das versunkene Gotteshaus „Beltum", das der Beltringharde den Namen gegeben haben soll.
Lundingland trägt ein Haus und erstreckt sich von Nordwesten nach Südosten in 3/16 Meilen Länge und ungefähr 3/32 Meilen größter Breite. Die Maße von Südhörn betragen 1/16 und 30 Ruten.
Auf einer anderen Mejerschen Karte, der „Delineatio Praefecturae Husanae Insulae Nortstrandiae. . ." von 1644 weichen die Halligen sowohl im Namen als auch in der Gestalt ab: „Lundinglandt" heißt hier „Langelandt". (Mü I, 222 f.)
Zurück zur Wittemakschen Karte, deren punktierte Linien zeigen, daß man die beiden Halligen in einen Bedeichungsplan einbeziehen wollte, der sich von „Occe-Holm" bis „Uphusum" erstrecken sollte. Der Plan griff dabei in die von der „Mellefs halgh" aus geplante Deichlinie ein. Bei Ablesung der Maße ergibt sich, daß Lundingland 220 Ruten von der Deichecke bei „Occe-Holm" entfernt lag und der Zwischenraum zwischen beiden Halligen 70 Ruten betrug.
Lundingland wies 380 Ruten Länge und 70 Ruten Breite auf. Es besaß ein Gebäude, „darop kein wohnunge sind". (Petreus)
„Bei Südhörnke betrugen diese Maße 160 R. bzw. 60 R. Südhörnke scheint die abgerissene Südostspitze von Südhörn gewesen zu sein, da es auf den älteren Karten nicht besonders genannt wird." (Mü I, 243)
Als im Jahre 1711 die Kommissare Clasen und Sibbers die Halligen besuchten,

berichteten sie in ihrer „Relation“, daß zwischen Habel, Lundingland und Südhörn eine Tiefe wäre, die eine Dammverbindung vorläufig untersage. Vorher müßte eine Anflächung des Ufers durch Dückeldämme versucht werden.

Laut Eckermann wurde nach 1711 eine Lahnung von Ockholm über „Lündinger Lund“ nach Südhörn geschlagen, die jedoch nicht lange unterhalten wurde. Man verzichtete auf die geplante Eindeichung und begnügte sich mit der Gewinnung des südlichen Teils des Vorlandes. (Mü I, 244)

Auf einer Karte von vor 1742 (Mü I, 237) erstreckt sich der Name von „Lunding Land“ auch auf „Südhörn“, während auf J. H. Remmers Karte vom 25. 8. 1756 beide restlos verschwunden sind.

Hansen erwähnt in seinen „Staatsbeschreibungen“ von 1758 und 1770 die genannten Halligen nicht. Auch sonstige aktenmäßige Angaben fehlen. Im Dezember 1748 machte eine Sturmflut-Serie den Halligbewohnern zu schaffen. Es heißt, daß „alle Halligen während 31 Flutzeiten jedesmal überschwemmt wurden“. (Mü I, 259)

Man kann annehmen, daß in diesem Jahr oder bei der Sturmflut am 11. September 1751 – evtl. ihre letzten Landreste wohl erst nach 1756 – die Halligen Lundingland, Südhörn und Südhörnke untergingen.

56) Stock mit Warft im Hintergrund

Hingesteness

Im „Catalogus vetustus“ taucht Hingesteness als in der 1362er Sturmflut untergegangenes Kirchspiel auf. Ebenso in der Liste des Bischofs Brun, wo es „Himpfenisse“ genannt wird. Nach Heimreich (II, 189 + 248) wurde „was davon übriggeblieben ist“ daraufhin der Kirche auf Oland zugewiesen.
In einer „Relation“ der herzoglichen Kommissare Clasen und Sibbers vom 4. 8. 1711 wird berichtet, „daß zwischen den beiden etwa 3 – bis 400 Ruten voneinander entfernten Halligen Oland und Hingesteness kein Tief vorhanden sei, so daß man bei Ebbe zu Fuß hinübergelangen könne“. Durch Bau eines Dückeldammes könnten die Halligen miteinander landfest gemacht werden. (Mü II, 119)
„Die älteste Steuerliste Nordfrieslands“ hat Ulf Timmermann herausgegeben und auf das Jahr 1436 datiert. Darin sind unter dem Namen „Henxtenesse“ fünf Steuerpflichtige aufgeführt. Dem „Jeppe Tomasson“ wurde gegen Bürgschaft seine Schuld gestundet. Die Verpflichtungen der anderen beliefen sich auf folgende Beträge: Reddeleff Luddemerss: 5 Mark, Benne Boiekenss: 4 Mark, Merten Boiekenss: 3 Mark, Peter Bennens: 1 Pfund Sterling und Yde Addens: 8 ß Lubsch. (Ti, 40)
Hingesteness muß also zur damaligen Zeit eine verhältnismäßig große und bedeutende Hallig gewesen sein.
Reimer Hansen (JP, 3) schreibt, daß sie nach alten Katalogen „thatsächlich Kirchen oder Kapellen gehabt, diese scheinen sich nach der Flut von 1362 aber noch längere Zeit gehalten zu haben . . .“
Nach Petreus (JP, 109) hatte „Hingstnees“ ein Haus. Über den damaligen Landverlust berichtet Wirick Ipksen am 9. Oktober 1598, wonach an der Hallig „Hingstenißе“. . . „nichts verbessert, besondern von Jahren zu Jahren abgeschlagen und verringert worden und dem Herzog jährlich die Gebühr davon erlegt wird“. (Mü I, 249)
Boetius weist 1623 auf das Kirchdorf „Hingstneß“ hin, das noch existieren würde, aber nicht mit einer Kirche ausgestattet sei. (Bo, 62) Dies war schon um 1560 – nach Petreus – der Fall. Die Bewohner besuchten auf Oland den Gottesdienst.
In seiner „Descriptio Insulae Nordstrandiae“ von 1637 zählt Peter Sax „Hingstneß“ als Teil der „Belting-Harde“ auf. In der von A. Panten herausgegebenen Ausgabe findet sich die Hallig auf den Saxschen Kartenskizzen III, VI und XXXI.
Nach Müllers Beschreibung der Wittemakschen Karte von 1640 (Mü I, 249) „liegt der westliche bis 175 Ruten breite Teil von Hingstenes auf einer durch zwei Abzweigungen des von dem größeren Priel de Sloot entsandten Seitenpriels begrenzten Wattfläche. Das schmalere bis 60 Ruten breite Ostende der Hallig reicht in eine ausgedehntere Wattfläche hinein. In der Länge mißt das zwei Häuser tragende Eiland 340 Ruten“.
Gemäß einer anderen Karte „weicht die Gestalt der nur ein Haus besitzenden

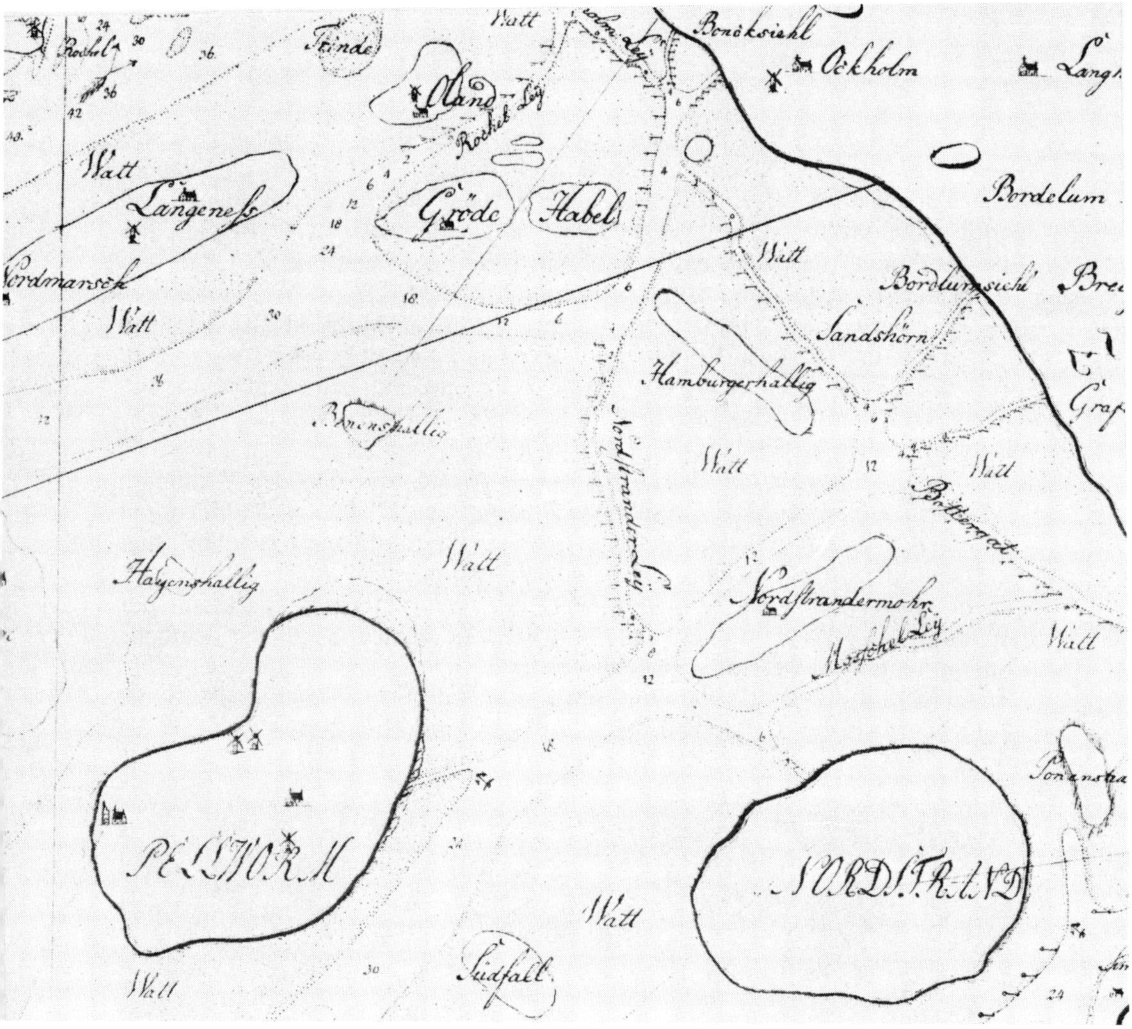

57) J. M. Smidt: „Neue Seekarte der Westküste“, 1801

⅛ Meile langen, bis 1/16 Meile breiten Wattfläche von dem vorbeschriebenen Bilde ab:
„Sie liegt hier mit Appellandt zusammen zwischen zwei Prielen. Weiter östlich ist die untergegangene Kirche Hingstnes eingezeichnet.“ (Mü I, 249 f.)
Auf der Karte von Johannes Mejer (1651) erscheint Hingsteness zwischen „Olandt“ und „Appelande“ liegend. Die Hallig ist kleiner als Appelland und besitzt noch immer ein Haus.
Mit Sicherheit falsch ist die Angabe, die Sach (S. 181) macht, daß nämlich „Hingstenesse. . . 1652 verschwunden“ sei. Dies wird schon durch den Bericht von Clasen und Sibbers aus dem Jahre 1711 widerlegt. Seit 1680 war Hingsteness allerdings nicht mehr verfestet (= verpachtet).

Wie Müller (I, 250) berichtet, habe Geerz bezweifelt, daß die Hallig „Hingsteneß" hieß. Pastor Thomälen, dessen Bild übrigens noch heute im Oländer Gemeindehaus hängt, teilte diesem jedoch mit, daß die Hallig Hingsteneß „dort noch sehr wohl bekannt sei, wenn sie auch schon vor Beginn des 19. Jahrhunderts verschwunden sei". Ein 84jähriger habe erzählt, „daß sein Vater in der Jugend von dort noch Heu geholt habe".

„Nach einer anderen Mitteilung will ein 70jähriger Mann als Knabe noch Spuren dieser Hallig wie Brunnen u. a. gesehen haben. Heutigen Tages sollen dort auch noch bei tiefer Ebbe einige Feldsteine auf dem Schlick liegend beobachtet werden können, und zwar in der Richtung Gröder Kirche – Deezbüll." (Mü I, 250)

Fischer und Bantelmann (Alt, 101) weisen darauf hin, daß der Wattstrom Schlütt, der zwischen dem Ostteil von Langeneß und Oland auf der einen und Gröde–Appelland auf der anderen Seite in nordöstlicher Richtung zum Festland verläuft, die Hallig „Hingsteneß" zerstörte.

„Seine Reste fielen im 19. Jahrhundert der See zum Opfer", schreibt der Wattenarchäologe A. Bantelmann (B I, 82), der südlich der Hallig deutliche Spuren umfangreicheren Salztorfabbaues fand.

Wann genau die Hallig verschwand, wissen wir nicht. Heute verläuft die Fahrrinne zwischen Gröde und Oland dort, wo einst Hingsteness lag.

58) Grabsteine auf Hooge

Oselichs- oder Hainshallig

Von den restlos im Meer untergegangenen Halligen gibt es – außer wenigen Schriftstücken – kein greifbares Zeugnis mehr; mit vielleicht einer Ausnahme: An der östlichen Kirchenmauer der Hooger Kirche stehen zwei helle Grabsteine. Sie gehören nicht mehr zum eigentlichen Friedhof. Durch die Pforte des Pastoratsgartens gelangte ich zu einem teils lesbaren, teils unleserlichen Stein. Der größere der beiden ist von einem winzigen Reetdach überschirmt. Seine Inschrift lautet, soweit ich sie entziffern konnte:

„Anno 16 . . . den is der ehrachtbahr und wollvornehmer Man Haye Brodersen sallig in Godt dem Herren entschlafen seines Alters . . . Jahr. Der Seelen Godt gnedich sey.

Anno 1678 den 24. Juni ist dessen hertzliebe Hausehre die ehr und viel tugendreiche Fraw Eicke Hayens sehlich in Godt dem Herren entschlafen ihres Alters im 38. Jahr. Ter Selen Godt gnedich sey.

Anno 16. . . den . . . ist dessen hertzliebe Hausehre die ehr und viel tugendreiche Fraw . . . sehlich in Godt dem Herren entschlaffen ihres Alters im . . . Jahr. Der Selen Godt gnedich sey.

Dieser hat im Ehestand gelebet mit seine Frauen Eicke 10 Jahre und 46 Wochen und haben sie 3 Söhne und 3 Töchtern miteinander gezeuget . . . Tade und Peter Haisen . . .

59) Grabstein auf Hooge

G. Schirrmacher vermutet, daß es sich um den letzten Bewohner der Hainshallig handelt. Dafür spräche der Umstand, „daß nur ein Todesfall darauf verzeichnet ist, während der für eine solche Aufzeichnung freigelassene Raum für die anderen Familienmitglieder unausgefüllt geblieben ist. Das wäre bei einer auf Hooge ansässig gewesenen Familie kaum zu erklären." (S. 91 f.)
Diese Begründung kann nicht als Beweis dafür dienen, daß der Grabstein etwas mit der Oselichs- oder Hainshallig zu tun hat – zumal wahrscheinlich zwei Todesfälle eingemeißelt sind. Ein Gegenbeweis kann allerdings auch nicht geliefert werden. Festhalten muß man folgendes: 1. Nach der Quellenlage ist es wahrscheinlich, daß die Hallig auch nach 1678 noch bewohnt war (vgl. E. C. Kruse in diesem Kapitel). 2. Verfestet war die Hallig 1706 an Broder Haysen, der 1745 noch lebte (vgl. ebenfalls dieses Kapitel).
Rechts neben dem beschriebenen Grabstein steht noch das Bruchstück des zweiten aus demselben Material und mit gleicher Beschriftungsart. Zwischen völlig vereinzelten Wörtern und Wortteilen lassen sich zwei Jahreszahlen entziffern: 1630 und 1671 oder „1631". Dazu der Name „Bandicks".*
Am 21. Juli 1586 taucht der Name der „Oselieks Hallige" erstmalig auf einer Kennung auf, einem Schriftstück, aus dem hervorgeht, daß es sich bei ihr um eine Vorlandhallig handelt. Die Urkunde teilt mit, daß von der Hallig Spätland für Deicharbeiten entnommen wurde. Auch taucht darin die Idee einer Überdämmung des Tiefs zwischen Hooge und Nordstrand auf, was der Berichterstatter aber für unmöglich hält. (Mü I, 250 f.)
Petreus schreibt (S. 109): „ . . .effen Westerwoldt licht Oßlichshallig wert nicht bewahnet, sondern beettet." Auf Hochdeutsch: „Die neben Westerwoldt gelegene Hallig wird nicht bewohnt, sondern nur zur Gräsung benutzt." Auf seiner Karte findet sich die Hallig jedoch nicht.
Das nächste Dokument, in dem die Oselichshallig erscheint, stammt aus der Zeit nach der Sturmflut von 1634. Peter Sax hat eine Skizze von 1637 hinterlassen, auf der geschrieben steht: „Wirichs – oder Widerichs-Harde – hatt verlohren Oßlichs-Hallige . . ." (S. 149 Tafel VI)
Müller (I, 251) bemerkt, daß nach der Saxschen Skizze die Oselich-Hallig „in dem drei Häuser tragenden unbenannten Vorlande gesucht werden" müßte, „das auf der Strecke von Westerwoldt bis Amhorsen Carspel dem Deiche vorgelagert erscheint". Auch Geerz hat auf seiner Karte dieses Vorland „Oselichs Hallig" genannt.
Müller meint allerdings, daß diese Lage falsch ist, da von hier aus die erwähnte 1586 geplante Dammlegung unverständlich sei. Er vermutet die Hallig auf dem nördlich von Balum gelegenen Vorland auf dem Pawensand. (Mü I, 251)
Dieses wird auf der Karte von Indervelden vom Jahre 1659 „de Wis" genannt.

* Nach brieflicher Mitteilung des Pastors Speck (ehemaliger Pastor von Hooge) vom 15.5.1990, „fehlt bei Haye Brodersen, dem Setzer des Steines, das Todesdatum, obgleich der Platz vorgesehen ist. Bei allen anderen, die nicht lesbaren unten sind 2 Töchter, ist das Todesdatum da. ... Der andere Stein aus anderem Material und anderem Schriftstil gehört Bandik Hansen, dem Besitzer des „Königspesels". Mit einer dänischen Schulgruppe und dem Hooger Totenbuch haben wir es gefunden. Das Bruchstück gehört nach ganz unten."

Vier Gebäude sind erkennbar. „Jedenfalls hatte sich vor 1659 bereits die Umwandlung der Vorland-Hallig in eine Inselhallig durch die andauernde zerstörende Wirkung der Fluten vollzogen, die . . . in den Interessenkreis der nicht zu fern gelegenen und in den Wattströmen gute Verbindung besitzenden Hallig Hooge überging.“ (Mü I, 252)

Schon vier Jahre nach der 1634er Sturmflut hatte der Staller von Bestenbastell einen Bericht über die Oselich-Hallig erstattet. (Mü I, 252) Der Seedeich bei der Hallig war demnach vorher auch ein Festedeich. 1634 ertranken die Bewohner. Den Anwachs durften arme, am Deich wohnende Leute unentgeltlich nutzen, – dies in einer Epoche angeblichen „allgemeinen Wohlstandes“ durch den Walfang.

Nachdem die Hallig aber nun doch verfestet werden sollte, entflammte bald ein Streit. Herzog Friedrich III. verfügte am 18. 9. 1638, daß der Bewerber E. Hansen aus Eesbüll eine Vermessung der Hallig auf eigene Kosten durchführen solle.

1641 bat jedoch P. Hansen, ein Überlebender der Sturmflut von 1634, den Herzog, dem fremden E. Hansen die Feste wieder zu entziehen. Dafür solle sie der Bruder seiner Frau, P. Tedtsens Sohn, erhalten, der fast alles in der Sturmflut verloren hatte. P. Hansen behauptet noch, daß E. Hansen zusammen mit seinem Schwager sich den größten Teil der Hallig „angemaßt“ hätte.

Nachdem er den Festebrief bekommen hatte, wollte er den bisherigen Mitbenutzer nicht weiter zulassen, worüber beide in schärfste Feindschaft gerieten. (Mü I, 252)

Der Herzog hob die „ersterteilte Feste über die Oßlichs Hallge, groß ungefähr ‚60 Scher‘ samt etzlichen Pott Landes (Spettland) und einem Stück Deiches“ tatsächlich auf und verfestete sie am 14. 9. 1641 dem H. Petersen. (Mü I, 252)

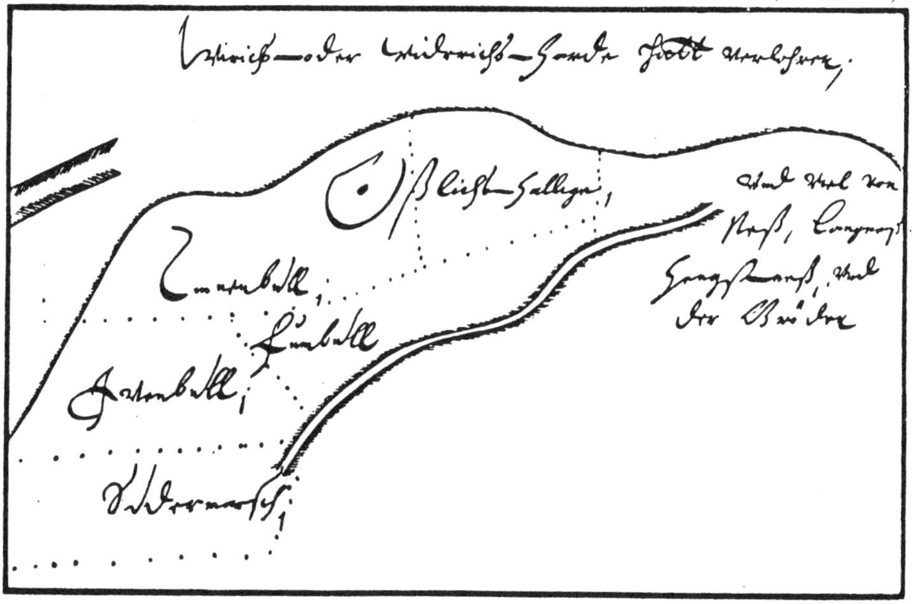

60) Die Oselichs Hallig nach P. Sax (1637)

Vier Jahre später richtet Hanß Petersen eine Eingabe an den „Dürchleuchtigen Hochgeborene(n) Fürst“, in der er darum bittet, sich Wasser von einer unbewohnten Warft nehmen zu dürfen, die einem gewissen Tade Melffsen gehört. (Dieses Dokument ist im Anhang I dieses Kapitels abgedruckt.)
Als sein Vater, Hanß Petersen, gestorben war, bittet der Sohn, Bandix Hanßen, den Festebrief über die „Oseligs Hallige“ für ihn als Erben zu bestätigen. (Dieses Dokument ist im Anhang II dieses Kapitels abgedruckt.)
Die Bestätigung ist offenbar erfolgt, denn Bandix Hansen von Hooge ist, allerdings gemeinsam mit Junge Hans Petersen, gemäß der Landrechnung „Besitzer“ bzw. Pächter der Hallig. Sie zahlen 2 Reichstaler Festegeld.
Bis zum 18. Jahrhundert bleibt es still um die Hallig. Erst ein „Extraxtus Protocolli“ von 1705 berichtet: „Die Veste von Oseligs-Hallig hat der Possessor nicht produzieren können, weilen selbige bei den Acten in Schleswig vorhanden.“
„In dem Nordstrander Haupt- und Geldregister von 1711 ist die Einnahme von der Oselichs Hallig von J. Jens Petersen und Bandich Paysen auf Hooge mit 2 Talern verzeichnet. Auch 1761 war die Oselichs Hallig auf der Hooge noch verfestet.“ (Mü I, 252)
Die „Oselichs Erbhallig auf der Hooge“ war, nach dem Festeregister vom 5. 7. 1745, „ungefähr 60 Scherr (= Notgras) groß, nebst einem Stück Deich und etliches Spätland. Zum letzten Mal gefestet von Broder Haysen den 19. Sept. . . 1706 (lebt noch).“
Festegeld und Rekognitionskosten betrugen zusammen 8 Reichstaler. (Mü I, 42)
Im Kirchen-Inventarium von Hooge steht unter dem 1. 11. 1763, daß die unbewohnte eingepfarrte „Hayenshallig“ an das Pastorat 3 Mark zu zahlen habe. (Mü I, 253)
E. C. Kruse, der Hooger Chronist, schreibt im 2. Band des Jahrganges 1794 der „Schleswig-Holsteinischen Provinzialberichte“: *„Nahe bei Hoge auf der Ostseite, liegt eine ganz kleine Hallig. Heinshallig genant, die einem Manne auf Hoge als Erbpacht gehört. Diese hing wahrscheinlich in ältesten Zeiten mit Hoge zusammen und war wohl mit ihr in einem Deichbande begriffen; denn man sieht daselbst noch Spuren von einem ehemaligen Deiche. Vor nicht vielen Jahren wohnte noch eine Familie darauf. Allein jetzt ist das Haus niedergerissen und die Hallig wird nunmehr blos zur Heugewinnung gebraucht.“*
Müller berichtigt Kruse, indem er klarstellt, daß der Deichrest nur vom Nordstrander Deich stammen konnte. (Mü I, 253)
„Seit dem Jahre 1805 geht der Name Oeseligs Hallig in Heins oder Hains Hallig über“, behauptet Müller (I, 253) etwas ungenau. In einem Bericht der Pellwormer Landschreiberei vom 28. November 1809 heißt es, daß die Hallig bis 1805 „ein zur Hallig Hooge gehöriges Erbpachtstück gewesen“ sei und zwar „unter der Benennung der Oeselichs-Erbhallig“. Seit dem Tode des letzten Erbpächters Hey Brodersen hätte sich für diesen kein Nachfolger gefunden. Deshalb sei sie als „Königliches Zeitpachtstück jährlich untergebracht worden“. Wenn man hieraus schließen wollte, der Name Heinshallig sei aus dem

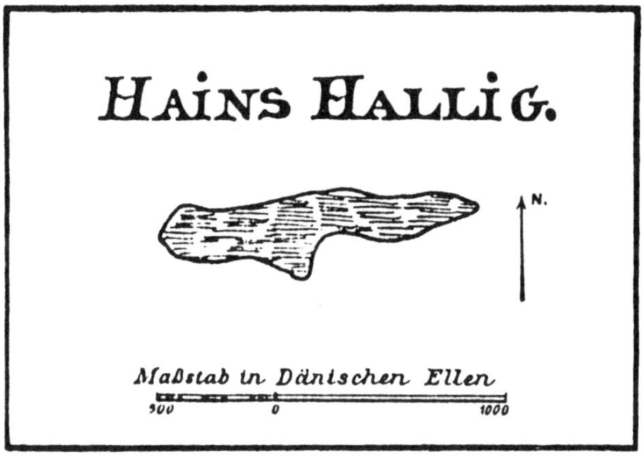

61) Die Hains Hallig
im Jahre 1804

Vornamen „Hey“ entstanden, so bleibt das eine Vermutung. Lass berichtet aus dem 18. Jahrhundert, daß die Hallig nach Hooge eingepfarrt sei. Außerdem wird auf Hooge selbst schon, im erwähnten Kirchen-Inventarium, von der „Hayenshallig“ gesprochen.

1804 wurde Hooge, einschließlich der „Heinshallig“, von dem Landmesser J. Carstens im Auftrag der „Königlich Dänischen Gesellschaft der Wissenschaften“ vermessen und kartiert. Darauf basiert Carstens Erdbuch vom 31. Mai 1805, das die Heinshallig mit 14 Demat, 2 Saat und 8 Ruten einschließt. Hooge umfaßt 1734 Demat, 1 Saat und 22 Fuß.

Nach diesem Erdbuch besitzt die Heinshallig keine „Bauplätze und Höfe“, ebensowenig einen „Fehding oder Wasserbehälter“ und auch keine „Kuh- und Schaf-Gräsung“. Die Meedelandfläche beträgt 11 Demat, 2 Saat, 32 Ruten und 7 Fuß. Die „unnutzbare“ Fläche, also Sikken, Schlote u. a. beläuft sich auf 2 Demat, 5 Saat, 11 Ruten und 3 Fuß. (Schl.-Holst. LA Abt. 163 Nr. 812)

Die Pellwormer Landschreiberei gibt die Größe der „Hayns-Hallig“ am 20. 7. 1812 mit 12 Demat an. Demnach betrug der Wert des Landbesitzes 150 Reichstaler, was einer Abgabe von 24 Schilling entspricht.

In einem Rentenkammerschreiben vom 10. 7. 1819 wurde die „Hains- oder Oeseligs Hallig“ an Arfast Petersen auf drei Jahre „genehmigt“. Eindeutig werden hier beide Namen für die selbe Hallig benutzt.

Nachdem im Winter 1821 die Hallig „fast gänzlich verwüstet“ wurde, ließ sie die Rentenkammer mit einem Schreiben vom 7. September 1822 auf der Landrechnung in Abgang bringen.

Das Jahr des völligen Untergangs soll, nach Pastor J. Lenberg auf Hooge, 1835 oder 1836 stattgefunden haben. In einem Rentenkammerbescheid vom 29. 2. 1848 ist bereits von der „untergegangenen Hayns- oder Oselig Hallig“ die Rede. Deshalb irrt die Schrödersche Topographie von 1854, wenn sie die Hallig als noch existierend angibt.

Durch die „Fortspülung der Hainshallig“ – so ein dänisches Aktenstück – soll Hooge viel verloren haben. (Mü I, 254)

Im Juni 1861 berichtet Deichkondukteur Bruun, daß die ehemalige Heinshallig zu einer Sandbank geworden sei. (Mü II, 288) Nach einer Mitteilung von Pastor Thomälen an Geerz führte das Watt östlich von Hooge den Namen „Heinssand“. (Mü I, 255)
Pastor Thomälen lebte vom 15. 4. 1819 bis 4. 1. 1887 und war als aufmerksamer Beobachter der Halligwelt von 1869 bis zu seinem Tode auf Oland im Dienste der Kirche.
Während der „Heinssand“ später „Sandshörn“ genannt wurde, ging ein „Wattenpriel mit Namen Hainshalligs Ley quer durch den Priel Sandshörn“. (Mü I, 255) Dies las F. Müller von einer Karte im ehemaligen Schulhaus von Hooge ab.
Der Sylter Chronist C. P. Hansen bemerkt eigenartigerweise, daß es sich bei der Hains- und der Oeselichshallig um zwei verschiedene Halligen handelt. Während er glaubt, daß die Hainshallig „nach der einzigen Familie, welche dieselbe bewohnte, nämlich die des Haie Ocken“ benannt sei, siedelt er die Oselichshallig nördlich davon an. (Watt 83 und 86)
Sollte C. P. Hansen tatsächlich Recht haben, meint F. Karff (K), so könnte das Vorland bei Westerwoldt bis Balum „insgesamt den Namen Oselichs-Hallig“ getragen haben, woraus „im Laufe der Zeit zwei Halligen“ entstanden.
Auf alle Fälle gibt die Aufspaltung C. P. Hansen die Möglichkeit in seinem „Das Schleswig'sche Wattenmeer“ zwei Sagen zu erzählen, die er allerdings wieder miteinander verschränkt. Sie sollen hier, von mir leicht gekürzt und bearbeitet, wiedergegeben werden:

Die Sage von der Hainshallig

Haie Ocken, der sich nach der großen Flut der Seefahrt widmete, blieb jedoch bald auf See verschollen. Er ließ eine Witwe mit zwei Kindern zurück; ein Junge mit Namen Ocke und ein jüngeres Mädchen namens Elke. Die Mutter mußte die Familie fortan kümmerlich durch Fisch- und Krabbenfang ernähren. Wenige Schafe trugen durch ihr Fleisch und ihre Wolle zum Lebensunterhalt bei. Durch eine unerwartete sommerliche Sturmflut drohte ihr Heu ein Opfer der Wellen zu werden. Mit dem Mut der Verzweiflung versuchte sie es auf den höchsten Punkt der Hallig zu schaffen. Mit Erfolg. Doch erschrocken erblickte sie die Schafe, die bereits mit gesenktem Kopf im Wasser standen. Tatsächlich gelang es ihr, die widerstrebenden Tiere nach dem Heuhaufen zu führen. Doch die Flut stieg höher und höher. „Ringsum war bereits alles überschwemmt, eine große Wasserwüste, aus welcher nur sie mit ihren Schafen, auf dem Heudiemen stehend, ihre Hütte auf dem Warf und die entfernteren Hallighütten auf Hooge und Nordmarsch wie die Trümmer einer untergegangenen Welt hervorragten.“ Kein Weg mehr führte zur Hütte, wo sie, voller Angst, ihre Kinder wußte. Zusammengekauert und vollkommen durchnäßt mußte sie noch sechs Stunden auf dem Heuhaufen ausharren, ehe das Wasser endlich zurückging.

Als die Kinder heranwuchsen, unterrichtete die Witwe sie in allem, wozu sie fähig war. An einem späten Herbstabend tobte der Sturm einmal mehr aus Nordwest, daß die Balken des Hauses krachten. Regentropfen prasselten gegen das Küchenfenster und der Wind heulte durch die Fugen des schwachen Gebäudes. Die Frau setzte sich an die Arbeit und versuchte die Kinder durch die Sage von der Oselichs-Hallig zu zerstreuen und zu beruhigen.

Die Sage von der Oselichshallig

Die Oselichshallig, erzählte sie, soll vor vielen hundert Jahren von einer Witwe und ihrer einzigen Tochter Ose bewohnt gewesen sein. Ose war wohl sehr schön, aber auch sehr eitel. Sie wies die zahlreichen Freier aus der Umgebung ab, die sie abends besuchten. Doch der mutige „Seefahrer Owe von Bothflinth auf der Gröde" gefiel ihr. Als sie ihm schließlich die Ehe versprach, mußte der Bräutigam noch eine Seereise machen. Im Herbst wollte er zurückkehren, um ihre Hochzeit zu feiern. Als sie Zweifel äußerte, schwor er: „Keine Macht der Welt soll mich hindern. Wenn ich auch sterben müßte, so will ich doch wiederkommen und dich abholen."

Der Herbst rückte heran, doch von dem Bräutigam fehlte jede Nachricht. Da sprach eines Tages die Mutter: „Diese Nacht habe ich ihn gesehen. Er klopfte an mein Kammerfenster und fuhr wie ein Schatten daran vorbei. Nachher hörte ich ihn deutlich seufzen und es fiel ein heller Lichtschein in die Stube. Gewiß ist er ertrunken und kommt als Gonger, um uns seinen Tod mitzuteilen." Doch Ose wollte von alldem nichts wissen.

In der Nacht vor der geplanten Hochzeit hatte auch Ose eine Erscheinung. Eine kalte nasse Hand fuhr ihr übers Gesicht und streichelte sie. Auf dem Boden entdeckte sie feuchte Stellen. Nun schwanden auch Ose alle Hoffnungen. Sie setzte sich ans Ufer und weinte voller Trauer und Sehnsucht.

„Wäre ich doch bei ihm", dachte sie. Da rauschte das Wasser auf, ein Boot landete und ein junger Mann näherte sich. Freudig erschreckt erkannte sie im Mondlicht ihren Bräutigam. „Oh, Owe – kommst Du doch zur Hochzeit!" – „Jawohl, ich komme mein Wort einzulösen, geliebte Ose. Ich werde Dich ins Brautbett und in ein Land führen, wo kein Verhängnis uns wieder trennen wird."

Als Ose ihn bewegen wollte, das vorbereitete Brautbett auf der Hallig zu nehmen, widersprach Owe: „Nein, fort von hier! Ich habe keinen Frieden mehr hier." Er zog sie ins wartende Boot und sagte: „Unser Weg ist lang und ich muß meinen Schwur bis Mitternacht einlösen."

Bald entschwand die Hallig ihren Blicken. Ose drückte sich an die kalte Brust ihres Geliebten. Er erzählte ihr von seinem paradiesisch geschmückten Haus und daß er sie sanft wie Pflaum betten würde. „Durch meine gläsernen Wände schimmert das immer grüne Laub meines Gartens und auf der Diele meiner

Wohnung spielen in tausendfältigem Wechsel die Farben des Regenbogens. Oh, glaub mir, da herrscht stille Freude und ewiger Friede." – „Sind wir bald dort?" fragte die Braut. – „Nur Geduld, hörst Du nicht ein fernes Geräusch? Es ist das knarrende Tor zum Schlosse."
Unaufhaltsam näherten sie sich dem Getöse. Die Wellen schaukelten das Boot immer wilder, bis ein Strudel das Gefährt ergriff. Aus der Tiefe klang das Sterbelied der Meerjungfern. Der Bräutigam reichte seiner zitternden Braut die naßkalte Hand und rief: „Hier ist unser Ziel!" Und so versanken sie im Abgrund des Meeres.
Während Haie Ockens Witwe erzählt hatte, warf die See immer höhere Brecher auf die Hütte. An der Nordseite polterte und krachte es furchterregend. Als sie aus dem Küchenfenster lugte, gewahrte sie ein seltsames Ungetüm auf dem Wasser. Im Näherkommen entpuppte es sich als ein verirrtes Schiff, das über die Hallig hinweg bis ans Haus gesegelt war. Ein losgerissenes Tau zerschlug das Küchenfenster und die Seeleute fluchten: „Warum setzt Ihr nicht eine Lampe ins Fenster, daß man Eure Herberge auch bei finsterer Nacht sehen kann?"
Dem Schiff gelang es, wieder abzudrehen, doch die Besitzerin der Hallig pflegte von da an in stürmischen, dunklen Nächten eine Lampe ins Küchenfenster zu stellen.
Ungefähr ein Jahrzehnt später fing der 16jährige Ocke, zusammen mit seiner Mutter, eine ungewöhnliche Menge Krabben. Im Eifer des erfolgreichen Fischzuges entfernten sich beide immer weiter von ihrem Heim. Blitz und Donner ermahnten sie, schleunigst zurückzukehren. Doch es war zu spät: Die Flut versperrte ihnen den Weg.
Der kräftige und mutige Junge nahm seine Mutter auf den Rücken und schwamm der Hallig entgegen. Als seine Kraft unwiderruflich zu erlahmen schien, fühlte sie einen Stein unter ihren Füßen. Mit fast übermenschlicher Kraft hielt sie nun ihren Sohn über Wasser und sich am Stein fest. Als sich das Unwetter wieder verzog, waren beide gerettet.
Wiederum zehn Jahre später mußte die nun erwachsene Tochter allmählich mehr und mehr die Pflichten der altersschwachen Mutter übernehmen. Der Bruder fuhr derweil zur See. Einem Hooger Schiffer, der sie gelegentlich mit Mehl, Öl, Salz und Seife versorgte, gab sie eines Tages einen Brief an ihren Bruder mit. Er möge doch bald zurückkommen, wenn er die Mutter noch einmal lebend sehen wolle.
Das Schreiben erreichte wirklich den Bruder, der sich sogleich zur Heimathallig aufmachte. Er traf noch zur rechten Zeit ein. Nach wenigen Tagen starb die Mutter und wurde zum Hooger Kirchhof überführt.
Einige Wochen später mußte Ocke wieder nach Amsterdam. Seiner Schwester versprach er, sobald wie möglich endgültig zu ihr zurückzukehren. Sie sollte nur, wie einst die Mutter, regelmäßig nachts eine Lampe ans Fenster stellen.
Jahre vergingen; Elke wurde älter und die Hallig immer kleiner. Ab und zu bekam sie Nachricht von ihrem Bruder, der ihr nützliche und angenehme Dinge schicken ließ. Einmal mehr vergingen zehn lange Jahre. Ocke Haien wurde ein angesehener Kapitän auf einem holländischen Schiff, das ihn fast ununterbro-

chen auf Fahrt nach Ostindien hielt. Die einsame sehnsüchtige Elke schickte ihrem Bruder ein Gedicht, das mit den Worten begann und endete: „Ferjeth me ei!“ (= Vergiß mich nicht!)
Nach erneuten zehn Jahren schien der Bruder seine Schwester aber tatsächlich vergessen zu haben. Briefe und Geldsendungen kamen nicht mehr. Doch das Licht der treuen Schwester leuchtete weiter.
Plötzlich fehlte die Lampe am Fenster. Ihr Vormund, der Schiffer Bandix von Hooge, machte sich zur Hallig auf. Er fand das Licht ebenso erloschen wie das Leben der Schwester.
Nach weiteren zehn Jahren näherte sich der nunmehr 56 Jahre alte Kapitän Ocke Haien, an Bord eines mit Reichtümern beladenen Schiffes. Er wollte nun seinen Lebensabend auf der kleinen Hallig bei seiner Schwester verbringen. Nach einer Weile im nordfriesischen Wattenmeer sprach er: „Hinter Hooge im Südosten muß bald das Licht meiner Schwester auf der Hainshallig zu sehen sein.“ Nach einer Stunde und mehr kamen ihm jedoch Zweifel. Das Licht mußte längst sichtbar sein! Sollte die Lampe verlöscht und der Schwester etwas zugestoßen sein?
Er kreuzte noch lange im Wattenmeer ohne seine Hallig zu finden. Endlich stieß das Schiff heftig gegen einen harten Gegenstand. Es war derselbe Stein, auf dem vor 40 Jahren seine Mutter beider Leben gerettet hatte.
Ocke sprang vom Schiff auf den Stein. Dort setzte er sich und versank in Schwermut: „Warum muß ich diesen Tag erleben?“ Er haderte mit sich und dem „falschen“ Meer, wie er es nannte, das ihm Schätze und Überfluß gegeben, während es seine Schwester und die Heimathallig genommen hatte. Schließlich rief er wütend: „Eile herbei, Du raubgieriges Element! Mögen die Wellen auch meine Gebeine hintragen auf den großen Gottesacker der Schiffbrüchigen!“
Vergeblich mühten sich die anderen Seeleute, ihn von dem Stein wegzubringen, den er nun als seine Heimat bezeichnete. Am folgenden Morgen sah man ihn noch immer auf dem Stein mitten im Meer sitzen. Wohin ihn die nächste Flut mitnahm, weiß niemand. Seine Leiche wurde nie gefunden. Doch mancher Schiffer, der in dunkler Nacht an jenem Stein vorbeisegelt, wähnt noch den bleichen Mann dort sitzen zu sehen.

Soweit die Sage von der Hains- und Oselichshallig. In ihrer einsamen Melancholie erweckt sie wie kaum eine zweite Geschichte ein Gefühl dafür, was der Untergang einer Hallig bedeutet.

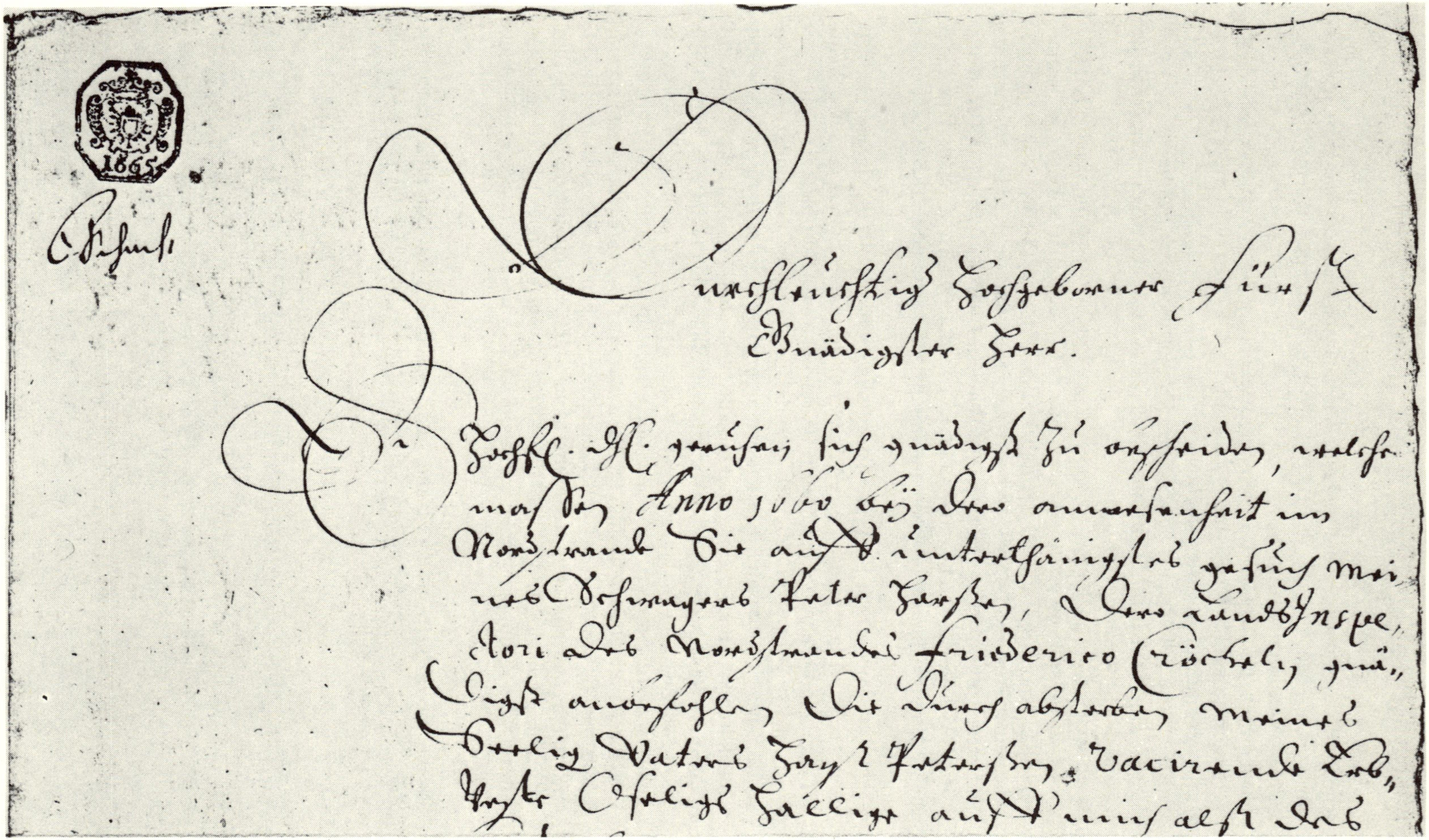

Durchlauchtig Hochgeborner Fürst
Gnädigster Herr.

Dero Hochf. Dl. geruhen sich gnädigst zu erinnern, welcher
maßen Anno 1660 bey dero anwesenheit im
Nordstrand Sie auf d. unterthänigstes gesuch mei-
nes Schwagers Peter Harsten, dero Landt Inspe-
ctori des Nordstrandes Friderico Cröbeli, gnä-
digst anbefohlen, die durch absterben meines
seelig Vaters Hans Petersen, vacirende [illegible]
Erster Ehelich Hellige auf d. mich alß des

Brief von Bandix Hanßen an den „Durchlauchtig Hochgeborner Fürst“ (siehe Wortlaut im Anhang II auf Seite 167)

Anhang I

Dürchleuchtiger Hochgeborner Fürst, Gnädiger Herr, Ew: Fürstl. Gnad: geruhen sich gnädigst zu erinnern, wie sie mir auf Peter [Hansens] inn Pillworm Unterthänige Vorbitte eine Hallige Oslichs Halge genandt in gnaden [verfestet], wofür [E. F. G.] ich unterthänigst herzlichen Danck sage; Wann ich nun bey gebrauch solcher Halgen noch so mechtig nicht geworden, daß ich einen gnüghaften Warft und waßer zu meinem Viehe dabey habe verschaffen können, und bey solchem Waßermangel inn der Noth eines [unleserlich] *oder [Pütsen], so auff einem wüsten oder öden warfte gelegen, gebraucht, und keinem Menschen ohne mir zu meinem Viehe etwas nüzen kan, so ist doch einer mit Nahmen [Tade] [Melffsen?], dem der wüste warft für der fluth zugehörig, ob es ihm schonn daß geringste nicht schaden kan, also abgünstig, daß er mir solch waßer thuet verwegern;*

[. . .] also diesemnach meine unterthänige Pitte, [E. F. G.] wollen gnädigst verabscheiden, weiln es keinem menschen ohne mir schaden oder nützen kan, daß mir daß blose waßer für die gebühr zum gebrauch [E. F. G.] Gräsing müge gegönnet werden, biß ich mit Göttlicher hülffe selbsten eine gute [Vebung?] bey dem Lande gemacht, Woran ich dann zu meinem eigenen Besten, keinen fleiß und Kosten sparen wil; und ich binn sölches hinwiederum mit meinem fleißigen Gebehte, und allen Unterthänigen Diensten zu [demeriren] so bereitwillig, alß höchstschüldig.

Ew: Fürstl: Gnad:
Unterthänigster
Gehorsamer
Hanß Petersen

Anhang II

Durchlauchtig Hochgeborner Fürst
Gnädigster Herr

[s] Hochfl. [. . .] geruhen sich gnädigst zu be[scheiden?], welchermassen Anno 1660 bey dero [. . .] im Nordstrande Sie auff unterthänigstes gesuch Meines Schwagers Peter Harßen, Dero LandsInspectori des Nordstrandes Friederico [. . .] gnädigst anbefohlen Die durch absterben Meines Seelig Vaters [Hanß] Peterßen vacirende ErbVeste Oseligs Hallige auff mich alß des verstorbenen iüngsten Sohn zu transferiren und zu verfaßen, für welche hohe gnade und Fürstl. Miltigkeit ich mich gegen [s. Hochfl. H.?] nochmahln in tieffster Demuth unterthänigst bedancke.

Weiln den Gnädigster Fürst und Herr Ich bey sothaner Veste soviel kräfftiger möchte geschützet und mainteniret werden, wen der durch [s. Hochfl. G.] LandsInspectorem ausgegebene Vestebrieff mittelß [s. Hochfl. G.] gnädigsten Confirmation möchte bestärcket werden,

Alß gelanget an [s. Hochfl. G.] meine unterthänigste demütigste bitte, Sie geruhen gnädigst obgedachten Vestebrieff (welchen Ich zu dem ende in originali vorzeige) alles [seines einhalts] gnädigst zu confirmiren und zu bestättigen, und ferner mich contra quem [cung?] bey selbiger Veste gnädigst zu schützen und kräfftigst zu handhaben.
Solches wolle Der Allerhöheste [s. Hochfl. G.] mit fürstlichem Wohlergehen [de] tausendfeltig wied erstatten.

(s. Hochfl. G.)
Unterthänigster
Bandix Hanßen auff dem
Nordstrandisch Eylande Hoge

Anhang III

Betr.: Oselichshallig

„Pro memoria vom 8. Juni 1789"
Dieses im Kapitel über die „Hains- oder Oselichshallig" nicht erwähnte Dokument soll hier abgedruckt werden, um die Bedeutung der Hallig für Schiffer und Wattläufer vorzuführen. Auch über die Anbindung an Hooge wird einiges deutlich. Nicht zuletzt soll der Sprachstil amtlicher Anträge bis ins 19. Jahrhundert hinein nähergebracht werden. Darüber hinaus gibt das Dokument einen Einblick in Reibereien, die auf den Halligen vorkamen.

Pro Memoria

Bay Remittirung des Gesuchs des Peter Mellfs zu Wyck auf Föhr, cum adjuncto, welches von Ew: Hoch- und Wohlgebohren zu meiner Berichterstattung mir zugesandt worden, habe Hochderoselben hiedurch ganz gehorsamst anzeigen sollen: daß zwar meines ohnmasgeblichen Dafürhaltens, dem Supplikanten, ein Mandatum poenale dah[ir] zu ertheilen stehe, daß alle [Anbey] kommende, welche die auf der von demselben gehäuerten Oseligs-Hallig, etwa angetriebene Strandgüter zu sich nehmen, oder alda Vogel-Eyer zu suchen, sich unterstehen mögten, wenn selbige vom Supplikanten oder dessen Verwalter auf der Stelle ertapt werden, zur gebührlichen Strafe gezogen werden sollen, daß aber dahingegen auf das Verlangen des Supplikanten, es solle Niemand über gedachte Hallig zu fuß gehen, meiner geringen Meynung nach, keine Rücksicht genommen werden könne, weil, wie ich in Erfahrung gebracht, es schlechterdings eine Unmöglichkeit ist, daß von den Einwohnern auf der Hooge und auf hiesiger Landschaft, das Uebergehen über mehrerwehnte Hallig vermieden werden kann, indem die Fusgänger, welche von der Hooge über den Schlick nach Pellworm, und von Pellworm wieder nach der Hooge gehen, durchaus diese Hallig zu passiren haben, und zuweilen sogar die Bothführer, welche von Husum und Pellworm, nach der Hooge segeln, wegen Sturm und widrigen Windes, bey dieser Hallig, um ihr Leben und Guth zu retten, anzulegen gezwungen sind, und je nachdem das Ungewitter anhält, oder der Wind sich ändert, auf selbiger wenigstens eine Fluthzeit über, sich aufhalten müssen, auch überdis das Verlangen des Supplikanten, das Uebergehen über oftbesagte Hallig verbieten lassen zu wollen, um so weniger statt finden kann, weil man im Gegentheil ebenfalls alsdenn auf die Gedancken gerathen könnte, dem Supplikanten, das Uebergehen über die Hooge verbieten zu lassen.

Dieses alles vorausgesetzt, so stelle Ew: Hoch- und Wohlgebohren Gerechtigkeitsliebe ganz gehorsamst anheim: ob der angeschlossene Häuer-Contrackt über [quaest.] Hallig gültig sey und darauf reflectiret werden könne, da selbiger weder in der Königlichen Landschreiberey hieselbst expediret, noch nach der fürstlichen Constitution vom 24ten May 1654, von mir als Landschreiber subscribiret worden, und ob überhaupt dem Verhäurer Hay Brodersen, das Recht zustehe, die [quaest.] Oseligs-Hallig, länger als bis auf seinen Todesfall zu verhäuren, weil alsdenn der rechtmäßige Erbe, seine Gerechtsame antritt, und dadurch der Häurer-Contrackt restiret.

Schlieslich habe annoch ganz gehorsamst anzeigen sollen: daß ich von dem Verhäurer erfahren, wie er den ihm ertheilten originalen Pacht-Brief über die Oseligs-Hallig, an den Supplikanten gegen desselben Empfanschein abgeliefert habe, dahero ich von demselben keine Abschrift habe anlegen können.

Pellworm den 8n. Juny 1789.

Breding

62) Nach der Sturmflut

Beenshallig

Die „letzte Überlebende" der untergegangenen Halligen war die „Beens- oder Behnshallig". Nach der Sturmflut von 1634 blieb sie als Rest des alten Nordstrander Kirchspiels Westerwoldt übrig und bestand rund 250 Jahre als Hallig.

Nach den früheren Karten liegt die Beenshallig gut 3 km südwestlich der Kirchwarft auf Gröde an der Mündung der Beens Ley in die Süder Au. (Mü I, 256) L. Lorenzen (1749) erwähnt „das Eiland Bennens-Hallig", das von Nordmarsch in Blickrichtung auf Nordstrandischmoor „nur eine Meile entfernet" (S. 37) sei.

Bei der Hofgeschichtsforschung der Köge stieß Nicolai Möllgaard auf einen Kaufvertrag von 1770. Jacob Petersen vom Sophien-Magdalenen-Koog verkaufte damals an „Peter Petersen Möller auf Behnens Hallig von der butersten Fenne, die zu seiner Hofstelle gehörte, ca. 3 Demat Land mit der Warftstätte für 550 Rthl." („Husum", Okt. 64) Auf dieser Parzellennummer 64, gegenüber dem Gehöft „Nordeck" im Desmerciereskoog, wollte P. P. Möller ein Haus für

sich und seine Frau bauen. Da sie selbst keine Kinder hatten, sollte das Grundstück nach ihrem Tod an den Hof zurückfallen.
1794 starb Möllers Witwe Marike im Alter von 80 Jahren. Haus und Fenne gelangten wieder in den Besitz von Jacob Petersen. Zwei Jahre später brach man das Haus ab. („Husum“, Okt. 64)
In Jensens „Beschreibung des Herzogtums Schleswig“ (1768 bis 1777) erscheint nur die Bemerkung, daß die Hallig eine kleine unbewohnte Insel zwischen Pellworm und Gröde sei.
In einem Bericht des Leutnants Golowin vom September 1806 (Mü II, 171 f.) Über Beschaffenheit und Landverlust von Gröde steht, daß die Bewohner dieser Hallig „ . . .noch die in der Nähe liegende Beens Hallig häuern, um nur zum Winter Futter für's Vieh zu haben“.
In einem Bericht vom März 1825 (Mü II, 210 f.) kann man über die Bewohner der Halliggruppe Gröde–Appelland–Habel lesen: „Da sie wegen der großen Beschränktheit ihres Bodens kein Land zur Heugewinnung übrig haben, so haben sie die zum Nordstrandisch Moor gehörige unbewohnte Hallig, Beenshallig genannt, in Häuer, um daselbst das benöthigte Heu zu erndten.“
Am 9. Oktober 1829 führte eine Eingabe an die Rentenkammer aus, „daß der Ertrag der nicht bewohnten Beenshallig, welche alljährlich vermietet worden, sich nach den großen Fluten und durch die erlittenen Beschädigungen über die Hälfte vermindert habe“. Ein Anspruch auf Remission „zur Sicherstellung der Hallig“ erstrecke sich auf die Zeit von „Neujahr 1825 bis dahin 1829“ und würde „für Beenshallig nach 57 Tonnen und 244 Rbthr . . . mithin in 4 Jahren 34 Rbthr. betragen“. (Mü I, 256)
Durch „Allerhöchste Resolution“ der Kasse zu Rendsburg wurde am 23. 3. 1831 „die Landsteuer für Beenshallig für die Jahre 1825 – 1830 incl. gänzlich erlassen, für die Jahre 1831 und ferner aber auf die Hälfte herabgesetzt“. (Mü I, 256)
K. J. Clement (1845) nennt die Hallig „Beneshallig“ und meint, daß „nur ein Brocken vom alten Strande“ von ihr noch vorhanden sei. (S. 20)
Der Reisende Kohl schreibt ein Jahr später über sie: „Auf Beens-Hallig, das ebenfalls unbewohnt ist, kommen die Leute nur, um die Eier der Seemöven, Enten und anderer Vögel dort zu sammeln, die gegen Pfingsten, wie mein Schiffer behauptete, die Insel dermaßen bedecken, daß man seinen Fuß nicht ans Land setzen kann, ohne Eier zu zertreten. . .“ (II, 381)
In seiner Topographie gibt Schröder 1854 ihr Areal nur noch mit 51 Steuertonnen an. Dieser Angabe schließt sich C. P. Hansen an. (Watt, 66)
Von 1802 bis 1859 schrumpfte ihre Fläche von 60 bis auf 8 dän. geom. Tonnen (= 8×14 000 Quadratellen). (Mü I, 298)
Der Deichkondukteur Bruun äußert im Juni 1861, daß die Beenshallig derart abgenommen habe, daß sie nur noch etwa 70 Ruten lang sei. (Mü II, 288)
1862 hat sie 9 Tonnen Areal (Mü II, 190) und war bereits „menschenleer“. Sie wurde von dem vorübersegelnden Hermann Masius ein „Blumenkissen“ mitten im Meer genannt, da Grasnelke und „Wiederstoß“ den Halligboden vollkommen bedeckten. Auf Karten von 1869 und 1870 (La, Nr. 77a + 80) ist sie noch enthalten, auf einer 1896 aufgenommenen nicht mehr (La, Nr. 97)

„Im Schleswiger Kataster-Archiv war die Beenshallig nach der letzten Vermessung von 1875 noch mit einer Parzelle von 86 ar 46 qm Umland angegeben." (Mü I, 257)
1876 erscheint Meyn's „Geognostische Beschreibung der Insel Sylt und ihrer Umgebung". Dort ist die Rede von „der nahezu verschwundenen Behnshallig". Eugen Traeger teilt mit, daß die Hallig 1882 „nur noch 26 Ar Grasland besass, aber, längst unbewohnt, nur den Seevögeln als Ruhepunkt diente: jetzt ist sie eine winzige, kahle Thonbodenklippe . . .". (S. 16) Anscheinend hat inzwischen Eisgang die Grasnarbe abrasiert.
Offensichtlich hat sich das Tempo ihres Landverlustes beschleunigt, je näher sie dem völligen Untergang kam. Dieser muß um 1890 eingetreten sein.
Im Brockhaus von 1893 kommt die „Behnshallig" zur Ehre, erwähnt zu werden: „Die Behnshallig ist in den letzten Jahren verschwunden."
Schon C. P. Hansen vermutete versunkene Wälder um Beenshallig herum, wo später Tuul (= Torf) abgebaut wurde. (Watt 50 f.) Dem stimmt in neuerer Zeit auch Meyn zu.
Eine sagenhafte Überlieferung teilt derselbe C. P. Hansen in seinem Buch „Die Friesen" (1876) mit. Auf die Frage eines Studenten, woher „das Geschrei und Getümmel (. . .) aus der See und von den Halligen komme", antwortet der Wattenschiffer Brork:
„Das sind die Rathgänse, oder wie einige sagen, die Geister der alten ruhlosen Friesen und deren tapferen und weisen Rathmänner. Sie sammeln sich alle Herbst- und Frühlingsnächte an den alten Thingstätten, berathschlagen sich über ihres Volkes Wohl, halten Gericht, machen freie Beliebungen und kommen gewöhnlich zur Zeit, wenn Fluth und Ebbe wechseln, zu einem Beschlusse, um dann wieder fort zu fliegen, oder bis zur folgenden Nacht zu verschwinden. Der Hauptsammelplatz ist übrigens die unbewohnte Behnshallig, eine alte Thingstätte auf der ehemaligen großen Insel Nordstrand." (S. 109 f.)

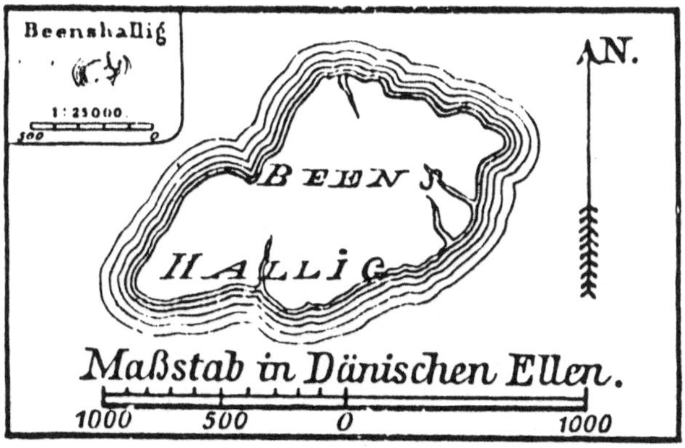

63) Die Beenshallig im Jahre 1805

III. TEIL

64) Zwei Halligfrauen in Tracht (1955)

Die Halligfriesen, aus eigener und fremder Sicht

„Die nächste Flut verwischt den Weg im Watt,
und alles wird auf allen Seiten gleich;
die kleine Insel draußen aber hat
die Augen zu; verwirrend kreist der Deich

um ihre Wohner, die in einen Schlaf
geboren werden, drin sie viele Welten
verwechseln, schweigend; denn sie reden selten,
und jeder Satz ist wie ein Epitaph

für etwas Angeschwemmtes, Unbekanntes,
das unerklärt zu ihnen kommt und bleibt.
Und so ist alles was ihr Blick beschreibt
von Kindheit an: nicht auf sie Angewandtes,
zu Großes, Rücksichtsloses, Hergesandtes,
das ihre Einsamkeit noch übertreibt."
aus: R. M. Rilke „Die Insel"

An Menschengruppen gemeinsame Charaktereigenschaften zu entdecken, sagt oft mehr über den Betrachter als über die Betrachteten aus. Außerdem kann die Zuschreibung kollektiver Eigenschaften – wie uns die jüngste Geschichte gelehrt hat – zum gefährlichen Spiel werden, für die meisten ist es aber unwiderstehlich, Erfahrungen mit Einzelmenschen zu verallgemeinern.
Falsch oder richtig, werden die betroffenen Individuuen nicht unberührt bleiben – womöglich erst in die vermeintlich erkannte Richtung treiben. Das gilt auch für Selbsteinschätzungen.
Selbst wenn an Verallgemeinerungen „etwas dran ist", lassen sich doch überall genug Gegenbeispiele finden. Der große aufklärerische Aphoristiker Lichtenberg schrieb einmal, daß die schlimmsten Unwahrheiten „mäßig entstellt"(e) Wahrheiten seien. Ihr Verwendungszweck ist der Mißbrauch. Wenn man über einen einzelnen Zutreffendes formulieren will, verblassen Allgemeinheiten. Auch über die Friesen fühlten sich nicht wenige Autoren berufen Stereotypes zu äußern. Solche vorschnellen, wie auch überlegten Fremd- und Selbstbewertungen sollen hier nun in Zitaten Revue passieren. Weniger, um an ihnen die Friesen zu begreifen, sondern um dem Bild Konturen zu verleihen, das über die Friesen im Umlauf war oder ist.
Der schon erwähnte Römer Cornelius Tacitus schrieb die einzige länderkundliche Monographie über Germanien. Darin sparte er nicht an gewaltigem Lob auf die Friesen. „Überaus herrlich und glänzend steht unter den Deutschen der Name der Friesen da." („Clarum inter Germonas Frisium nomen.") Er erzählt

die Geschichte von Verritus und Maloriges (friesisch evtl.: „Freddens“ und „Malrichsen“), die sich als Abgesandte ihres Volkes an die Römer im Theater des Pompejus nicht die ihnen zugewiesenen schlechten Sitze gefallen ließen. Das nächste uns überlieferte Zeugnis über den friesischen Charakter ist mehr als 1000 Jahre jünger. Saxo Grammaticus bezeichnet die Friesen als „natura feroces“. Die gängige Übersetzung C. Danckwerths lautet „von Natur freche Leute“. Ebenso läßt es sich auch auch als „wild von Natur“ begreifen.
Der Historiker Michelsen hat in seiner „historischen Skizze“ „Nordfriesland im Mittelalter“ (1828) auf einen grundsätzlichen Umstand aufmerksam gemacht: „Nordfriesland hat es niemals zu einer politischen Gesammtpersönlichkeit bringen können, indem die in sehr früher Zeit eingetretene weltliche Distriktseintheilung so wie die natürliche Zerstücktheit des Insellandes der innigen Vereinigung entgegenstand. Wenn daher die einzelnen Landschaften in der Noth sich beistanden, so war es mehr nur das landsmannschaftliche Mitgefühl mit der gleichen Bedrohung und Bedrängniß des Augenblicks was dazu führte, als der feststehende Gedanke und das dauernde Bewußtseyn des gemeinsamen Interesses. . .“ (Mi, 14)
Mit den Dithmarschern soll die Nordfriesen stets eine „gewisse Eifersucht“ verbunden haben. Michelsen hält aber die letzteren für weniger hochfahrend, weniger hart und heftig als auch weniger rauh und stolz als die Dithmarscher. (S. 15 f.) Weiter spricht er von „der sittlichen Strenge und Tiefe, die vorzugsweise und wesentlich“ den Nordfriesen zukomme, und er hält dafür, daß sie „noch heute feurig an dem Glauben der Väter“ hingen.
Er charakterisiert dann kurz die Halligbewohner, die „ihrer vorzüglichen Religiosität wegen öfter von Anderen gerühmt worden sind“. (S. 17)
Aus der Mitte des 18. Jahrhunderts steht uns eine erste Selbstbetrachtung der Halligleute zur Verfügung. Der Nordmarscher L. Lorenzen beklagt im Vorwort seiner „Beschreibung der wunderbahren Insel Nordmarsch“, „daß entweder die Erdbeschreiber große Ignoranten seyn müßten, oder daß sie unsere Insel nicht werth geschätzet, etwas davon in ihren Schriften zu erwehnen“. (S. 28) Dieser Klage muß ich mich anschließen.
Sein nur eine Seite langes Kapitel XXIII nennt er „Von den Lastern und Tugenden der Einwohner auf dieser Insel“. Darin hebt er als „National-Laster“ der Halligbewohner „den Hochmuth“ hervor, woraus „Verachtung und Geringschätzung der Geestleute“ erwüchsen. Auch, „daß man die Professionen und Handwerks-Arbeiten für ein schimpfliches Gewerbe hält“.
„Aus dem Hochmuth entstehen insonderheit unter den Frauensleuten, welche im Sommer die Inseln regieren, allerhand Zänkereyen, Uneinigkeiten, Beurtheilung anderer, Erdichtung allerhand Fabeln, Klatschereyen, und Verläumbdungen des Nächsten.“ Derselbe „Hochmuth“ verursache auch, „daß durchgehends viele Scheintugenden an unseren Insulanern wahrgenommen werden“.
An „natürlichen Tugenden“ nennt er das Fehlen von „Trunkenbolden“, „Hurerey und Ehebruch“. „Schlägereyen kommen in vielen Jahren nicht vor.“ „Durchgehends“, meint Lorenzen, „sind unsere Einwohner honette und ehrbare Leute, kleiden sich gerne nach ihrer Art, in schönen Kleidern. Sind

nicht tückisch und betrügerisch, sondern vor vielen andern aufrichtig und redlich. Bezahlen gerne, was sie schuldig sind, und halten es für eine großen Schimpf, wenn sie gemahnet werden. Sind durchgehends ziemlich bescheiden und gastfrey, und theilen gerne mit, was im Hause ist."

Die Seefahrenden seien „in der Schiffs-Arbeit hurtig und unverdrossen", vor allem aber „muthig".

Pastor E. C. Kruse veröffentlichte ein knappes halbes Jahrhundert später seine „Beschreibung der Insel Hoge, 1794". Die Sitten der Insulaner, berichtet er, hätten keine Spur mehr „von der ehemaligen friesischen Wildheit".

„Hingegen sind sie im Ganzen (. . .) bescheiden, höflich und gesprächig im Umgange, unter sich und mit Fremden." Man beachte die „Gesprächigkeit", die dem gängigen Vorurteil von den (Hallig-)Friesen widerspricht.

„Überhaupt scheinen die Hoger ein zufriedenes, munteres Völklein. Aber dabei sind sie im höchsten Grade leichtgläubig und, so wie alle westlichen Inselbewohner, dem krassesten Aberglauben ergeben; woran aber ihre isolirte Lage und die lange Trennung beider Geschlechter wohl vorzüglich Schuld ist."

Nicht vergessen werden soll, daß E. C. Kruse die „außerordentliche Reinlichkeit" der Halligháuser hervorhebt. Man wird ähnlichen Bemerkungen auch bei anderen Beobachtern begegnen.

Jes Siemsen, Pastor auf Nordmarsch, zeichnet in seiner „Beschreibung der Insel Nordmarsch" (1807) die Halligleute als „rasch, wohlgebildet und von lebhaftem Temperament". Obwohl hohes Alter unter ihnen nicht selten sei, würden sie äußerlich früh altern.

Auch Siemsen stellt heraus, daß die Seefahrer Feld-, Grab- und Mäharbeiten als etwas „entehrendes" empfänden, obwohl er andernorts schreibt, „daß eine solche Commune immer in Armut lebt". Zu den ungeliebten Arbeiten „werden Arbeiter vom festen Land bestellt". – Was sich mit Sicherheit nicht jeder Hallighaushalt leisten konnte.

Doch „die Armenkasse hat Niemand zu unterhalten. Sie halten es für schimpflich Armengeld zu nehmen, und behelfen sich bis aufs äußerste, ehe sie darum ansprechen".

Diese Haltung wird immer schwerer gefallen sein, denn nach Abklingen der ertragreichen Wal- und Handelsschiffahrt breitete sich im 19. Jahrhundert immer mehr Bedürftigkeit auf den Halligen aus.

„Die Männer sind ernst und gesetzt." Unverdrossen und mutig befahren sie die See, würden aber auf dem Lande „leicht unthätig, auch erschrocken, abergläubisch, furchtsam und kleinmüthig". Andererseits sollen sie ehrlich sein, ihr Wort halten, gefällig sein, „bezahlen so lange sie können", dazu „sparsam und erwerbsam für die Ihrigen".

„Das Verlangen, geehrt zu seyn, ist ihre Schwäche." Diebstahl und andere Verbrechen, sowie Ehebruch seien unbekannt. Trunkenheit werde „verabscheut". „Streitigkeiten und Processe sind selten."

„Die Weiber sind etwas lebhafter als die Männer, gesellig und gesprächig unter sich, aber zurückhaltend und still gegen Fremde. (. . .) Sie sind sparsam und häuslich, aber neugierig, kauflustig, klatschhaft und herrschsüchtig."

Besonders interessant ist die Mitteilung, daß alle häuslichen Angelegenheiten „unter der speciellen Aufsicht der Weiber“ stehen. So bestimmten sie „Kauf und Verkauf ihrer Häuser und Ländereien, besorgen die Entrichtung ihrer Contributionen, bestimmen Prediger- und Küsterwahl . . .“
Daß im Sommer Frauen und Kinder allein auf der Hallig waren, während die Männer zur See fuhren, ist nicht ohne Auswirkungen geblieben. In vielen Bereichen emanzipierten sich die Frauen weitgehend, wobei anzunehmen ist, daß Halligfrauen ohnehin eine bessere Stellung als Frauen auf dem Festland einnahmen. Sie mußten bei der Arbeit, und nicht zuletzt in Katastrophenfällen, nicht minder fest zupacken als die Männer – was kaum das Bild einer schwachen, hilfsbedürftigen Frau aufkommen ließ.
„Auszeichnend ist die Liebe der Kinder zu ihren Eltern“, schreibt Siemsen und führt an, wie z. B. ein „Sohn der Ernährer und Versorger seiner Mutter und unmündigen Geschwister wird“. Da viele Frauen ihre Männer auf See verloren, mußte der Rest der Familie um so enger zusammenhalten.
Siemsen führt die „große Anhänglichkeit an ihre Heimath“ auf drei Ursachen zurück. Erstens die „Anhänglichkeit an ihre Landesleute und die Liebe zu den Ihrigen“. Zweitens „die Unbekanntschaft mit den herrschenden Sprachen des Vaterlandes, und mit andern Gegenden und Menschen, und drittens das Clima“.
Siemsen spricht sogar von einer „natürlichen Neigung zur Gesprächigkeit“, der durch die Beschränkung aufs Friesische Einhalt geboten wird. Immer wieder jedoch gäben sie jedem Fremden zu verstehen, „daß ihre Insel ein trauriges Land sey, versichern aber dabey, daß sie nirgends lieber seyn mögen“.
Auch die seinerzeit neuesten Tendenzen werden von Siemsen beachtet: „Die alten albernen Gebräuche bey Hochzeiten, Kindtaufen und Leichenbegängnissen haben sie größtentheils abgeschaft.“
„Viele abergläubische Dinge, als Gespenstergeschichten u.s.w. haben sich zum Theil verlohren.“
„In der religiösen Cultur sind diese Insulaner nicht sehr weit gekommen, obgleich viele wegen ihrer Redlichkeit und Gutmüthigkeit Achtung verdienen.“
Schließlich macht Siemsen noch eine Bemerkung zum praktischen Sinn der Halligleute. „Den Werth jedes Wissenschaftlichen beurtheilen sie nach dem, was sich damit verdienen läßt.“
Kaum einer hat sich wie der Nordmarscher Pastor Siemsen so ausführliche Gedanken über den Charakter der Halligleute gemacht und seine Beobachtungen zu Papier gebracht. Viele seiner Beurteilungen – zum Teil ohne Quellenangabe – haben spätere Autoren übernommen.
Siemsen unterstreicht, daß die Bewohner „der kleinen Halligen“, wo manchmal „nur eine Familie“ wohnt, nicht nur äußerlich gleichartig leben. Auch in „Sitten, Gewerbe und Lebensart“ seien sie den Einwohnern größerer Halligen „sehr ähnlich“.
Der Reisende Kohl schreibt in seinem dreibändigen Werk von 1846, daß die Halligbewohner sich selbst als „Halligfrau“ bzw. „Halligmann“ bezeichnen, wobei sie gerne den Namen der entsprechenden Hallig hinzufügen. Alle

65) Zwei alte Seebären von Langeness

Beobachter, fährt er fort, stimmten darin überein, daß sich diese Menschen „durch ein ganz eigenthümlich starkes, unbesiegbares Heimweh auszeichnen". (Ko I, 319)

Er streicht auch die „Liebe zur Einsamkeit" heraus, die sich während der Unzugänglichkeit der Wintermonate fast zwangsläufig entwickele.

Als er die Menschen bei der Heuernte beobachtete, notierte er, daß sie trotz emsiger Geschäftigkeit alles taten, „ohne einen Laut zu verlieren. (. . .) Wir hörten kein Gelächter, keinen Gesang, kein Trillern oder Pfeifen, geschweige denn Schelten". (Ko I, 323)

K. J. Clement ist von Trauer über die Gegenwart erfüllt und sieht nur noch wenig Zukunft für seine geliebten Friesen, die er zur Projektion seiner Wünsche und Hoffnungen benutzt. „Wo und so weit die Frisen wohnen, von der Urzeit an bis heute, hat republikanischer Geist dieses Volk beseelt und begeistert, ihre Verfassungen von den ältesten Zeiten an waren republikanisch und der republikanische Sinn der Frisen wird nicht sterben, solange Frisen auf der Erde sind." (C, 80)

Über die Halligleute hat er in seiner „Lebens- und Leidensgeschichte der Frisen" (1845) wenig Neues zu sagen. Er hält das weibliche Geschlecht für „durchgängig schöner als auf den anderen Inseln" (C, 136) und die Halligleute insgesamt für „etwas weniger entartet" (C, 132) als die Festlandsfriesen.

Seinen politisch dubiosen Behauptungen fügt er allerdings eine anrührende Schilderung hinzu: „Den Anblick der Halligen, wenn man vorbeisegelt, findest du nirgends auf Erden wieder, eine Stille ohne Gleichen, als schwiege Alles in Betraurung des Vergangnen. . ." (C, 134)

Sein Werk endet in vollkommener Resignation: „. . .unter Druck und Elend geht Alles unter." (C, 156)

Die Überlieferung sagt, daß die Friesen sich in frühmittelalterlicher Zeit den christlichen Missionsbedrängungen energisch widersetzten. Laut Clement (S. 82 f.) durften sich später die Priester „nicht in weltliche Dinge mischen", brauchten

66) Frau Meinert Paulsen, Langeness (um 1925)

67) Porträt Meinert Paulsen, Langeness (um 1925)

die Friesen keine „Erstlinge und Zehnten“ zu zahlen und setzten es durch, daß ihre Priester verheiratet sein mußten.
C. P. Hansen weiß zu berichten, die Friesen hätten in der Schlacht bei Altenesch (1234) gerufen: „Besser sterben, als zum Vortheil der Priester leben.“ (Fri, 60)
Hansen wirkte nicht nur als Chronist von Sylt, sondern er sammelte auch fleißig Geschichten und Anekdoten seiner Heimat. Im Vorwort seiner „Friesische(n) Sagen und Erzählungen“ (1858) beschwört er „die Tüchtigkeit und Treue, den Fleiß und die Sparsamkeit“ der Friesen.
In seiner „Chronik der friesischen Uthlande“ (1857) weist er darauf hin, daß die Friesen sehr oft „mit ihren Predigern – ihren einzigen Chronisten – im Streit und Hader lebten, die Urtheile ihrer Prediger über sie daher kaum als unpartheiisch gelten können“. (Uth, 48 f.)
Trotzdem, meint er, „läßt sich nun freilich nicht läugnen, daß von Alters her in uns Friesen eine Neigung zum Hochmuth, zum Widerstreben und zum Übertreiben. . . geherrscht haben“. (Uth 48)
Als einen anderen bestimmenden Charakterzug vieler Insel- und Halligbewohner führt er „seit dem 14. Jahrhundert. . . die Schwermuth“ (S. 67) auf.
Die Frauen charakterisiert er als arbeitsam, sparsam, sittam, treu, mutig,

religiös und traditionsbewußt, aber auch herrschsüchtig. (S. 11 f.) Große Bewunderung nötigt ihm ab, daß er Frauen sogar im Winter „barfuß" durchs Gras laufen sah, „um irgend ein verlorenes Schaf zu suchen und wenn möglich zu retten". „Solche Charaktere", fügt er hinzu, „findet man immer sparsamer unter den friesischen Frauen."

Im Kapitel über die Handelsschiffahrt will Hansen die Unterschiede verschiedener friesischer Gruppen herausarbeiten. „Man hielt die Halligbewohner im Allgemeinen damals für die frömmsten, stillsten, einfachsten und schwermüthigsten Friesen." (S. 212)

Als der dänische König Friedrich VI. nach der Sturmflut von 1825 die Insel- und Halligfriesen besuchte, zeigte sich ihre unerschrockene Offenheit. Man sprach den König ungezwungen an und beschwerte sich über Mißstände. Hansen lobt das „unverstellte Betragen", um es der Entwicklung „der neuesten Zeit" entgegenzustellen, wo sich „die Bildung der Inselfriesen . . . mehr nach der Oberfläche" (S. 245) verzogen habe.

Weniger zwar als für K. J. Clement waren doch für Hansen die „vergangenen Zeiten" eben die besseren – ein Zug, den die Heimatliteratur gerne mit den Ansichten vieler älterer Menschen teilt.

G. Weigelt (1873) schwelgt von der herzlichen Gastfreundschaft der Halligleute. „Kann das Boot vielleicht nicht unmittelbar ans Land stoßen, so kommen sie barfuß über die Watten, um die Gäste zu bewillkommen, und tragen sie auf ihren Schultern vom Schiff auf den Strand . . ." (We, 42)

Nachdem Weigelt eine „gewisse Wohlhabenheit . . . auf den größeren Halligen", eingebettet in Behaglichkeit und Sauberkeit, festgestellt haben will, charakterisiert er seine Gastgeber. Auf ihren Seereisen hätten sie mehr als Geld erworben, nämlich eine gewisse Weltoffenheit. Statt „linkische(r) Verlegenheit" behaupteten sie „dem Fremden gegenüber eine bescheidene und freundliche Sicherheit". Sie seien ernst, „nicht vorschnell, aber klar in ihrem Urtheil". „Ein gutes Buch wie den geselligen Verkehr" schätzten sie sie sehr. (We, 43)

Im VI. Kapitel seines Buches führt er die wesentlichen Eigenschaften der Friesen – unerschrocken, fleißig, ausdauernd, klarer Verstand, ehrlich und unabhängig – auf ihren Kampf mit dem „unerbittlichen" Meer zurück.

Immer mehr tritt im Verlaufe der Geschichte bei den Beobachtern die „Frömmigkeit" und die „Gottesfurcht" in den Vordergrund. Dies entspricht wohl einer idealisierenden Sicht der pastoralen Chronisten, die, statt hinzuschauen, mehr in sich selbst hineinschauten.

Ein Beispiel dafür ist das „Halligbuch. Eine untergehende Inselwelt", von Christian Johansen, das 1866 in erster und 1889, nach dem Tod des Verfassers, in zweiter Auflage erschien.

Nüchterner drückt sich der bekannte Pädagoge und Philosoph Friedrich Paulsen aus, dessen Vorfahren von Hallig Oland stammen. In seinen Jugenderinnerungen – er wurde 1846 geboren – schreibt er: „So lebten die Halligbewohner einfach, aber nicht ärmlich, im ganzen auf gleichem Fuß." (P, 8)

Ihre Schulbildung übertraf die der Festlandsbewohner, und ihre Erziehung war streng. Paulsen betont, daß die Neigung zu Einsamkeit und Schweigen durch das enge Zusammenleben bedingt sein könnte. „Gesang und Spiel fehlen vollständig", wenigstens solange kein Alkohol getrunken wurde.

„Dagegen ist die Neigung zum Grübeln. . . nicht fremd; sie wirft sich leicht auf religiöse Dinge und führt dann wohl zu tiefsinnig-melancholischem Wesen." (P, 8 f.)

Der als „Vater der Halligen" bekannt gewordene Eugen Traeger setzte sich mit Schriften und Eingaben Ende des 19. Jahrhunderts für die Erhaltung der Halligen ein. Unermüdlich betonte er immer wieder ihre Funktion als Wellenbrecher für das Festland. 1896 konnte er noch erleben, wie der „Preußische Landtag" die damals ungeheure Summe von 1,32 Millionen Mark für Schutzarbeiten an der Westküste bewilligte, erst 46jährig starb Traeger 1901 als Bibliothekar in Offenbach bei Frankfurt.

In seinem Hauptwerk „Die Halligen der Nordsee" (1892) schreibt er im Kapitel „Die Bewohner und ihre Lebensführung, „dass jetzt nur noch selten das Friesische gesprochen wird".

Die schon bekannten Eigenschaften ergänzt Traeger durch ruhige Beharrlichkeit und in Fällen der Not kaltblütige Entschlossenheit. Von jungen Frauen merkt er an, wie sie „die Weisse und Reinheit ihrer Haut" schützten, indem sie das Haus nie ohne Hut, Tuch und Handschuhe verließen.

„Auffallend sind ferner die Empfindlichkeit und die leicht erregte Verletzbarkeit der Inselfriesen, die schwer wieder zu versöhnen sind."

„Der Lieblingsausruf der Friesen ist Oha! mit starker Betonung des a."

Da das Friesische die Anrede „Sie" nicht kennt, reden sie sich untereinander auch im Plattdeutschen nur mit „du" an. „Das Wort „Herr" lieben sie nicht sehr; wenn sie es auch einem Fremden gegenüber in der ersten Zeit noch anwenden, so ersetzen sie es doch möglichst bald durch einfache Nennung seines Namens oder durch „der Mann". Die Kinder redeten die Erwachsenen immer in der dritten Person, niemals direkt an.

Traeger bemerkt, daß viele Halligleute zwar die Zerstörung ihrer Eilande beklagten, sich aber mit ihren privaten Gewinnen trösteten. „Das ist der Hauptnachtheil ihres in vieler Hinsicht vorteilhaften socialen Wirtschaftssystems, dass niemand ein unmittelbares Interesse daran zu haben glaubt, etwas für den Grund und Boden zu thun, oder wenn es einzelne empfinden, dass dann träge oder arbeitsunfähige Mitbesitzer ihre Hilfe verweigern, so dass schließlich die dringendsten und rentabelsten Verbesserungen gänzlich unterbleiben." (Tr, 47)

Ernst Schmid, der sich in „Die Halliginseln" (1923) ausdrücklich den Beurteilungen Traegers anschließt, soll hier nur erwähnt werden, weil sein schmales Buch eine Fülle sonst nicht publizierter Fotos enthält.

In „Deiche und Sturmfluten an der deutschen Nordseeküste" (1924) hebt Carl Woebcken den Umstand hervor, daß der Deichbau „die Leibeigenschaft unmöglich gemacht" habe. „Die Friesen um 1100 sind ein ganz anderes Volk wie die um 800; um 800 vielleicht nur eine dünne Oberschicht über eine fremdstämmige Masse, um 1100 ein durch gemeinsame Schicksale zusammengeschweißtes Ganzes." (Wo, 56)

Das zielt zwar nicht direkt auf die Halligleute, beleuchtet aber die schwer zu fassende Veränderlichkeit des Charakters in der Geschichte.
Theodor Möller in seinem „Die Welt der Halligen“ (1924) widerspricht gängig gewordenes Klischees von den Halligbewohnern. Nachdem er F. Paulsen zustimmend zitiert hat, spricht er dem Friesen „viel Wirklichkeitssinn“ zu. „. . . er ist ein scharfer, nüchterner Rechner, der seinen Vortheil wahrzunehmen weiß.“ (Mö, 67)
„Doch ist er keineswegs ein schwermütiger und schwerblütiger Mensch; er ermangelt auch nicht des Humors und kreuzt gern einmal die scharfen, blanken Klingen des Witzes mit einem andern.“ (Mö, 68)
Zum Schluß des Kapitels sei keine Zusammenfassung gewagt, sondern soll das Wort dem wohl besten Kenner der schriftlichen Quellen und Zeugnisse über Halligen gegeben werden. Friedrich Müller, der sich in seinem monumentalen Werk zurückhaltend und selten über den Charakter dieser Menschen äußert, spricht an einer Stelle von dem „so oft beklagten Mangel der Halligleute an Gemeinsinn“, (Mü II, 274) womit er sich der Beurteilung des Deichkommissars Petersen anschließt. Dieser hatte in einem Gutachten vom 6. 4. 1836 die Halligbewohner als unter anderem „unzugänglich für gemeinnützige Zwecke oder für jede Neuerung, die von außen kommt“ (Mü I, 313) bezeichnet und führte das auf ihre isolierte Lage zurück.
F. Müller bemerkt andernorts, daß gemeinhin beim Bau der Häuser mehr Aufmerksamkeit auf „Bequemlichkeit“ als auf „Festigkeit“ gerichtet wurde. Er bringt diese resignierte Gemütlichkeit der Halligleute mit ihrer „vorgefaßte(n) Meinung von der Unhaltbarkeit ihrer Inseln“ in Zusammenhang und formuliert, sie hätten „eine erklärte Abneigung gegen jeden Versuch zur Rettung ihres Landes“. (Mü I, 304) Diese immer wieder durchscheinende fatalistische Grundeinstellung hat sich allmählich aufgelockert; aber erst als die hier behandelten Halligen bereits versunken waren.

Das Haus

„Wenn einer fortgeht, muß er den Hut
mit den Muscheln, die er sommerüber
gesammelt hat, ins Meer werfen
und fahren mit wehendem Haar,
er muß den Tisch, den er seiner Liebe
deckte, ins Meer stürzen,
er muß den Rest des Weins,
der im Glas blieb, ins Meer schütten,
er muß den Fischen sein Brot geben
und einen Tropfen Blut ins Meer mischen,
er muß sein Messer gut in die Wellen treiben
und seinen Schuh versenken,
Herz, Anker und Kreuz,
und fahren mit wehendem Haar!
Dann wird er wiederkommen.
Wann?
Frag nicht."
Ingeborg Bachmann in: „Lieder von einer Insel"

Erst bei „Landunter", wenn nur noch die Häuser aus dem wildbewegten Meer ragen, ist nachvollziehbar, was es heißt, auf einer Hallig zu wohnen. Das Haus bedeutet dort mehr als nur ein Heim. Solange es den Naturgewalten standhält, bietet es den einzigen Schutz. Bei besonders schweren Sturmfluten kann sein Dach zur letzten Rettung werden – falls es auf sichernden Ständern ruht und auf dem erhöhten Ort der Warft errichtet wurde.
So stellt ein Hallighaus tatsächlich, und nicht nur im übertragenen Sinn einer gefühlsbetonten Anschauung, ein Bollwerk gegen die Gewalten der Natur dar. Es diente nicht nur als Wohnstätte, sondern war bis in das 20. Jahrhundert hinein zugleich auch Arbeitsplatz. Nicht „nur" die sogenannte „Hausarbeit" wurde dort erledigt, viele Gebrauchsgegenstände, schon vor Einführung der Heimarbeit, wurden dort ebenso hergestellt wie der größte Teil der Bekleidung. In der Walfang- und Handelsschiffzeit, während der die Männer nicht selten über ein Jahr dem Haus fernbleiben mußten, brachten sie Hausrat und Schmuckgegenstände aus verschiedenen Ländern mit. Am häufigsten holländische Fliesen, die nicht nur dekorativen Wert besaßen, sondern der besseren Abdichtung der Wände dienten. Tapeten gab es wegen der dauernden Feuchtigkeit überhaupt nicht. Oft mußten Bretterverschalungen notdürftig helfen.
Handelte es sich nicht um eine Hallig, wo nur ein einziges Haus allein auf der Warft stand, mußten die Häuser wegen des begrenzten Platzes dicht zusammenrücken. Man baute häufig zwei Häuser an ihrer Schmalseite unter einem gemeinsamen Dach aneinander.

So entstanden *„die meisten Zwistigkeiten (. . .) wegen der Grentzscheidung des einen Hauses von dem andern, da oft an einem Fuße breit Erde sehr vieles gelegen ist, weil doch ein jeder auf solchem engen Wege seine Dachtraufe, einen Kirchsteig zwischen den Häusern, eine Küh-Trift, und ein Siel zum Ausfluß der Unreinigkeiten haben muß"* – schreibt L. Lorenzen (Lo, 102) und hält das nicht, wie „in andern Ländern", für „Boßheit". Enges Zusammenleben kann schon Aggressionen erzeugen, vielleicht gerade dann, wenn ringsherum nur Weite ist.
Das über einem rechteckigen Grundriß gebaute Langhaus der Hallig, vom Typ des „uthländischen Hauses", war 14 bis 20 Meter lang und 8 Meter breit. Es

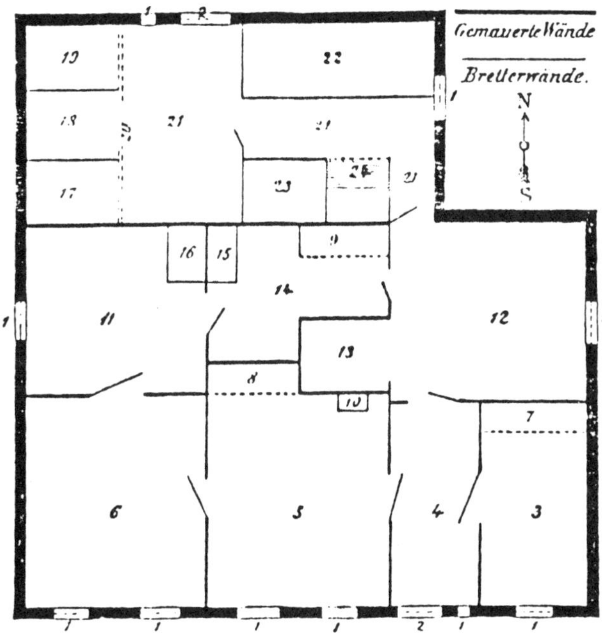

1. Fenster
2. Türen
3. Kleine Stube
4. Vordiele (Hausflur)
5. Große Stube
6. Pesel
7., 8. 9. Bettschränke
10. Ofen
11. Kammer
12. Küche
13. Feuerherd
14. Speisekammer
15. Eingang zum Keller
16. Fester Kleiderschrank
17., 18., 19. Viehställe
20. Rinne
21. Gang
22., 23. Schafställe
24. Treppe

68) Grundriß eines Halligahauses

zeigte mit der Front nach Süden, wo sich die Wohnräume befanden: die Diele, die „Dönse" oder „Dörnse" genannte Wohnstube sowie die bessere Stube, der „Pesel". Nur bei kleineren Häusern fehlte er.
Nach (Speise-)Kammern und Küche schlossen im hinteren nördlichen Teil des Langhauses die Ställe an, die aus Mangel an Streu gescheuert wurden und deshalb einen ungewöhnlich sauberen Eindruck machten.
Da auf den Halligen kein Korn angebaut werden konnte, fehlte die Dreschtenne. Außerdem fand man normalerweise in Halligäusern keine Seitenschiffe. Einen hohen Giebel gab es früher auch nicht, sondern oft nur einen kleinen Lukengiebel, durch den das Heu auf den Dachboden befördert wurde. Dieser diente grundsätzlich zur Vorratshaltung.
Erst seit dem 16. Jahrhundert sind Mauern an die Stelle primitiver Wände

getreten. Aus Holland kamen nicht nur Ziegelsteine, sondern auch die Kunst des Mauerns.

Eine Dachhütte, deren Sparren unmittelbar auf der Erde standen, war wohl die älteste Art der Behausung. Bis ins 19. Jahrhundert hinein wurden derartige Hütten noch als Unterkünfte für Erntearbeiter verwendet („Schnitterzelt").

Über den Hausbau im 17. Jahrhundert teilt C. Jensen aus einer alten Handschrift mit: *„Man berechnete die Kosten . . . sehr einfach und leicht, indem man sagte: So viel Fach Haus, so viel mal 10 Thaler, die Stube 10 Thaler, der Giebel ebenfalls 10 Thaler, und so hatte man für 100 Thaler ein Haus von 8 Fach mit Stube und Giebel fix und fertig. Die Ausstattung (. . .) war freilich (. . .) eine äußerst dürftige; es war eine Wohnung mit vier Wänden und darüber ausgespanntem Dachstuhl, nicht immer mit einer besonders abgemachten Wohnstube versehen und nicht viel mehr, als was man heute noch: ‚büttom techt', wörtlich ‚aussenum dicht', nennt." (Jen, 194)*

Strandgut von wracken Schiffen und wohl auch Holz aus den im Wattenmeer versunkenen Wäldern wurden zu erschwinglichem Baumaterial. Auf diese Weise wird auch manche Behausung auf den untergegangenen Halligen entstanden sein.

Sowohl Petreus als auch Heimreich berichten, daß die Wände im 16. und 17. Jahrhundert noch aus Erdsoden, Strohbündel (= Wasen), Brettern oder Reet bestanden.

In der Walfangzeit benutzte man u. a. auch Kiefernknochen des Wals.

Die späteren Backsteinhäuser wurden mit Lehm gefugt oder dem teuren und haltbareren Muschelkalk.

Wahrscheinlich leitet sich die – im Prinzip noch heute verwendete – Ständerkonstruktion nicht aus der Notwendigkeit besseren Schutzes her. Da sie auch in der nicht überfluteten hohen Geest zu finden ist, handelt es sich dabei wohl „um das Ergebnis einer baugeschichtlichen Entwicklung". (Pe, 329)

Jedenfalls erkannte man, daß selbst bei gewaltigsten Sturmfluten, wenn die Wände einstürzten, die Ständer stehenblieben und lebensrettend sein konnten. Im 19. Jahrhundert ging diese Weisheit jedoch wieder verloren, und es gab fast keine solcher Konstruktionen mehr.

Was den Fußboden betrifft, muß man sich Lehmschlag als ältestes und einfachstes Material vorstellen. Auch dünner Rasen, „Züngterev" genannt (Koehn, 123), kam vor, der später von Pflaster mit kleinen Kopfsteinen abgelöst wurde. (Schl, 92)

Keller- und Peselboden bestanden, wenn nicht mehr aus gestampftem Lehm, aus Ziegelsteinen, was anfangs auch für die „Dönse" galt. Als man die Ziegel durch Dielen ersetzte, galt dies als eine „wesentliche Hebung". (Schl, 92)

Im Hause Boysen auf der Mitteltrittwarft von Hooge wurde bis zum Tode der Frau Boysen im Jahre 1945 der Holzfußboden noch mit Sand bestreut. (Koehn, 123) Diese erloschene Sitte war früher allgemein üblich. Es gab aber nur wenige Stellen im Watt, wo man streufähigen Sand graben konnte, weshalb man ihn meist – u. a. von Amrum und Föhr – einführen mußte.

69) Königspesel auf Hallig Hooge

Teppiche gab es bis ins 20. Jahrhundert hinein nicht. Im Pesel herrschten Fliesen und später auch Marmor vor. Ursprünglich war der Pesel keineswegs das „Staatszimmer", das nur in reicheren Häusern existierte. (Pe, 325)
Bewegliche Schränke dürfte es kaum gegeben haben. Statt dessen fehlten Truhen in keinem Haus. (Schl, 144) Da sie aus der „Dönse" verbannt blieben, standen sie meist im Pesel, evtl. zusammen mit Eichenkoffern, die Kleider, Leinen und Schmuck enthielten.
Grundsätzlich wurden im Pesel die Familienfeste gefeiert und besonderer Besuch bewirtet. Wie schon erwähnt, war der prominenteste Besucher König Friedrich VI., der 1825 im Pesel der Hanswarft auf Hooge übernachten mußte („Königspesel"). In diesem der Allgemeinheit zugänglichen Raum läßt sich die Wohnkultur wohlhabender Halligfamilien noch heute studieren. Man versäume auch nicht, das wenige Meter entfernt liegende Museum des letzten Hooger Postschiffers Hans von Holdt zu besichtigen; Naturkundliches, alte Fotos und nicht zuletzt der Hausherr selber sind einen Besuch wert.
Bei dieser Gelegenheit: Am 31. August 1844 besuchte der Dänenkönig auch Oland mit einer heute noch berühmteren Persönlichkeit, nämlich dem Märchendichter Hans Christian Andersen.

70) Nebel auf der Hallig

Freistehende Betten kannte man nicht. Die Schlafstätten waren in die Wand eingebaut (Alkoven). Mädchen schliefen in der Küche und manchmal wurden die Mädchenkammern „mit eisernen Fensterstangen verwahrt“ (Schl, 121).
E. Schlee zitiert ein Werk von O. C. Nerong von 1903, wo dieser über Föhr schreibt: *„In uralten Zeiten sollen, vielleicht vor 400–500 Jahren, in der Mauer, die an das Bett eines jungen Mädchens grenzte, kleine Öffnungen gewesen sein, durch die der Freier mit den Mädchen reden konnte.“ (Schl, 121)*
Hauptsitzgelegenheit war die wandfeste Bank, die Kastenform hatte und auch als Behälter diente. Ein Stuhl mit Armlehnen stand nur dem Hausherrn oder der Hausfrau zu. Der des Familienoberhauptes pflegte etwas höher zu sein. (Schl, 146)
Nicht benutzte Stühle rückte man in Nordfriesland nicht an den Tisch, sondern an die Wand – was sich mancherorts noch bis heute erhalten hat.
Wohlhabendere besorgten sich raumsparende Klapptische und Polstersessel aus England. „Tischdecken kamen nicht vor.“ (Schl, 148)
Genaue Datierungen sind oft nicht möglich, da es nur noch sehr wenige an Ort und Stelle erhaltene Denkmäler gibt und museale Arrangements oft verändert

wurden. „Eine kontinuierliche Geschichte der Wohnraumgestaltung in Nordfriesland, d. h. ihr Wandel von Generation zu Generation läßt sich nicht nachzeichnen." (Schl, 102)
Doch hat es der exzellente Kenner Ernst Schlee unternommen, die wichtigsten Veränderungen des Hauses im 18. Jahrhundert zu rekonstruieren: Die Dachlast verlagerte sich vom inneren Gerüst auf die Außenwände. Der Pesel büßte den Kamin ein und der Küchenherd wurde zur einzigen Feuerstelle, die die Beilegeröfen speiste (evtl. schon im 17. Jahrhundert). Da die Häuser immer größer, breiter und länger wurden, herrschte mehr Gestaltungsfreiheit. Die zum Teil hölzerne Bekleidung der Außenwände wich einem Fliesenbelag, der sich innen ausbreitete. Pesel und Dönse glichen sich mehr und mehr an. Steinböden machten Dielen Platz und die Wandbänke entfielen. (Schl, 102 ff.) Soweit nur die wichtigsten greifbaren Veränderungen.
Bis weit ins 19. Jahrhundert hinein fehlten textile Vorhänge völlig. Auf Föhr nachgewiesene Schirme aus Holz, sogenannte „Skirmissen", wurden vornehmlich in der Küche gegen unerwünschte Neugier benutzt. (Schl, 120)
Erst im 19. Jahrhundert wurde das Wohnen intimer. Während es vorher als vollkommen normal galt, wenn sich Nachbarn bei Festen die Nase an den Scheiben plattdrückten, brachte man schließlich ein Guckfenster zwischen Hausgang und Dönse an. „Der Hausgang war für jedermann zugänglich, und die Haustür stand in ihrer oberen Hälfte offen, ein Zeichen der Gastlichkeit." (Schl, 121) Sogar Schwalben ließ man dort gerne nisten.

71) Peterheitz-Warft mit Heuklamp und Bockmühle (um 1920)

72) Bettwärmer

Die 1879 geborene Halligfrau K. Ingwersen berichtet 1938 zum Eintreten von Gästen ins Haus: „Anklopfen ist nicht üblich, das tun nur Leute, die dem Haus fremd sind."
Die auf den Halligen meist an der Nordseite liegenden Küchen haben oft einen Backofen, der dem Herdsockel selbst eingebaut ist – was auf dem Festland selten vorkommt. (Schl, 116) Darunter befindet sich im Fußboden eine Vertiefung für die Füße der Hausfrau, das „Grasterloch", denn man saß beim Backen auf dem Boden. Im übrigen stellte man aus der Mode gekommene Möbel gerne in der Küche auf.
Die Herdhitze leitete man in die Beilegeröfen der Dönse. Die Eisenplatten der „Bilegger" stammten meist aus Hessen oder Norwegen. (Schl, 149) An den Eckstangen aufgeschraubte Messingknäufe sollten die Hände wärmen. Besonders auf den Halligen (Hä in Pe, 340) ist die Oberplatte mit einem dünnen Messingblech belegt. Darauf steht der „Stulp" – aus Messing, Holz oder Ton –, der die darunter gestellten Kaffeekannen warm hält.
Über dem Ofen hingen an der Wand Metallgeräte, die man vor dem Rosten bewahren wollte. Weiterhin fand man Zuckerzangen zum Zerkleinern von Hutzucker, Glutbecken und gelegentlich eine Uhr.
Auf dem Fußboden unterhalb des Ofenkastens stand meist eine Blechkapsel mit Dauergebäck für unangemeldeten Besuch. Das Gewehr hing an einem Balken, damit Kinder nicht herankamen.
Normalerweise gab es zahlreiche Bücher, vor allem ein Gesangbuch und ein sogenanntes „Schatzkästlein", eine meist holländische Navigationsschrift für angehende Seeleute. (Ko I, 300)
Ansonsten pflegten sich noch eine von der Decke hängende Strohkrone (= Unruhe) und manchmal Bodenmatten sowie evtl. ein Webstuhl in der Stube zu befinden. (Schl, 149 ff.)
Zur Beleuchtung gebrauchte man Tranlämpchen, anfangs mit Binsenmark- und später mit Baumwolldochten. Noch später kamen Petroleumlampen mit äußerst geringem Verbrauch auf. Außerdem zog oder goß man selbst Talgkerzen. Vor Einführung der Zündhölzer schlug man Feuer aus Stahl und Stein. (Hä in Pe, 339)
Zum Warmhalten der Füße verwendeten die Bewohner „Feuerkieken", in denen Torf glühte, der auch die Hitze in den langgestielten Becken hielt, mit denen sie das Bett wärmten. Geröll und Ziegelsteine erfüllten diesen Zweck ebenfalls – und zwar ganz ohne Brandgefahr.
Ein Feuerschälchen mit Torfglut war zum Entzünden der Pfeifen gedacht. Wandschmuck, vornehmlich Schiffsbilder, ein Glaskasten mit Leichenbegängniskränzen verstorbener Angehöriger, strohgeflochtene Mappen als Brief- und Zeitungsbehälter, ein Tintenfaß, gewöhnlich aus Kuhhorn, geschnitzte Holzkästen, Pfeifenbord, Tabaksdosen, ein Tassenbord an der Wand sowie Flaschen mit hineinbugsierten Bastelarbeiten vervollständigten die typische Einrichtung. (Hä in Pe)
Nicht zuletzt waren Sanduhren beliebt. Clement (S. 146) erzählt, früher hätte man ein „Vierstundenglas" gehabt. Es wurde beim „Appsetten" (= Aufsitzen,

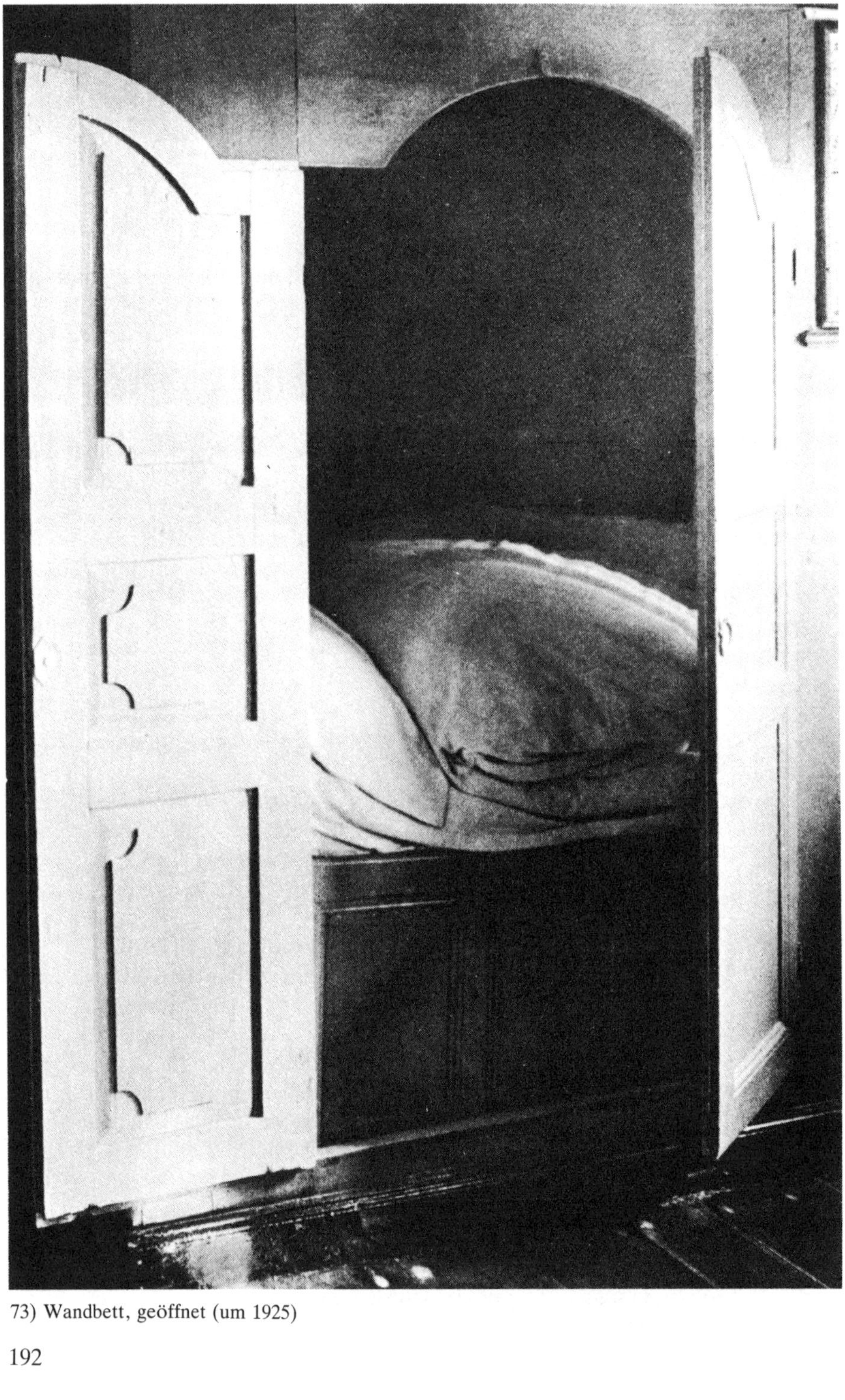

73) Wandbett, geöffnet (um 1925)

d. h. beim Zusammensitzen der Frauen) um 18 Uhr umgedreht, um dann um 22 Uhr die Bettzeit anzuzeigen.
Eugen Traeger, häufiger, manchmal monatelanger Besucher der Halligen gegen Ende des 19. Jahrhunderts, stellte fest: „Ziemlich selten sind auch Sophas, sehr häufig dagegen Polsterstühle". (Tr, 27)
Der im 19. Jahrhundert vorherrschende blaue Anstrich wurde deshalb gewählt, weil die blaue Farbe die billigste war. (Schl, 93) Diese, als typisch nordfriesisch geltende Farbe erlebt zur Zeit eine Renaissance – vor allem bei reichen Reethausbesitzern.
Die Angaben des Sylter Chronisten Henning Rinken über die Raumhöhe hat E. Schlee (S. 99) auf 1,80 m–2,10 m berechnet.
Abschließend sei eine, noch heute gängige, sagenhafte Überlieferung erzählt. Sie betrifft die auffallend niedrigen Hintertüren friesischer Häuser. Nachdem die Dänen die Friesen besiegt hatten, zwangen sie diese, ihre Haustüren auf die Nordseite zu legen und so niedrig zu bauen, daß sie beim Hinausgehen stets gen Dänemark hin eine Verbeugung machen mußten. Kaum waren die Dänen verschwunden, machten die Gedemütigten allerdings nach der anderen Seite hohe und breite Eingänge.

Aufteilung und Nutzung des Landes

„Nah ist nur Innres; alles andre fern.
Und dieses Innere gedrängt und täglich
mit allem überfüllt und ganz unsäglich.
Die Insel ist wie ein zu kleiner Stern
welchen der Raum nicht merkt und
stumm zerstört . . .“
aus: R. M. Rilke „Die Insel“

Aufgeworfen aus Halligboden und mit Grassoden wieder abgedeckt, mußten die Warften (fries. „Weerow“), auch Wurten genannt, im Laufe der Zeit immer mehr erhöht werden, um vor den steigenden Sturmflut-Wasserständen Schutz zu bieten. Nicht anders als im Deichbau lernte man relativ spät, daß die Böschungen desto effektiver waren, je flacher ihre Neigung war, so daß die Wellen sich allmählich totlaufen konnten.
Die zur Warftfläche hochführenden Verbindungswege nennt man „Acken“ oder „Acks“, gelegentlich auch „Rampen“. Heute sind sie gepflastert, während früher Bretter oder Steine den Weg befestigten. Die Einfriedung der Anwesen und Gärten heißen „Staket(werke)“ oder einfach „Stack“.
Neben den Fethingen und Schetels befanden sich oft noch „Hocken“ für Schafe und Hornvieh auf der Warft. Die meist an der Ostseite gelegenen Düngergruben vernichteten das Gras und trugen zur Zerstörung durch Sturmfluten bei. Durch Polizeiverordnung vom 30. November 1882 wurde das dortige Ablagern von Dünger schließlich verboten. (Mü.I, 271f.)
Die alle Halligen durchziehenden, mehr oder weniger breiten Wasserläufe wurden vor dem 20. Jahrhundert von den Friesen nur als „Schlurta bzw. Sluarta“ (= Schlote) oder, bei kleineren Gräben, „Ränel“ (= Rönnel) bezeichnet. Besonders große Ströme hießen „Baljen“. Heute verwendet man für große und kleine Gräben überwiegend den Ausdruck „Priele“, die zu allen Zeiten auch als Grenzmarkierungen dienten.
Stege, „Stöcke“ in der Sprache der Halligleute, bestanden aus einfachen Balken – auch heute noch oft ohne Geländer. Kohl schildert, wie ein Föhringer mit seiner Frau auf Langeneß damit eine erschreckende Erfahrung machen mußte. Der Mann erzählte ihm *„mit Grauen von den breiten Schloten, über die er auf dünnen Balken hätte passieren müssen. Diese Balken seien ganz schmal, oft kaum im Ufer gehörig befestigt gewesen, und unter ihnen habe die landeinwärts strömende Meeresflut getobt. Er und seine Frau wären meistens reitend darüber hingekrochen und von den Halligbewohnern, die mit ein paar Tritten sicher hinübergegangen, tüchtig ausgelacht worden. Er hatte jede Reise nach den Halligen für die Zeit seines Lebens verschworen.“* (Ko I, 316)
Tatsächlich gab es auch tödliche Überquerungen. So schreibt L. Lorenzen (1749) von Nordmarsch, das 41 „solcher Balken-Brücken“ habe. Es mangele nicht an „kläglichen Exempeln“, daß jemand hinunter fällt und „ertrinket, wie

Ein Erlebnis in Wort und Bild

Mit Hilfe historischer Photos aus der Sammlung seines Großvaters dokumentiert Hans-Hermann Storm Lebens- und Arbeitsbedingungen „auf dem Lande". Mit zahlreichen, z. T. handcolorierten Photos.

Achtung: Der Preis von DM 29,80 gilt bis September 1992. Ab 1. 9. 1992 kosten die Bücher DM 34,–.

Vorname

Zuname

Straße

PLZ / Ort

CHRISTIANS VERLAG & AUSLIEFERUNG

An den

Christians Verlag

Kleine Theaterstraße 10

2000 Hamburg 36

noch nur vor wenigen Wochen auf Langeneß geschehen, da eine junge Frau, die ein säugendes Kind gehabt, also im Wasser ihr Leben hat beschließen müssen." (Lo, 49)

Wo das Wasser auf dem Halligland keinen Abfluß hat, bilden sich Pfützen, „Sikken" genannt. „Plaring" sind vom Vieh abgetretene, abgegrabene oder vom Wasser abgespülte kahle Stellen.

Unter „Kamp" versteht man gröbere Muschelteile ohne Sand. Feinere Muschelstücke mit Sand heißen „Singel". Wenn das Gras an diesen Stellen wieder wachsen sollte, mußten die Muscheln im Frühjahr mühsam aufgesammelt werden. Anschließend verkaufte man sie, wenn möglich, an Kalkbrennereien. *„Zu den regelmäßigen Wirtschaftsarbeiten gehört auch das (. . .) Kleien im Frühjahr, worunter alle Erdarbeiten zu verstehen sind, also das Schlämmen und die Wasseranspannungen in Grenzgräben, das Ausheben schmaler Abzugsrinnen zur Entwässerung tiefliegender Stellen, die Herstellung von Fahrdämmen durch Gräben und Löcher für die Erntewagen und die Renovationen an den aus Soden zusammengesetzten Stirnpfeilern der festen Stege und Brücken."* (Tr, 75)

Außerdem wurden in dieser Jahreszeit u. a. die kleinen Boote zum Heueinfahren wieder instand gesetzt, ebenso wie beschädigte Stacks, Fethinge und Reetdächer.

Auf den kleinen Halligen wurde den Pächtern ein „Festebrief" ausgestellt. Eine bestimmte Gebühr - das Festegeld - begründete das Recht, Grundstück und Ländereien zu benutzen. *„Gegenstand der Feste waren ursprünglich bloß Grundstücke. Nach der Größe und Bewirtschaftung derselben sind die Festegüter entweder Festehufen (Dänisch „Fæstebœr"/fries. „Festestaven") oder Festekathen oder bloße Festeländereien, als Äcker und Wiesen. Daß bloß einzelne Grundstücke und Ländereien ohne Wohnhäuser in Feste ausgetan sind, ist häufig mit Kirchenland (. . .) der Fall. Was das auf dem Festeland stehende Haus anbelangt, so wird dies jetzt meistenteils als ein Zubehör des Bodens angesehen; an manchen Orten gehören nicht bloß die Gebäude, sondern sogar auch der ganze Hofbeschlag an Vieh und Geräte zum Festegut . . ."* (Mü I, 41f.)

Anfangs wurde die Dauer der Feste auf ein Jahr festgelegt, später auf mehrere Jahre, schließlich auf Lebenszeit. *„Die Lebenswierigkeit der Festen muß sich um die Mitte des 16. Jahrhunderts entschieden haben, denn im Koldinger Rezeß von 1558 Art. 42 wird sie vorausgesetzt. Eine Verordnung Friedrichs II. vom 23. Oktober 1565 fügte hierzu noch die Bestimmung, daß die Feste für die nachlebende Witwe des Festers fortdauern sollte, solange sie nicht zur zweiten Ehe schreite." (Mü I, 41)*

Die Fester konnten ursprünglich ihr Haus beim Wegzug abbrechen, denn nach altnordischem Grundsatz gehörte es zu den beweglichen Gütern. „Später gestattete man dem Grundherrn ein Vorkaufsrecht an dem Haus die Festers." (Mü I,40)

Daneben gab es noch die sogenannten „Kätner". Ein Grundbesitz mit vollem Pflugbetrieb wurde „Boel" (auch „Hufe") genannt. „Von einem Landbesitz, der keinen ordentlichen Pflugbetrieb hatte, wurde kein Heerdienst geleistet,

74) Altes Hill (=Schuppen), Ack, Gatter zum Kühemelken und Pottstall (rechts)

und dies ist der Ursprung der Katen. Der Begriff aller Kätner (. . .) ist allein darin zu suchen, daß sie keinen Heerdienst leisteten, weshalb man auch von ihnen sagte, daß sie in Quersät, d. i. in ruhigem Sitze wären, sondern bloß ein jährliches Verbittelsgeld (Inne oder Quersät genannt) an des Königs Tafel entrichteten." (Mü I,40)

Verfestet wurden nicht nur Wohnhäuser und Ländereien, sondern auch Wirtshäuser, Fährbetriebe sowie Fisch- und Muschelfanggenehmigungen.

Anders als in den Festeverhältnissen ist es auf den größeren Halligen, die von mehreren Familien bewohnt wurden. Persönliches Eigentum ist dort nur Haus und Grundstück, einschließlich Garten und dem dazugehörigen Teil der Warftböschung.

Ansonsten galt die altgermanische Flurverfassung der „Allmende". Ihr liegt der genossenschaftliche Gedanke der allgemeinen Nutzung des Halliglandes zugrunde, angesichts des Umstandes, daß das Meer auf individuelle Besitzverhältnisse keine Rücksicht nimmt. Das Gerechtigkeitsgefühl der Nordfriesen und

ihr gemeinsamer Kampf gegen die See paßten zu der sozialen Regelung der Allmende. „Sie war das Bindeglied von Mensch zu Mensch, das gemeinsame Schicksalsschläge überwinden half." (Br)
Ihr Nachteil bestand darin, daß zwar Sturmflutschäden gemeinsam beseitigt wurden, doch „gemeinsame Maßnahmen zur Hebung der Ertragsfähigkeit des Halliglandes (Düngungsversuche, Kampf gegen den Klappertopf, Entfernen der überhandnehmenden Ameisenhügel.)" kaum erfolgten. „Sie mußten unterbleiben, weil kein Besitzer daran Interesse haben konnte, für seinen Nachfolger – der vielleicht nichts tat – eine schwierige Arbeit zu übernehmen." (Br)
Erst 1935 machte die Hallig Hooge den Anfang und leitete das Ende der Allmende ein. Man teilte das Land bis zum 20. April 1941 auf. Andere Halligen folgten später, während im übrigen Schleswig-Holstein die Allmende schon länger aufgegeben worden war. Auf Gröde wird sie zum großen Teil heute noch betrieben.
Früher bildeten die Bewohner einer Warft eine „Warftgenossenschaft", die sogenannte „Bolsinteressenschaft" oder „Bohlsgemeinschaft". Jährlich wechselnd trat an ihre Spitze ein „Bohlskurator", später ein aus mehreren Männern bestehendes Schiedsgericht. Sie mußten Streitfälle entscheiden.
Man teilte das Land in zwei Hälften auf. Die bessere wurde zum Meede- oder Mähland bestimmt, wo man „Heu machte". Die jedes Jahr neu zu verteilende Landmasse wurde in, für Außenstehende höchst verwickelten, „Meedebüchern" (auch „Meedschiffterbuch" = „Mahdwechselbuch") festgehalten.
Die schlechtere Hälfte des Landes wurde zur Weidefenne bestimmt, deren ebenfalls wechselnde Aufteilung im „Fenn(e)brief" niedergeschrieben wurde.
Durch Erbschaft und Verkauf ergaben sich äußerst komplizierte Besitzfragen. Eugen Traeger hat einmal am Beispiel der Okkelützwarft auf Hooge die Verhältnisse genauestens aufgeschlüsselt. (Tr. 57ff.)
Das Meedeland bestand aus mehreren, mit Namen versehenen Fluren, die in eine Anzahl von „Kören" (= „Ausgewählten") zerfiel. „Diese meistens rechteckigen Stücke, an denen jeder Warfgenosse Anteil hat, entsprechen den Gewannen der alten Germanen." (Mö,73) Der Ausdruck „Gewann" hat sich übrigens heute noch bei Unterteilungen der Friedhöfe in ganz Deutschland erhalten.
Einzelne Landanteile nannte man „Schiffte" (=„abgesondertes Landstück") oder auch „Bruderteile". Ein Bruderteil entsprach zwei Schwesternteilen. Je nach seiner Größe und Beschaffenheit kann ein(e) Schifft eine bestimmte Anzahl von Vieh ernähren. Man rechnet dabei mit dem sogenannten „Notsgras" (Fries. „Nuat" = Rind), d. h., ein Notsgras, auch als „Scheer" bezeichnet, entspricht dem, was eine Kuh abweidet.
„Einer Kuh gleich gerechnet werden 2 Starken oder jährige Kälber, oder 6 junge Kälber, oder 4 Schafe, oder 8 Lämmer . . ." (Tr, 56f.)
„Jedem Bohlsmitglied wird in jedem Jahre ein Teil des guten und ein Teil des schlechten Meedelandes zugewiesen, aber so viel, dass in einem bestimmten Turnus von Jahren die Menge des zuerteilten Landes den Durchschnitt erreicht, welchen jeder Stellenbesitzer nach seinem Kaufbrief verlangen kann."(Tr,57)

Das Meedeland wird in Parzellen zerlegt, die streifenförmig in eine vorgeschriebene Himmelsrichtung weisen. *„Es wird zunächst die Breite des ersten Streifens längs der Grenze am Kopf- und Fußende festgestellt und an beiden Enden durch einen Dohl bezeichnet, d. h. ein in den Erdboden geschnittenes Loch: neben das Dohl werden mit einem Messer die Anfangsbuchstaben des Besitzernamens eingeschnitten, und so geht es weiter Streifen für Streifen, bis die ganze Fläche aufgeteilt ist. Die Breite der Streifen wechselt sehr; es gibt solche, bei denen sie nur 2 Fuss beträgt." (Tr, 57)*
Daneben gab es noch vereinzelt spezielle Landstücke, die nach anderen Regeln aufgeteilt wurden, z. B. auf Hooge das sogenannte „Hilligen", welches zeitweise in 5 Teile zerfiel, die 11 Besitzern gehörte. (Mü I, 48)
Spätestens Mitte Juni war das „Meedschifften" beendet. Jeder wußte, wo seine Parzellen lagen. Man begann jedoch frühestens am 24. Juni, dem Johannistag, mit dem Heuen. Niemals wurde das gesamte Meedeland auf einmal gemäht – damit nicht etwa eine Sommerflut den Ertrag eines ganzen Jahres hinwegschwemmen konnte. Gearbeitet wurde früher ausschließlich mit der Sense. L. Lorenzen schreibt 1749: „Die Sicheln, Dreschflegel und andere Instrumente sind auf unserem Land unbekannte Dinge, die man hier niemals gesehen hat." (Lo, 65)
Wenn die zu mähende Fläche für einen allein nicht zu bewältigen war, stellte man Helfer vom Festland an. Meist begannen sie schon um 5 Uhr morgens ihre Arbeit, die bis gegen 17 Uhr dauerte. (LNL, 73) Zu den Zeiten, als die Mehrheit der Männer auf See war, lag das Mähen allein in der Hand von Fremden, weil „die Frauens-Leute sich je mit dem Mehen nicht abgeben." (Lo, 66)
L. Lorenzen läßt uns wissen, daß immer wieder Schafe von der Fenne auf das Meedeland wechseln konnten, „weil einige Warffs-Leute mit Fleiß nicht sonderlich Achtung darauf geben, und gerne sehen, daß sie über die Schlöte auf fremden Meed hinüber waten, und sich satt essen." (Lo, 65f.) Auf dem betreffenden Feld wächst dann oft kein Gras mehr, manchmal sogar im nächsten Jahr nicht.
Nachdem das Gras in lange Streifen zusammengerecht war, brachte man es möglichst schnell ein. Die Frauen trugen es entweder mit weißen Laken, die mit Schlaufen versehen waren, auf dem Kopf oder man benutzte Boote, die man durch die Priele zog. Letztere war die gängigere Transportmethode, solange die Gräben noch nicht abgedämmt waren, also bis zum Anfang des 20. Jahrhunderts.
„Ein solches Both voll Heu nennen sie auf ihrer Sprache einen Böhlcke, welches Wort auch sonst, ein Bruder heißet, und durchgehends gebrauchet wird, wenn man einen liebkosen will . . ." (Lo, 67)
Eine dritte Möglichkeit des Heutransports wird mit Pferden betrieben, die extra dafür vom Festland geholt werden.
Nachdem das Heu auf hochgelegenen Stellen getrocknet worden war, brachte man den größten Teil auf dem Dachboden unter. Den Rest lagerte man draußen in der Nähe des Stalles, indem man es zu großen „Diemen" oder

Heumachen

75) Heumachen

„Klampen" (auch „Klamps") aufschichtete und zusammenband. Mehr als einmal wurden diese Diemen zu „Rettungsbooten" bei Sturmfluten.
Üblich war immer, daß über dem letzten Fuder, das eingefahren wurde, eine oder mehrere Fahnen aufgezogen wurden." (Lo, 75)
Da auf den Halligen kein Korn angebaut werden konnte, mußte man es von den Inseln, bzw. von Husum, herüberschaffen. Die in den Haushalten benutzten Handmühlen waren allerdings zu klein, um Getreide in größeren Mengen zu mahlen. Man baute Bockmühlen, wie sie auf alten Halligbildern noch zu sehen sind, oder brachte das Korn sackweise zu den wenigen großen Mühlen. Zur Zeit von L. Lorenzen (1749) gab es auf Nordmarsch keine, weshalb man das Korn zu der Langeneßer Mühle schleppen mußte.
Die Bestimmungen des Fennebriefes galten nur vom 12. Mai bis zum 24. August. Am 12. Mai war der Tag des Auftriebs von Hornvieh aus den Ställen auf die Fennen. Auch die Schafe mußten sich von diesem Datum an auf den Fennen aufhalten. Vorher durften sie im allgemeinen überall grasen. Nach dem 24. August begann die „freie Weide", sofern der „Fennemacher" (fries. „Feenemaager") nicht Einspruch erhob. (LNL, 50f.)
„Fennemacher war der Reihenfolge nach nur für ein Jahr einer der Bauern der Werft . . . Seine Hauptobliegenheit bestand darin, beim Weideauftrieb darauf zu achten, daß niemand (. . .) mehr Tiere in der Warftfenne grasen ließ, als ihm nach dem Fennebuch erlaubt war." (LNL,51) Man nannte eine solche Übertretung „Überscheer". Der Fennemacher konnte dann z. B. Geldbußen (fries.: „Brööke") verhängen, die an die „Fennekasse" der Warftgemeinschaft zu entrichten waren.
Hatte die See einmal mehr die Fläche der Fenne verkleinert, wurde die Anzahl des Hornviehs und der Schafe vermindert. Wenn also ein Bruchteil der Fenne als nicht mehr vorhanden abgezogen wurde, nannte man dies „Absetzen". „Mit diesem Bruchsatz wurden alle Mitglieder der Warftgenossenschaft gleichmäßig belastet." (LNL, 50)
Der Weideabtrieb fand Anfang November, spätestens am 11., statt. In älteren Zeiten, als noch mehr Überflutungen die ungeschützten Halligen heimsuchten, mußte das Vieh schon früher in den Stall.
Nach L. Lorenzen (1749) sollen Schafe, die Salzwasser trinken müssen, allerdings „groß, stark und überaus fett" (Lo, 71) werden und gut zu verkaufen sein. Da das Hornvieh jedoch versalzenes Gras nicht mehr fraß, mußte Heu zugefüttert werden. Im schlimmsten Fall sah man sich gezwungen, noch im November einige Tiere weit unter Wert an Viehhändler des Festlandes zu verkaufen.
Gemolkene Milch füllte man im Keller in flache Schüsseln, die „Satten" (fries.: „Seeter"). Nach ein bis zwei Tagen schöpfte man den Rahm ab und schüttete ihn zum Säuern in Steingut-Kruken.
Der durchsäuerte Rahm wurde mit Buttermaschinen (fries.: „Seern") verarbeitet. Dazu gab es drei Sorten von handbetriebenen Geräten:
1.) Die Butterschwinge: ein an der Decke aufgehängter Holzkasten, der in etwa einer Stunde durch Schwingen aus Rahm Butter machte.

2.) Der Butterstampfer: ein tonnenähnliches Gefäß mit einer an einem Stiel befestigten, durchbrochenen Scheibe. Durch Auf- und Abbewegen des Stieles bzw. Stampfers entstand ebenfalls in ungefähr einer Stunde Butter.
3.) Die Kurbelmaschine: eine zylinderförmige Tonne in deren Mitte ein hölzernes Flügelkreuz von außen durch eine Kurbel rotiert wurde. Herstellungszeit der Butter ebenfalls rund eine Stunde. (nach LNL, 59)
Die übrigbleibende Buttermilch verfütterte man, falls vorhanden, an die Schweine und/oder machte Buttermilchsuppe (fries.: „Oonesop") daraus.
Die vielerorts geschätzte Butter wurde nicht nur auf den Märkten von Wyk und Husum, sondern sogar „in Pötte und Achtentheilen" bis nach Hamburg verkauft. (Lo, 70)
Während heute – und mit Sicherheit auch schon im 19. Jahrhundert (Tr, 57) – eine beträchtliche Menge „Gastvieh" vom Festland in Gräsung genommen wird, war es vormals eher umgekehrt. L. Lorenzen berichtet 1749: „Ist das Heu schlecht gerathen, so müssen wir einen großen Theil unserer Milchkühe nach dem festen Lande in die Fütterung geben, auf Hoffnung eines zukünftigen bessern Jahrs." (Lo, 70f.)
Bei der Schafhaltung ging es um das Fleisch und um die Wolle. Gute Fleischschafe tendieren zu grober Wolle. Zeitweise galt es, den Wettbewerb mit dem englischen Fleischmarkt zu bestehen. Gewichtszunahme und Frühreife mußten verbessert werden. Vor allem im 19. und im beginnenden 20. Jahrhundert kreuzte man englische Fleischschafe um, „wozu vorwiegend die Cotswords, vereinzelt nur Oxfords (Schwarzköpfe) benutzt wurden". (Pe, 640)
Das Fallen der Wollpreise und der immer größere Wert, der auf beste Qualität gelegt wurde, brachte Mitte des 20. Jahrhunderts die traditionelle Schafzucht auf den meisten Halligen zum Erliegen. Zur Zeit läßt sich ein Umschwung beobachten.
Bis zum Frühsommer wurden die Lämmer von den Muttertieren gesäugt, danach konnten diese *„einige Wochen lang täglich gemolken werden. Im August wurden die Lämmer verkauft und per Schiff zum Festland transportiert. Die Milch der Schafe verarbeitete man zu Käse. Der Hallig-Schafskäse war eine auf Föhr und auf dem Festland geschätzte Delikatesse"*, schreibt Jens Lorenzen über die Vergangenheit von Nordmarsch-Langeneß und fügt hinzu, daß nach 1930 das Melken der Schafe nach und nach aufgegeben wurde. (LNL, 55)
Vor der Schafschur im Mai/Juni wurden die Tiere im Meerwasser gewaschen. Nach wenigen Tagen war die Wolle getrocknet und konnte mit speziellen Schafscheren geschoren werden, „wobei man darauf achtete, daß das Vlies (fries.: Faacht) jedes einzelnen Tieres im Zusammenhang blieb. Ein Schaf lieferte im Durchschnitt drei Kilogramm Wolle". (LNL, 55) Je nach Zeit und Umständen wurde ein Teil der Wolle verkauft, und der Rest im Haushalt verarbeitet.
Die Schafe waren widerstandsfähig und genügsam, aber durch eventuelle Sommerfluten stark gefährdet. Wenn man sie nicht rechtzeitig auf die Warft trieb, ließen sie sich vom Wasser hochheben, ohne zu fliehen, um dann mit dem schwer vollgesogenen Fell kläglich blökend unterzugehen.

76)) Schafwaschen bei Hilligenley (1929)

77) Elektrische Schafschur, nach dem Stromanschluß Grödes am 8. 8. 1976

Über außer Gebrauch geratene landwirtschaftliche Geräte und Hausrat gibt es einen gründlichen Beitrag von Carl Häberlin: „Der Hausrat" (in Pe, 336ff.). Davon will ich nur einen Abschnitt herausgreifen: *„Schafe wurden mit einem (. . .) hölzernen Halsgeschirr an einen Stock paarweise zusammengekoppelt. Kühe, Kälber, Schafe, Ziegen und sogar Gänse wurden (. . .) vielfach „getüdert". Der in die Erde geklopfte Tüderpfahl mit dem Tüderstrick dient zum Festhalten der weidenden Tiere (. . .). Das Weidevieh wühlt mit seinen Hörnern oft in sehr schädlicher Weise an den, die einzelnen Fennen trennenden Wällen; deshalb wurde über den Hörnern ein Brett angebracht, sodaß nur die Spitzen der Hörner über das Brett herausragten." (S. 346)*
Noch einmal Häberlin: „Besonders Sensen und zweigabelige Werkzeuge mit gekrümmten Zinken gibt es zur Reinigung der Marschgräben von überflüssigem Pflanzenwuchs." (S. 346)
Schon im 18. Jahrhundert befleißigte man sich in bescheidenem Ausmaß der Bienenzucht. Eine Tradition, die sich aus anderen Gründen als denen der Honigerzeugung in den letzten Jahren auf den Halligen fortsetzte. Abseits vom Festland lassen sich reine Rassen züchten, weil sich die nicht so weit fliegenden Tiere nicht mit anderen Bienenvölkern vermischen können.

78) Meedestock zum Teilen der Kören kurz vor der Mahd.

Feuer und Wasser

„Wasser, Wasser ringsumher / Und doch kein Tropfen zu trinken."
S. T. Coleridge

Jahrhundertelang hat sich am Alltag auf der Hallig praktisch überhaupt nichts verändert. Die Seefahrer kamen zwar in Kontakt mit der „großen Welt", aus der sie Gegenstände und Geschichten mitbrachten, doch die Geschichte der Halligen verlief nach eigenen Gesetzen. Der entscheidende Einschnitt wurde erst nach der Mitte des 20. Jahrhunderts vollzogen, als man Stromkabel und Wasserleitungen vom Festland bis zu den Halligen legte.
Allerdings sind Habel, Südfall und Norderoog bis heute davon ausgenommen. Nur Süderoog kann sich durch Generator und Meerwasserentsalzungsanlage mit Strom und Wasser selbst versorgen.
Fragt man Halligleute, die die Zeit davor noch lange genug kannten, ob Elektrizität oder Wasser wichtiger waren, erhält man immer nur eine Antwort: Wesentlich hilfreicher war die neue Trinkwasserversorgung. (Dies bestätigte u. a. der 95jährige Nanning Petersen aus Oland.)
Liefen nach Sturmfluten Fethinge und Trinkwasserbehälter mit Meerwasser voll und kamen nicht in kürzester Zeit Wasserschuten (= Boote) von Wyk, Husum oder Ockholm, mußten nicht nur Tiere elend verdursten.
Die Trinkwasserversorgung stellte zu allen Zeiten ein vorrangiges Problem der Halligleute dar, und es lohnt schon deshalb, darauf näher einzugehen.
Nicht alle hatten das Glück wie Langeneß, das im Nordosten von Nordmarsch einen Süßwasserbrunnen besaß, der allerdings nur zur Ebbe zugänglich war. Er weist auch darauf hin, daß sich unter der Hallig ehemaliges Festland befindet. Wie L. Lorenzen (1749) schildert, ist das Vieh, *„schon unterschiedlichermahl durch diesen Brunnen vom Durst-Sterben gerettet worden. Denn weil wir auf unserer Insel kein ander frisch Wasser haben, als was auf den Warffen vom Regen aufgefangen wird, so trägt es sich zuweilen bey trockenem Sommer zu, daß nichts mehr vorhanden, und das Vieh auf dem Felde vor Durst jämmerlich blöcket und schreiet." (Lo, 41)*
Am westlichen Ufer von Nordmarsch gab es noch eine Quelle, die aber nur brackiges Wasser spendete, sofern man „einige Ellen tief" grub. Zur Not konnte man damit einen Teil des Viehs retten. Doch trug die Graberei zum noch schnelleren Abbruch der Hallig bei.
Die Halligleute durchwühlten das Ufer „auf eine erbärmliche Weise", so daß L. Lorenzen in einem Sommer „an die 30 Gruben" (Lo, 43) zählen mußte.
Im Gegensatz zu heutigen Touristen wünschte man sich beim Durchzug von Gewittern flehentlich den Niederschlag. Leider blieb der Hallig oft nur der „helle" Sonnenschein, „während andere Gegenden gnug beregnet werden, da wir indessen umsonst nach einem Regen seufzen." (Lo, 76)
Regnet es aber tatsächlich, „so siehet man die Einwohner auf den Warffen überall fleißig, das Wasser vom Felde in ihre Brunnen und Wasserbehältnisse tragen, um sich einen Vorrath zu sammeln." (Lo, 76)

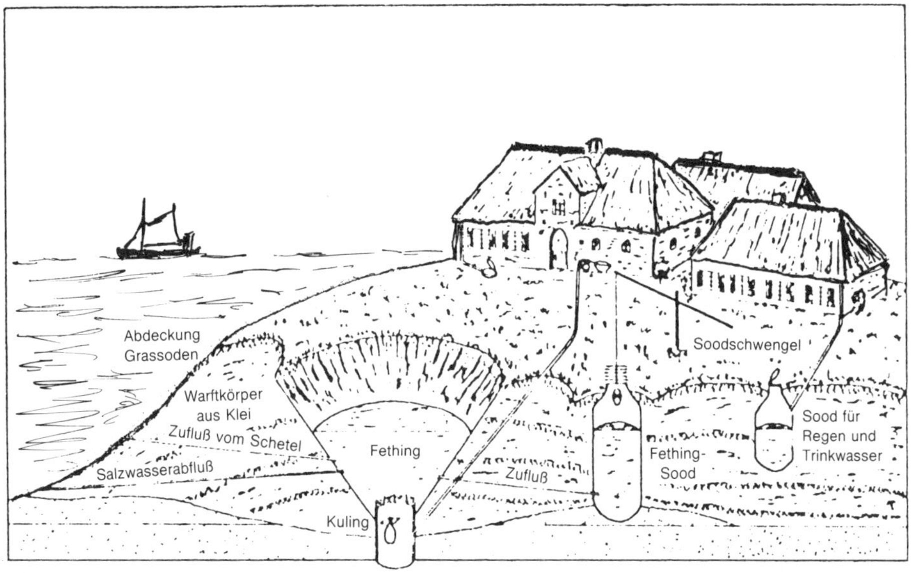

79) Frühere Wasserversorgung einer Warft

Ähnliches geschieht nach einem Schneefall. Man bemühte sich soviel wie möglich Schnee sicherzustellen und schüttete ihn in die Wasserreservoire.
Es gab mehrere Systeme der Wasserversorgung.
Die Fethinge oder Fedinge (fries.: „Fääding") sind noch heute auf fast allen Halligen vorhanden. Ihre Funktion hat sich allerdings geändert. Während sie früher fast ausschließlich das Vieh mit Wasser versorgten, versorgen sie heute vor allem die Urlauber und Tagesgäste mit idyllischen Bildern. Auch sollen sie im Falle eines Brandes als Löschteich dienen.
Brände wirken sich auf den Halligen leicht besonders verheerend aus. Der Wind läßt die Flammen blitzschnell von einem Reetdach zum benachbarten übergreifen. Heimreich (II, 86) berichtet von einer Feuersbrunst, die 1627 auf Habel wütete, und „unterschiedlichen Feuersbrünsten", die während der Sturmflut von 1634 entstanden. 1769 brannten „fast alle Häuser auf Oland ab" (Mü II, 121) Wenn es noch möglich war, versuchte man schnell nasse Segel auf die Nachbarhäuser zu legen.
Meist sind die heute noch vorhandenen Fethinge verkleinert und pro Warft findet sich nur noch einer, während es früher zwei, manchmal auch drei gab.
Die Tiefe des Fethings entsprach ungefähr der Höhe der Warft und hatte die Form eines umgekehrten Kegelstumpfes. An seinem Boden sammelte sich das (Grund-) Wasser in zwei Schächten. Diese „kulings" (fries.: „Kul") oder auch „Fethingquelle" genannten Behälter lieferten dem Vieh in niederschlagsarmen Zeiten brackiges Wasser, das man ihm aber nur für wenige Tage geben durfte.
Die Wände der „Kulings" bestanden aus Holz oder Erdsoden. Man verschloß die Behälter durch ein steinbeschwertes Brett.

80) Wasserholen aus dem Feting (1955)

81) Eisschollen auf dem Anleger von Gröde

Bei entsprechendem Wasserstand floß das Wasser durch einen Siel in die Fething-Zisterne (fries.: „Fäädingsuu'e"), auch „Feting-Sod" genannt. Mit Hilfe eines Schwengels (fries.: „Hiangster") wurde das Wasser mit einem Eimer hochgeholt. Der Eimerinhalt wurde in eine hölzerne Rinne gegossen, die ihn entweder direkt in den Stall führte oder in einen hölzernen bzw. steinernen Tränktrog (fries.: „Nooste"). Letztere waren und sind noch heute meistens ehemalige Steinsärge.
Ein Rind trinkt täglich durchschnittlich 20, ein Schaf etwa 7 Liter. (LNL, 34)
Im allgemeinen waren die Fethinge umzäunt, damit das Vieh nicht die Böschung beschädigte und das Wasser (einigermaßen) sauber blieb. Wenn keine Zäune da waren, konnte das schlimme Folgen haben.
L. Lorenzen (1749) schreibt: *„Wenn aber die Feedings etwann voll Wassers sind, und die Brunnen zuweilen mitten im Fußsteige offen liegen, so mag man sich zur Nachts-Zeit wohl fürsehen, daß man nicht hineinfalle. Und mangelt es nicht an kläglichen Exempeln von Kindern und alten Leuten, die in solchen Brunnen und Feedings ertrunken sind." (Lo, 103)*
Neben den Fethingen hatten die Halligen noch ein anderes System der Wasserversorgung. Jens Lorenzen gibt einen kurzen Abriß davon: „Der Scheetels war ein an den Warftfuß angrenzendes rechteckiges Wiesenstück, das von einem niedrigen wallähnlichen Deich (ein bis zwei Dezimeter hoch) umschlossen war. Auf dieser Fläche sammelte sich bei Regenfällen Wasser an, das in einem „Grüppel" (grabenartige Rinne) in eine nördlich der Warft vor dem Fething gelegene Grube, „Scheetelsloch" genannt, geleitet wurde. Diese schachtartige Vertiefung war durch ein Siel („Fethingsiel") mit dem Fething verbunden." (LNL, 35)
Nicht zuletzt gab es, neben dem Fethingsod, noch einen „Haussod", die

Hauszisterne. Sie sammelte den Regen in Rinnen und stellte ihn als Trink-, Koch- und Waschwasser zur Verfügung.
Diese Zisterne bestand aus Soden oder (Ziegel-)Steinen und hatte Milchflaschenform. Die Halligen Habel und Appelland hatten – zumindest Anfang des 19. Jahrhunderts – doppelte Rahmen und Deckel, zwischen die man „zur Zeit hoher Fluten" Klei stampfte, um das Salzwasser abzuhalten. (Mü II, 176)
Man entnahm das Wasser mit einem Eimer, der an einer Hakenstange hing, dem „Sodstock" (fries.: „Suu'estook"). Von Zeit zu Zeit mußte die Zisterne gereinigt werden, denn die Wasserqualität wurde nicht nur von Reetstückchen getrübt. Dazu wurde ein Kind in den Schacht abgeseilt.
Fast so wichtig wie die Wasserversorgung war die Feuerung. Der „nordfriesische Verein für Heimatkunde und Heimatliebe" veröffentlichte 1934 einen Bericht von Haye Hinrichsen „Ein Junge von Langeneß erzählt, wie das Brennmaterial hergestellt wird." Dieser auf friesisch wie auf hochdeutsch abgedruckte Text ist sehr detailliert und wird deshalb von späteren Autoren immer wieder herangezogen. Erst J. Lorenzen (1980) hat einige Ergänzungen und Korrekturen beigebracht.
Auf die hauptsächlichen Arbeitsgänge soll nun gerafft Bezug genommen werden. Da man auf den überflutbaren Halligen für Dünger keine Verwendung hatte, kam man schon in alten Zeiten auf eine Idee, der man auch in anderen Kulturen begegnet (z. B. in Wüstengegenden): Man benutzte den Kot der Tiere als Brennmaterial.
Zweimal täglich wurde der Stall entmistet (was man auf friesisch „utnjoksen" nannte) und der Mist in den „Pottstall" gekippt. Dieser ist ein meist mit Steinen ausgemauertes Loch von bis zu 3 Metern Länge, 2 Meter Breite und knapp derselben Tiefe.
In der zweiten Aprilhälfte begann das eigentliche „Diddenmachen" (fries.: „Deemagen"). Der Mist wurde auf die Warftböschung gekarrt und dort mit gleichmäßiger Dicke, etwa 5 bis 6 cm, ausgebreitet. Die Frauen trampelten nun, mit einem doppelten Paar Wollstrümpfe an den Füßen, so lange darauf herum, bis die Dungschicht ungefähr 2 cm dünner geworden war. Anschließend wurde die Oberfläche glatt geklopft. Je nach Witterung mußte man um 8 bis 14 Tage warten, bis die „Skeern" (= Dungschicht) begehbar war.
Mit einem Holzspaten, der eine Schneide aus Eisen hatte, dem „Diddenpricker" (fries.: „Deepracker"),schnitt man nun quadratische Platten von 20 cm Seitenlänge aus. Man nannte den Vorgang auch „Dittenspitten" (fries.: „Dee'espaten"). Die dabei entstandenen Ditten wurden zum Trocknen sogleich gewendet. Nach ungefähr einer Woche pflegten die Ditten trocken, aber keineswegs fest zu sein. Man stellte sie nun hochkant in Reihen auf.
Spätestens zwei Wochen später wurden die Ditten von der Warftböschung entfernt, damit das Gras ungehindert wachsen konnte. Man stapelte sie zu länglichen Kloden (fries.: „Kluade") nahe beim Haus.
Wiederum nach höchstens drei Wochen folgte das „Eintragen" der nunmehr harten Ditten (fries.: „Dee indreege"). Man brachte sie in den Raum, der zwischen Dach und Decke lag. Auf Friesisch heißen diese Plätze „de Ööklinge".

82) Gestapelte Dittenreihe an der Warftböschung (Im Hintergrund: Hunnenswarft)

Bei einem Haus mittlerer Größe machten sie rund 40 Kubikmeter aus. „Ein mittlerer Betrieb hatte dort 15 bis 16 000 Stück von diesen ‚Mistbricketts' unterzubringen. Sie hatten einen Heizwert wie leichter Torf und waren, entgegen landläufiger Auffassung, völlig geruchsfrei." (LNL, 45)
Zum Feueranzünden taugten die zu großen Ditten nicht. Man stellte deshalb noch dünnere, runde Platten her, die man „Scholen" nannte (fries.: „Skuale"). Sobald sie trocken sind, werden sie eingetragen. Bei dem Hantieren brechen viele Ditten und Scholen entzwei zu „Schmull". Diesen nennen wir „Moot". Dazu rechnen wir auch den Schafdünger, der im Schafstall und im Ack (Viehaufgang zum Stall) zusammengefegt wird." (Hi, 77)
Die Küche hat in der Nähe des Herdes ein „Dittenloch". Es ist ein Schacht in der Wand, der zum Boden führt. Wird er leer, muß er vom Boden aus wieder gefüllt werden.
Zeigte sich die See großzügig, konnte man als Ergänzung zu diesem Feuerungsmaterial Treibholz verwenden. Wenn es nicht lange genug gelagert wurde, wirkte sein Salzgehalt allerdings auf die Öfen und Kamine zerstörerisch.
Da das Vieh eine Menge Insekten anzog, war es gut, daß der Rauch sie vertrieb und auch die Balken vor Käferbefall schützte. Darüber hinaus wurden Trockenfisch und eventueller Schinken vor Fliegen bewahrt. Allerdings mußte man mit dem beißenden Qualm in den Augen kämpfen und herabtropfenden Teer hinnehmen.
Im Winter war es kaum zu schaffen, auch nur annähernd den ganzen Raum zu beheizen. Die Bewohner mußten sich um die Feuerstelle herum versammeln, während es in der Nähe der Fenster eiskalt blieb.

Die Ernährung

(Essen und Trinken im Alltag und an Festen. Vorräte)

„Im 14. und 15. Jahrhundert waren getrocknete oder frische Rochen und Wittlinge neben Grütze Hauptspeisen der Insulaner.“ (Jen, 206) Die Rochelschüssel soll dabei, nach K. J. Clement, den ganzen Tag auf dem Tisch gestanden haben.

„Im 17. Jahrhundert kamen Stockfische, Erbsen, Speck, Fleisch und Hartbrot auf den Schiffen hinzu . . .“ (Jen, 207) Schon seit Ende des 15. Jahrhunderts breitete sich die Kunst des Pökelns aus, was vor allem die Schiffsverpflegung revolutionierte. Unmengen von Salz wurde gebraucht (vgl. Kap. über „Salzabbau“).

Sofern die Armut nicht noch dürftigere Kost erzwang, aß man auf den Halligen „Kohl, Mehlbeutel, Speck, Fleisch und Schwarzbrot“. (Jen, 207)

Obwohl die Kartoffel schon seit dem 2. Jahrtausend vor Chr. in den Anden nachgewiesen ist, bürgerte sie sich nur langsam ein. Die Spanier lernten sie 1539 in Peru kennen. Doch Europa geht „erst gegen Ende des 18. Jahrhundert bzw. im 19. Jahrhundert allgemein zum Kartoffelanbau über“. (BF, 173f.) Über Nordfriesland schreibt Jensen (S. 207): „Seit 1750 gab es hier Kartoffeln, die aber bis 1780 zumeist eingeführt wurden.“

83) Bockmühle mit Wäsche und Ditten

Diese Feldfrucht wurde auf den Halligen natürlich kaum angebaut, zumal die kleinen Gärten für anderes gebraucht wurden. – Im Elbegebiet soll es übrigens 1781 keinen Diener oder Knecht gegeben haben, der Kartoffeln essen wollte. „Lieber gehen sie außer Dienst", bemerkte J. Beckmann in seinen Beiträgen zur Ökonomie. (S. 280)

Jes Siemsen von Hallig Nordmarsch schreibt 1807: *„Die Lebensart dieser Insulaner ist sehr einfach. Aus ihren Gärten genießen sie nichts als Kohl, dazu von einer schlechten Sorte. Viele Familien leben im Sommer blos von Thee und Brod. Nächst diesem sind Pfannkuchen, Gerstengrütze und Milch mit Klößen ihre Lieblingsgerichte. Speck und Fleisch wird im Winter verzehrt. Überhaupt sind sie mit ihrem Essen sehr geheim und wollen ihre kärgliche und armselige Lebensart nicht gern bekannt wissen." (S. 149)*

In den dreißiger Jahren des 18. Jahrhunderts soll das erste Teeschiff auf Amrum „gescheitert" sein. „. . . man wußte nicht, daß und wie man Thee trinken sollte, man that denselben in großer Masse in einen Kessel, kochte ihn und versuchte ihn zu essen wie Kohl", behauptet K. J. Clement (S. 147)

Die Wahrhaftigkeit dieser Anekdote mag dahingestellt bleiben. Jedenfalls trank man wenige Jahre später bereits eifrig Tee. L. Lorenzen (1749) gibt nämlich an: „Itzo aber wird der Thee, insonderheit des Winters hier fleißig gebrauchet, und ist fast kein Haus auf Nordmarsch, in welchem der Banquerots-Kessel nicht befindlich." (S. 70)

E. C. Kruse (S. 114) sieht im Teetrinken gar einen „Hauptgrund der starken Mortalität".

Der übertrieben mißtrauische Verdacht dem neuen Getränk gegenüber wurde sozusagen geschluckt und ausgetrunken. Neben der nur zeitweise verfügbaren Milch hat sich nämlich gerade auf den Halligen der Tee als Hauptgetränk durchgesetzt. Schon weil er das Abkochen des nicht gerade einwandfreien Wassers voraussetzte.

Portugiesen, Engländer und Holländer hatten den Tee aus China mitgebracht. „Einen nennenswerten Umfang erreicht der Teekonsum in Europa erst 1720 bis 1730. In diesen Jahren bahnen sich direkte Handelsbeziehungen zwischen Europa und China an." (BF, 265f.)

Welche Getränke trank man sonst noch? Im 16. Jahrhundert, so J. Petreus, gab es Gerstenbier, „fett und wohlschmeckend", wenn es nur über Holz gedörrt und nicht zu viel gewässert wurde. Neben dem „Säddel- oder Kesselbier" der Erntezeit war die „Waddick" ein schon länger bekanntes, typisches Getränk der Halligen. „Bey Sommertagen ist die Waddick von den gedrückten Käsen durchgehends das gemeinste Getränk auf unserm Lande", berichtet L. Lorenzen und erzählt, daß in früheren Zeiten die Einwohner „auf dem Boden des Hauses, in jedem Fach, ein Faß mit Waddick unterm Heu verstecket haben . . ." (S. 70)

E. Traeger hat in der zweiten Hälfte des 19. Jahrhunderts beobachtet, daß neben dem Tee „früh und mittags" Kaffee getrunken wird. (S. 48) Um dieselbe Zeit herum notiert der Reisende Kohl, daß die schlechte Wasserqualität „dem Brantweintrinken bedeutenden Vorschub" leiste. Um den Beigeschmack des

84) Handkornmühle (um 1925)

85) Küche auf Langeness, Ketelswarft (um 1925)

Regenwassers zu beheben, habe man „den sogenannten Thee- und Kaffeepunsch“ (I, 336) eingeführt. Außerdem stellt er den beträchtlichen Verbrauch auf den Halligen und dessen Gründe heraus: „Je ärmer die Leute waren, desto stärker war der Verbrauch von Brantwein.“ (Ko I, 339)
Statt soziale Verbesserungen voranzutreiben, wurden auf Halligen und Inseln denn auch zahlreiche „Enthaltsamkeits- bzw. Mäßigkeitsvereine“ gebildet. Pikanterweise lag die Ausschankerlaubnis im Mittelalter oft beim Lehrer oder beim Pastor. Nicht wenige Diakonate sollen dadurch existenzfähig gehalten worden sein.

Nach Darstellung der alltäglichen Trinkgewohnheiten nun noch eine Bemerkung über ein angebliches Allheilmittel. *„In Ermangelung der Medicamente trinken die Kranken Buttermilch und andere kühlende Getränke, dabey sie sich durchgehends ziemlich wohl befinden und nachgerade wieder genesen." (Lo, 108)*
Das aus Wasser, Mehl und Sauerteig bestehende Schwarzbrot wurde selbst gebacken und bis Mitte des 19. Jahrhunderts täglich gegessen. Weißbrot, auch andernorts den Bessergestellten vorbehalten, hieß „Witjenliaf" und „kam nur bei Festen und ausnahmsweise am Sonntag vor". (Jen, 214)
Während es mittags häufig dasselbe Gericht gab, aß man dazu Brot. „Auf dem angesäuerten Brotteig wurde früher häufig mit dem Finger ein Kreuz gemacht; wo dieser Brauch noch (1891) bei älteren Leuten besteht, macht man das Kreuz, weil es zur Gewohnheit wurde (Hallig), ohne die Bedeutung zu kennen. Dasselbe war ursprünglich ein Schutzmittel gegen die Macht der Hexen, Trooler, Tröóler." (Jen, 208)
Christian Jensen berichtet auch von der Sitte des Brotleihens, die von der Hallig Galmsbüll stammen soll, jedoch weiter verbreitet ist. „Der Eine lieh von dem Andern einen Laib und gab einen wieder, wenn er gebacken hatte." (Jen, 208)
Er erwähnt auch das vor über 100 Jahren noch beliebte Gericht aus Milch und Brotkrumen. „Die ärmeren, welche keine Kuh besitzen, holen sich noch morgens und abends umsonst ein wenig Milch von denen, die Kühe haben." (Jen, 208)
Neben Klößen und Fett zählt Jensen als auf „den Halligen üblich(e)" Speisen Mehlsuppe, Langkohl, Erbsen- und Kohlsuppe auf. Dazu gab es Pökel- oder Rauchfleisch, wenn man es sich leisten konnte. Brei aus Gerstengraupen und „Waddick" oder Milch wurde früher morgens und abends gegessen, wobei der Brei immer wieder durchgekocht wurde.
Vor 1744 wurde Malz und Graupen mit der Quern gemahlen, eine in jedem Haus vorhandene Handmühle, die Ende desselben Jahrhunderts hauptsächlich durch Pachtmüller verdrängt wurde. Ab 1592 werden schon Mehlmühlen erwähnt. (Jen, 207)
Erst Mitte des 20. Jahrhunderts verschwanden die zahlreichen Bockmühlen von den Halligen.
Jensen (S. 209) vermutet, daß mit dem Anbau der Kartoffeln (1780) auf den Inseln der Verbrauch von Frischfleisch größer wurde. Dies wird allerdings nur für das zum Verkauf angebotene Fleisch auf den Inseln gegolten haben. Die Situation auf den Halligen war anders.
Im günstigen Fall bereicherte Entenfleisch den Speisezettel und ansonsten Fisch, gebraten oder getrocknet. Fisch und immer wieder Fisch, jeder Art und Zubereitung, war bis zur Einführung des Kühlschranks das häufigste Nahrungsmittel – wie ältere Halligleute noch heute stöhnend berichten. In Fischgärten versorgte man sich ebenso wie beim „Doggen", wobei man mit Wurmbündeln in flachen Prielen angelte. Man fing auch mit Stecheisen, wenn man geschickt war sogar mit bloßen Händen.
September und evtl. Oktober war die Zeit des „Krabben"-Fangs. Man

verfertigte „Pornfrikadellen“ (fries.: „Poorne“ = Garnelen), deren größter Teil für den Winter in Steingutkruken eingesalzen wurde. Wahrscheinlich hatte jede Hallig mindestens einen speziellen „Porrenpriel“, der bei Ebbe nur wenig Wasser enthielt. Das Fangen („Porrenstreichen“) war und ist am ergiebigsten bei bedecktem Himmel und warmem Wasser.
Man ließ auf den Halligen Schafe weiden, die in einem schlechten Sommer durch das Trinken von Salzwasser besonders „stark und überaus fett“ (Lo, 71) wurden. Manche davon wurden nach Husum oder Föhr verkauft, während man selbst Schweine kaufte, die auf den Halligen nur äußerst selten gezüchtet wurden. Man schlachtete sie dann im Spätherbst oder Winter.
In früheren Zeiten hielt man oft Hühner. Gänse gab es ebenfalls, obwohl diese – wie die heute gefürchteten Ringelgänse in Blitzesschnelle vorführen – die Grasnarbe völlig abfressen konnten.
Dabei sollte man immer bedenken, daß es, besonders zur Walfangzeit, auch auf den Halligen Arme und Reiche gab.
Noch Ende des 18. Jahrhunderts „war Grünkohl Hauptspeise“. (Jen, 209)
Bis in unsere Tage kochte man noch den Meerstrands-Wegerich (Plantago maritima L.) und nannte das Gericht „Sudden“. Es soll ausgezeichnet geschmeckt haben.

86) Bäuerin beim Brotbacken

Ein Hauptgericht war lange Zeit „Oonbras“, von Clement „Aanbrath“ oder „Aansatang“ genannte Mehlbeutel, die man plattdeutsch „Pott“ nennt. Vor allem mittwochs und sonntags gegessen, bestand dieser Brei aus Milch, Mehl, Eiern, Fett und Speck. „Soviel ich erfuhr, nannte man dies auf dem Herd gebackene Gericht ‚Smurpoon‘, dagegen die im Backofen, gelegentlich des Brotbackens . . . gebackene . . . Speise, ‚Oonbras‘.“ (Jen, 210)
Zu den Mehlspeisen wurden gerne Saft und Fruchtsuppen verzehrt. Besonders beliebt waren süße Suppen, z. B. aus Holunder- oder Fliederbeeren, die, ebenso wie die noch heute angebotenen Weinsuppen, kalt genossen wurden. „Zucker, Rosinen und Backpflaumen werden . . . mit Vorliebe verwendet“ (S. 49), schreibt E. Traeger vom Ende des 19. Jahrhundert.
Halligleute galten als große Anhänger von Puddingspeisen. Besondere Kreationen davon wurden bei festlichen Gelegenheiten aufgetragen.
Das heute auf norddeutschen Speisekarten so schwer verzichtbare „Labskaus“ („Plokkefing“) war ursprünglich ein Notbehelf und wurde aus Resten zusammengekocht. Als gängige Nahrungsmittel nicht vergessen werden dürfen Eier und natürlich die selbst hergestellte Butter (s. a. das Kap. „Die Aufteilung und Nutzung des Landes“). Käse und seine Fabrikation wurde von den Holländern eingeführt.

Wegen des nährstoffreichen Andelgrases ist die Halligbutter von vorzüglicher Qualität. Die bei der Verarbeitung reichlich anfallende Buttermilch verfütterte man zum größten Teil an das Vieh. Teilweise machte man daraus Buttermilchsuppe (fries.: „Oonesop“) – eines der meistgegessenen Gerichte auf der Hallig.
Die durch die eingeschränkte Fläche auf den Warften zwangsläufig kleinen Gärten tragen manches zum Speiseplan bei. L. Lorenzen beschreibt seinen Garten von 1749: *„In diesem Garten wachsen alle Küchen-Kräuter gar schön, als: Wurtzeln, Rüben, welsche Bohnen, türkische Bohnen, Salbey, Timian, Majoran, Gurken und fast alles, was man darinnen säet . . .“ (S. 92)*
Selbst Obstbäume können gedeihen, wie es die angeblich 400 Jahre alten Birnbäume auf Süderoog beweisen – die heute freilich keine Frucht mehr tragen.
Ab September deckte man sich auf den Halligen für das Winterhalbjahr mit Vorräten ein. Die wichtigsten waren (nach LNL, 106f.): „Roggen oder Mehl zum Brotbacken; Schrot und Kleie für das Vieh; Kartoffeln; Petroleum; Zucker, Salz, Backobst, Marmelade, Streichhölzer, Rum und Tee.“
Theodor Schneemann hat einen Einkaufszettel mit Wintervorräten von 1880 veröffentlicht. Im Einkaufsbuch von Volkert Johannsen, Ockenswarft (Hooge), finden sich neben den obenerwähnten Lebensmitteln noch „3 Pfd Kautabak“, „5 Pfd caffe“, Rosinen, Corinthen, Sago, Reis, grüne Seife, Gewürze, „20 Heringe“, „5 Matjes“, „14 Klippfische“, Blaukuchen, Sirup, Zigarren und 1 Sterinlicht.
Die Gegengabe für diese aufgeführten Waren war „ein halbes Schwein“.
Wie überall bereitete man an Festtagen festliche Speisen zu.
Zu Fastnacht wurden heiße Wecken und Pfefferkuchen aufgetischt. Spezielle Kuchen gab es zu den Petritagfeiern.

87) Halligbäuerin beim Kneten der Butter

Extratrockenes Brennmaterial wurde fürs Weihnachtsbacken bereitgehalten. In die trommelartigen Behälter wanderten Pepernöden, Judenkoken, Zuckerknerken, hart gebackener Rosenkuchen, Klütjes und Julfladen (= Korinthenkuchen). Fehlen durfte keinesfalls das „Nationalgebäck" der Halligen, die Knerken, welche aus Eier, Rahm, Butter, Mehl und Zucker hergestellt wurden. Das typischste Weihnachtsgebäck waren „Kinken und Krumpmann". „Letzterer galt als Nikolaus, und Kinken war seine Frau", (Schn I) „Kinkentüch" nannte man das Gebäck der Halligkinder.
Zum Hochzeitsmahl wurden Mitte des 18. Jahrhunderts im allgemeinen drei Gerichte aufgetragen: „Rosinen, Erbsen, Schinken und gesaltzen Fleisch; eine auf Schafsfleisch gekochte Suppe, und Reißbrey . . ." (Lo,124)
Rund 60 Jahre später schreibt Jes Siemsen ebenfalls über Nordmarsch: *„Bey ihren Hochzeiten, Kindtaufen und sonstigen Schmausereyen, bewirthen sie immer mit Weinsuppe, Schinken nebst geräuchertem Fleisch und dickgekochtem Reis. Von diesen drey Gerichten wird so viel gekocht, daß die Schüsseln so voll vom Tisch genommen werden als sie aufgesetzt worden sind."* (See, 149)
Höhepunkte der mittelalterlichen Welt waren immer die Feste. Auf den Halligen schwächte sich ihre Integrationskraft und Bedeutung erst im 20. Jahrhundert ab, wenn auch einzelne Sitten und Bräuche schon früher verfielen. Dach darüber mehr im nächsten Kapitel.

Sitten und Bräuche (I)

(Allgemein. Jahreszeitliche Feste. Namenwahl. Das Kind.)

„Es gibt kein Ziel, das für alle dasselbe ist und das alle zusammen zu erlangen hätten. Das Fest ist das Ziel, und man hat es erreicht. Die Dichte ist sehr groß, die Gleichheit aber zum guten Teil eine der Willkür und des Genusses."
Elias Canetti

Die Anthropologin Ruh Benedict hat einmal behauptet, daß die Sitten die Aufmerksamkeit der Wissenschaftler deshalb nicht auf sich lenkten, „weil sie die eigentliche Grundsubstanz ihres eigenen Denkens darstellen. Sie waren die Brille, ohne die sie überhaupt nicht sehen konnten". (Be, 13) Diese Brille ist nun in den letzten Jahren häufig geputzt worden, um damit weit sehen zu können. Entfernte Kulturen wurden genau betrachtet und beschrieben, wobei immer mehr die begrenzte Sichtweise der Betrachter mit in den Blickpunkt rückte.

„Seitdem der Mensch zu atmen und sich zu erhalten begonnen hat, seit der Entdeckung des Feuers bis zur Erfindung der atomaren Vorrichtungen, hat er – außer wenn er sich fortgepflanzt hat – nicht anderes getan als Millionen von Strukturen zerstört, die niemals mehr integriert werden können." (Le, 367) Levi-Strauß wirft mit diesem Satz nicht nur ein Schlaglicht auf von Menschen verursachte Zerstörung, sondern auch darauf, wie nahe sich Erkenntnis und Untergang sind.

Einerseits erwacht das Erkenntnisinteresse oft erst, wenn sein Gegenstand zu verschwinden droht, und andererseits kann Erkenntnis nicht umhin, am Untergang mitzuwirken. Denn – so Levi-Strauß – „jedes Bemühen um Verständnis zerstört den Gegenstand, dem wir uns widmen, zugunsten eines solchen, dessen Beschaffenheit eine andere ist". (Le, 366)

Indem man der Beobachtung von Fremdem einen Begriff aufzwingt, nivelliert man ja gerade seine Besonderheit. Die Quellen selbst sprechen zu lassen, leistet noch am ehesten einen Beitrag zur erkennenden Erhaltung des Besonderen.

Wie schon an anderer Stelle herausgestellt, wurden Nachrichten über die Halligen meist erst wahrgenommen, wenn sie über Zerstörungen zu berichten wußten. Dies bezieht sich auf den Verlust von Halligland wie auch auf die Lebensweise ihrer Bewohner.

Die älteste Quelle, die uns Einzelheiten über die Hochzeitsbräuche auf einer Hallig liefert, L. Lorenzens Beschreibung von 1749, endet bezeichnenderweise: „Itzo, (. . .), werden die Hochzeiten von vielen auf unserer Insel abgeschaffet, nichts destoweniger geschiehet es noch dann und wann, daß eine Hochzeit auf obbemeldete Art gehalten wird." (Lo, 125f.)

88) Zwei Frauen auf Gröde in alter Tracht (Silberreif am Kopftuch zum Zeichen der Silbernen Hochzeit)

89) Rummelpottverkleidete im alten Friesenhaus auf Oland

Auch Jes Siemsen, ebenfalls von Nordmarsch, teilt 1807 mit, daß die „albernen Gebräuche bey Hochzeiten, Kindtaufen und Leichenbegängnissen . . . größtenteils“ abgeschafft worden wären. (See, 146)
Rund 150 Jahre nach L. Lorenzen schreibt Eugen Traeger dann: „Wenn früher noch mancherlei alte Gebräuche bei hervorragenden Familienereignissen geübt wurden, die Jensen in seinem Buch über die nordfriesischen Inseln gesammelt und beschrieben hat, so sind diese auf den Halligen, man kann sagen, gänzlich verschwunden.“ (Tr, 50)
Gerade dem aber, was „gänzlich verschwunden“ ist, hat sich dieses Buch gewidmet. Wobei man, Traeger berichtigend, anfügen muß, daß selbst heute noch Bruchstücke der alten Sitten „überwintert“ haben. Sie konnten und können bei der gegebenen Themenstellung jedoch höchstens angetippt werden, immer unter Berücksichtigung des Besonderen der Halligsitten gegenüber denen des übrigen Nordfriesland.
Bis zum Ende des 18. Jahrhunderts gab es in ganz Nordfriesland keine festen Nachnamen. Es war dagegen üblich, den Nachnamen der Kinder aus dem Vornamen des Vaters abzuleiten. Aus dem Sohn von „Detlef Godbersen“ wurde z. B. „Sönke Detlefsen“. Der Vorname war so sehr die Hauptsache, daß auch gerichtliche Schuld- und Pfandprotokolle „meistens nur nach dem Vornamen geordnet“ waren. (Pe,260 ff.)
Nur in sozial „gehobeneren“ Schichten, wie Pastoren und Beamten, sind die Nachnamen schon früher fest geworden. Erst durch eine gerichtliche Verfügung vom 8. 11. 1771 aus Gottorf wurde die alte patronymische Namengebung verboten und feste Familiennamen angeordnet.
Auf enge Verbundenheit verweist der Brauch, den man auf den erwähnten föhringischen Pastor Richard Petri zurückführt. Er unterrichtete zur Walfangzeit unentgeltlich Navigationskenntnisse mit der Auflage, daß auch seine Schüler ihr Wissen umsonst weitergaben. Auf diese Weise vermittelten auch auf den Halligen erfahrene Seeleute ihr Wissen und trugen damit maßgeblich zur berühmten Tüchtigkeit friesischer Seefahrer bei.
In früheren Zeiten pflegte man besonders verheerender Sturmfluten zu gedenken. M. Boetius registrierte 1623, daß an die Sturmflut vom November 1532 durch „jährliche Bußtage“ erinnert werde. (Bo, 8ff.)
Die regelmäßigen winterlichen Zusammenkünfte des „Apsettens“ (= Aufsitzens) finden heute noch statt, jedoch nicht wie früher, um Wolle zu kratzen oder Dachreep herzustellen und auch nicht mehr beim schwachen Licht der Tranfunzeln. Döntjes werden aber immer noch erzählt.
Am Vorabend des Petristuhlfestes (22. Februar) feierte man ein Opferfest aus heidnischer Zeit, „welches die abreisenden Seefahrer und Krieger dem Weda oder Wodan weiheten, wobei sie eine Menge Stroh, Theertonnen und andere Sachen verbrannten“. (Sag, 64) Man tanzte singend um das Feuer und rief wohl ein ums andere Mal: „Weadke teare!“ (= Wodan zehre!)
C. P. Hansen stellt fest, daß zu seiner Zeit (1858) dieses „Biikebrennen“ bereits zu einem „gedankenlosen Spiel ausgeartet“ war. Es wird auch heute noch auf Inseln und Halligen gefeiert, ohne daß irgendein Seefahrer auslaufen müßte.

Schon seit dem 19. Jahrhundert ist es auch ein gern gefeiertes Fest für Kinder. Folgen wir nun dem Lauf des Jahres mit seinen festlichen Höhepunkten. „Mit Lichtmeß begannen die sog. Vahs-Nächte, die von vahsen, d. h. in schrankenloser Lustigkeit toben, ihren Namen erhalten haben und bis Ostern dauerten; in christlicher Zeit endigten sie mit Fastnacht.“ (Pe, 530)
Wahrscheinlich wird man Ostern, wie auf dem Festland, auch auf den Halligen Eier gesucht haben. Eierwerfen und Eierstoßen waren jedenfalls beliebt. In Umkehrung des liturgischen Brauchs der katholischen Kirche überreichte man noch bis ins 20. Jahrhundert hinein dem Geistlichen Eier als Opfergabe.
Lenzumzüge mit Pflug und Schiff, wie im übrigen Nordfriesland, fanden auf den Halligen wohl nie statt, da es dort keine Pflüge gab. Auch hört oder liest man nichts von den üblichen Kampfspielen zwischen Sommer und Winter. Fraglich bleibt, ob das Schlagen mit der Fastnachtsrute aus Birkenbusch, wofür es als Dank die fastnächtliche Heißwecke gab, so auch auf den Halligen betrieben wurde.
Nicht zur Fastnacht, sondern am Altjahrsabend verkleiden sich die Halligkinder, um „Rummelpott“ zu laufen. An jeder Haustür werden Lieder gesungen, wofür man kleine Geschenke in einen bereitgehaltenen Sack geworfen bekommt. Sofern genug Kinder und Jugendliche da sind, die Lust dazu haben, wird dieser Brauch auch heute noch geübt. Man pflegt jetzt neben Süßigkeiten auch Geldstücke in den Sack zu tun.
Im Herbst und Winter sprang man gerne zur körperlichen Ertüchtigung mit dem Klootstock (fries.: „Plumperstok“) – was in anderen Jahreszeiten von Nutzen sein konnte, um die zahlreichen wassergefüllten Gräben zu überspringen.
Auch Steinstoßen und Eisboßeln, sofern genug zugefroren war, wurden praktiziert. Zur Walfangzeit warf man auch mit Speeren, die dann im Eismeer mit Harpunen vertauscht wurden.
Sommer und Winter bescherten keine jahreszeitlichen Feste; es gab genug anderes zu tun. Wenn keine Hochzeit anstand, brachte erst die Weihnachtszeit wieder festliche Stimmung ins Haus.
Nach Angaben von L. C. Peters (S. 532f.) kannte man in Nordfriesland um die Mitte des 19. Jahrhunderts die Tanne als Weihnachtsbaum noch nicht. In Baumform zusammengesetzte Reiser ersetzten ihn. 1902 soll der erste Weihnachtsbaum der Halligen in der Kirche von Oland gestanden haben.
Mit dem Weihnachtsbaum setzte sich die Sitte durch, daß auch die Erwachsenen beschenkt wurden. Vordem stellten die Kinder einen Schuh, bzw. später einen Teller, auf die Fensterbank. Am anderen Morgen fanden sie dann einen mit Geld gespickten Apfel, Nüsse, Pfeffernüsse und evtl. Bilderbücher vor. Im schlimmsten Fall aber nur eine Rute. „Ursprünglich geschah diese Beschenkung in der Neujahrsnacht.“ (Pe, 533)
Soweit die jahreszeitlichen Feste, die sich auf den Halligen im wesentlichen nicht von den Gebräuchen anderorts unterschieden. Hier wie dort stürzte man sich freudig auf Feiern, um die Not des Alltags wenigstens zeitweise vergessen zu können.
Christian Jensen hat in seinem Werk über die Nordfriesischen Inseln (von 1891)

ein ganzes Kapitel dem Kind in Brauch und Sitte gewidmet. Es soll hier nun das herausgestellt werden, was für die Halligen eigentümlich ist. „Auf der Hallig kommen die Kinder aus der Tiefe des Meeres, die Eltern holen sie daher.“ (S. 215)

Normalerweise wird nach einer Geburt der Nabelschnurrest verbrannt; „. . . auf einigen Halligen wird er im Geburtshaus von der Hebamme und dem Vater des Kindes vergraben, ohne daß damit ein besonderer Aberglaube verbunden zu sein scheint.“ (S. 217)

Eine blaue Ader auf der Stirn des Kindes deutet darauf hin, daß das Kind großen Gefahren ausgesetzt sein wird und „besonders im Militärdienst leicht umkommen werde (Oland).“ (S. 217)

„Wenn bei Neugeborenen die Fingernägel hoch liegen, so wird es bald sterben.“ (S.217)

Nach der Geburt, bzw. als Taufgeschenk, schenken Freunde und Verwandte dem Kind silberne Eßlöffel oder Geld. Es kommt auch vor, daß man ihm „als Symbol künftigen Wohlergehens“ ein Ei reicht, „auch, wenn es zum ersten Male in eien fremde Wohnung getragen wird“. – Vier, einer Henne untergelegte Eier sollten Glück bringen, „wenn sie alle ausgebrütet wurden.“ Überhaupt gab man dem Kind gerne gute Ermahnungen mit, ehe es sie verstehen konnte. (S. 218)

Der Geburtstag war für die anderen Halligkinder ein Festtag. „Sie erhalten dann Backwerk, welches der neue Weltbürger mitbrachte.“ (S. 219)

Starb ein Kind ungetauft, glaubte man auf der Hallig, seine Seele würde in einen kleinen weißen Vogel fahren. (S. 219)

Wie überall, kannte man auch auf den Halligen mannigfachen Gegenzauber, falls ein Kind von Mißgünstigen verhext werden sollte: ein Licht neben der Wiege, eine Stopfnadel in den Windeln und Windelbänder in Kreuzform.

Für gefährlich hielt man es, ein ungetauftes Kind von der Sonne bescheinen zu lassen. (alles S. 221)

Früher mußten die Paten auf der Hallig die Erziehung des Kindes überwachen und sie übernehmen, falls die Eltern verstarben – was zur Seefahrtszeit nicht gerade selten vorkam. Normalerweise fiel das Patenamt „zunächst den Großeltern väterlicher und sodann denen mütterlicher Seite zu“. (S. 225)

Sitten und Bräuche (II)

(Brautwerbung. Hochzeit. Rechtssitten. Tod, Beerdigung und Gräber.)

„–then on the shore
Of the wide world I stand alone, and think
Till Love and Fame to nothingness do sink."
(„– dann am Strand
der weiten Welt alleine stehend, denk' ich
bis Ruhm und Liebe zum Nichts absinken.")
John Keats (1818)

Über Hochzeitsbräuche liegen ausführliche Darstellungen vor, nicht zuletzt von Lorenz Lorenzen (1749). Bevor ich davon das Wichtigste und Typische herausgreife, soll berichtet werden, welche Rituale man beim Kennenlernen pflegte.
Das sogenannte „Fenstern" ist ein Brauch, den man im süddeutschen Raum als „Fensterln" und in der Schweiz als „Kiltgang" bezeichnet. In Nordfriesland machten sich die jungen Männer mitten in der Nacht auf, um Mädchen zu besuchen, wobei sie allerdings nicht immer das Fenster, sondern die Tür zum Eintritt benutzten. Wenn der Mann sich lange genug unterhalten hatte, machte er noch einen anderen Besuch. Auch das Mädchen konnte mehrere Männer nacheinander empfangen.
Kohl behauptet, die im Bett bleibenden Mädchen wären dabei „bis an das Kinn mit der Decke verhüllt." (Ko I, 259) Pastor Frerks von Föhr spricht allerdings 1845 von „holdseligen Reden und Küssen" (Koehn, 197) beim „Fenstern". Bei einer derart bedeckten Dame könnte man beim Küssen dann leicht das Gleichgewicht verlieren.
Bekam jedoch das Mädchen öfter vom selben Mann Besuch, bahnte sich im allgemeinen eine Ehe an und andere männliche Besucher blieben fern. – 1803 wurde das „Fenstern" offiziell verboten. Man befürchtete, durch frühzeitige Eheschließung der Ärmeren würde die Zahl der Bedürftigen zunehmen. (Si, 122)
Nach C. P. Hansen soll dieses „Nachtfreien" mit zur ungewöhnlich niedrigen Zahl der unehelichen Geburten beigetragen haben. Tatsache ist, daß die Friesen drakonische Strafen für Ehebrecher vorsahen. Noch im 17. Jahrhundert wurde das alte Gesetz, für Ehebruch die Todesstrafe zu verhängen, erneuert.
Die Keuschheit der Friesen trieb sie dazu, ihre eigenen ehebrecherischen Töchter selbst zu töten. *„Führte Jemand ein unzüchtiges oder sonst anstößiges Leben,"* schreibt C. P. Hansen (Uth, 34), *„so verfiel er nicht selten einem geheimen oder Familiengerichte, dessen Strafen „Rügenopfer" genannt wurden. Zwei oder mehrere Verkappte überfielen nächtlicher Weile den Unzüchtigen auf seinem Wege, faßten ihn unter den Armen und führten ihn, ohne ein Wort mit ihm zu sprechen, querfeldein, bis sie ihn, oft erst nach langer Wanderung, auf einem jähen Abhange vor einem tiefen Wasser oder einem geöffneten Grabe*

stehen ließen, in der Erwartung, daß er sich das ihm Widerfahrene zur Warnung vor gänzlichem moralischen Verderben dienen lassen werde." Man nannte dieses drastische Warnverfahren „Trakkin", und es soll im 18. Jahrhundert auf Sylt noch vorgekommen sein.
Auf der Insel Föhr pflegte man den Betroffenen auf eine Schubkarre zu laden und ihn auf den Düngerhaufen zu kippen.
Hatten die Warnungen nicht den erhofften Abschreckungseffekt, tötete man die Ehebrecherin heimlich und nannte das „Wrögin". Man steckte sie des Nachts entweder unter das Eis oder ertränkte sie – was nur von nahen Verwandten getan werden durfte. Männliche Ehebrecher „wurden in der Regel öffentlich verurtheilt und bestraft durch das Landes- oder Hardesgericht." (Uth, 34 f.)
Bei dieser Gelegenheit soll nicht unerwähnt bleiben, was die Friesen gelegentlich mit Fremden taten. Sie, die in heidnischer Zeit „wie Feinde behandelt" wurden (Uth, 35), mußten im Konfliktfall damit rechnen, ertränkt zu werden. Diese, schon in altfriesischer Zeit verbotene, Praktik hieß „Quabeldrank".
Einen anderen Hinweis, daß manche Halligleute Grausamkeiten auch gegenüber Tieren nicht ganz abgeneigt waren, findet man bei L. Lorenzen (1749), der von der Leidenschaft für Hahnenkämpfe erzählt. (S. 85)
Im Falle eines Mordes wurde der Mörder durch die Verwandten des oder der Getöteten dreimal gebannt: beim Sterbehaus, bei der Kirchhofspforte und am offenen Grab. So geschah es auch, als der 16jährige Peter Boh Haulken aus Keitum (Sylt) die 12jährige Ose Jens Clausen aus Kampen erschlug (nach Heimreich). C. P. Hansen schreibt von diesem Fall: *„Andreas Hansen schlug mit dem Schwert bei jedesmaliger Verbannung des Todtschlägers dreimal auf den Sarg des Mädchens, dabei rufend: „Wraek! Wraek! Wraek!" (Rache! Rache! Rache!) und die übrigen Verwandten griffen ebenfalls an das Schwert; alles dem Herkommen und Rechte gemäß mit Wissen und Willen der Obrigkeit." (Uth, 36)*
Der Täter oder seine Verwandten konnten manchmal aber auch mit einem Geldbetrag Sühne leisten.
„Die Grabhügel des heidnischen Friesen waren ursprünglich die Thingstätten, wo das Volk sich selbst seine Gesetze und Richter wählte und durch diese das Recht handhaben ließ an drei öffentlichen Thingtagen für jede Harde, einem im Frühjahre, einem im Sommer und einem im Herbst." (Uth, 36)
Soweit der kurze Ausflug ins Recht; wir wollen zurückkehren zu den Braut- und Ehebräuchen. Auf den Halligen war es noch im 20. Jahrhundert üblich, daß junge Männer ein mit Flaggen und Laternen geschmücktes Boot zum Haus der Braut brachten, falls der Bräutigam nicht von der Hallig war. „Der Bräutigam muß sich für das Bootbringen durch Bewirtung der Überbringer erkenntlich zeigen." (Koehn, 197)
Der Brauttanz wurde dann nicht im Haus, sondern „im Freien vor der Thür des Brauthauses getanzt." (Uth, 162)
Die genaueste detaillierte Beschreibung der Hochzeitsbräuche liefert L. Lorenzen (1749). Er teilt mit, daß aus abergläubischen Gründen am Montag und Donnerstag weder gefreit, noch geheiratet oder getauft und auch nicht

90) Hochzeitsbitter

begraben wird. Die „Freyer" zögen Dienstag, Freitag oder Samstag vor. „Kömmt einer über 6 mahl, so hat er Hoffnung, das große Jawort zu erhalten, wiewohl solches oft bis auf das zehnte mahl verschoben wird." (Lo, 121)
Ist die Hochzeit festgesetzt, werden einige Tage die „Hochzeitsbitter" „mit Stäben in den Händen" ausgeschickt. Sie rufen „Göh Day" (= „Guten Tag!") ins Haus hinein und wenn auf ihrem Weg „ihnen zu Ehren eine Flinte gelöset wird", schwingen sie ihre Hüte ein paar Mal um den Kopf und schreien laut „Hoh" . „. . . in vorigen Zeiten fingen die Hochzeitsbitter auf geschehenen Knall mitten im Klei an zu tantzen, und zu schreien, als ob sie unsinnig wären." (Lo, 122)
Am Hochzeitsmorgen setzen sich die Verwandten der Braut mit denen des Bräutigams scherzhaft, gleichwohl ernst, mit Stöcken und Stangen auseinander. Die Braut wird verteidigt, und man will sie nicht von der Warft lassen. „. . . *und es geschieht oft, daß sie einen alten Mann in Frauenzimmerkleidung in heßlichen Lumpen mit einem Strohband um den Leib auskleiden, dem Bräutigam solchen zuführen, und sagen: daß dieses die Braut sey, welche er nehmen und fortwandern könne." (Lo, 123)*
Nach dem Hochzeitsmahl ist es an der Braut selbst, sich zu zieren und zu sträuben. Es gilt als ehrenvoll, wenn die Braut lange in der Ecke sitzen bleibt, während die andern tanzen. Sie muß nun „aus der Ecke getantzet werden" (Lo, 124).
Um lange genug standhalten zu können, versucht sie alle alkoholischen Getränke in ein „Buttergefäß" unterm Tisch zu schütten. Schließlich wird sie aber, notfalls mit Gewalt, über den Tisch geschleppt.
Anstelle dieser Sitten waren schon im 19. Jahrhundert andere getreten oder sie wurden ersatzlos gestrichen (vgl. Jen). Die heutigen Bräuche weisen nur noch wenig Ähnlichkeiten mit den hier beschriebenen auf. (vgl. Ol)
Die vielzitierte Treue der Friesen bestätigte sich auch über den Tod hinaus. Es kam deshalb nur äußerst selten vor, daß eine Witwe sich wieder verheiratete. Der Nordmarscher L. Lorenzen (1749) notiert: *„Wenn der Mann einer Frauen abgestorben, so haben unsere Insulanerinnen diese seltsahme Gewohnheit, daß sie in der Kirche ein ganztes Jahr mit dem Haupt unter dem Singen niedergebückt liegen, und hernach Zeit Lebens in der Kirche nicht singen noch aufstehen, wenn das Evangelium gelesen, oder der Seegen gesprochen wird, woran man also die Wittwen in der Kirche erkennen kann." (Lo, 128 f.)*
Erst im 18. Jahrhundert heirateten Arbeiter aus Jütland öfter friesische Witwen und siedelten sich auf den Halligen an. (We)
„. . . Entbehrungen, Missverhältnisse, Trauerscenen, schwermüthige Charaktere und seltsame Gefahren und Todesfälle kommen wohl nirgends häufiger vor, als eben auf (solchen) kleinen Inseln", schreibt C. P. Hansen in seinem „Ein inselfriesisches Todtenregister" (Jen, 325)
Wie mehr oder weniger an allen abgelegenen, dazu häufig nebligen Orten wucherte auch auf den Halligen der Aberglauben – besonders um den Tod herum. Bevor jemand starb, sah man den Betroffenen „Gespenstweise wandern" (Lo) und die „Leichenbegleiter" herankommen. „. . . in der Mitte

91) Halligkirche mit Weihnachtsbaum auf Oland

92) Oländer Kirche mit Taufbecken, nach der Sturmflut 1976

erscheinet der Sarg in feuriger Gestalt, und die Gespenster wandern mit der Leiche über Feld nach der Kirche zu. Es ist eine durchgängige Meinung auf unserer Insel, daß diese Vorzeichen der Sterblichkeit ohnfehlbar eintreffen." (Lo, 127)

Die Figur der Ankündigung ist meist der „Gonger", der nachts erscheint und sich bisweilen drückend auf den Schlafenden legt. Am nächsten Morgen soll eine Pfütze von Salzwasser auf dem Boden zurückbleiben, abgetropft von den Kleidern des Ertrunkenen. Glauben die Verwandten die Todesnachricht nicht, soll dieser Gonger immer wieder erscheinen.

Von C. Jensen erfahren wir, daß alte Leute oft schon jahrelang ihre Särge auf dem Boden stehen haben. „. . . ja es wird von einem Manne erzählt, daß er sich gewöhnt hatte, täglich sein Nachmittagsschläfchen im Sarg zu machen." (Jen, 339 und Ko I, 167)

Bei einem Todesfall wird zuerst dem Prediger die Nachricht überbracht. Falls die Hallig eine Kirche und dazu noch eine Glocke besitzt, wird am Mittag des folgenden Tages eine halbe Stunde geläutet, „bis man schließlich am Beerdigungstage mit dreimaligem viertelstündigem Läuten die Todtenklage beschliesst." (Jen, 336)

Nachdem Leichenbitter ihre Pflicht erfüllt hatten (was auf kleineren Halligen kaum nötig war) und das Ankleiden der Leiche beendet war, stellte man Leichenwachen auf. „Auf einigen Halligen wachen (. . .) zwei Personen, oder es brennen zwei Lichter in der Stube, so lange der Sarg noch nicht geschlossen ist. – Kinderleichen werden wie diejenigen der Jünglinge und Jungfrauen mit Kränzen geschmückt." (Jen, 338) Auf einen Kindersarg legten die Halligleute eine Totenkrone; das waren künstliche Blumen, die mit Draht zusammengehalten wurden.

Das Leichentuch (= Likdöök) war auf den Halligen noch im 19. Jahrhundert gebräuchlich. Auf den Sarg, der normalerweise aus einfachen Brettern bestand, pflegte man ein weißes Kreuz anzubringen. (Jen, 340)

„Wenn die Leichbegleiter versammlet, und etwann eine Parentation im Hause gehalten worden, so wird der Sarg hinaus getragen, die Decke abgenommen und der Sarg mit starken Kabel-Thauen an zween langen Stöcken fest gebunden, hernach die Decke wieder übergezogen, und auf beyden Stangen fortgetragen." (Lo, 127 f.) Derart schildert L. Lorenzen die Sitten „bey den Leich-Begängnissen" auf Nordmarsch. Er fügt hinzu, daß im Sommer, wenn die Männer auf See waren, barfüßige Frauen den Sarg trugen.

Der Transport war auf den Halligen nicht unproblematisch. Bei Flut wurde der Sarg in ein Boot gesetzt und bis zum Friedhof gezogen, während man zur Ebbe oft bis zum Knie im Klei waten mußte. „Wenn man mit der Leiche unterwegens einen andern Warff vorbey passiret, so wird ein Vers gesungen." (Lo, 128)

Beim Tode besonders „Vornehmer" werden sogar drei Prediger bestellt. „Das Trauren über die Todten geschiehet von den Halligleuten, wenns nahe Anverwandten gewesen, vielmahls über die Gebühr, mit so lautem Weinen und Wehklagen, daß man leicht in der Parentation oder Predigt gestöhret werden könnte." (Lo, 128)

93) Nach der Sturmflut: das Wasser läuft ab

Von Föhr und den andern Inseln weiß man, daß noch im 18. Jahrhundert sogenannte „Sörgewüffe" (= Klageweiber) ein rituelles Klagegeschrei anstimmten, wobei sie sich auf und nieder warfen, so daß sie mit dem Kopf fast den Boden berührten.
Muß der Sarg nach Föhr, Pellworm oder einer anderen Hallig geschafft werden, so geschieht dies bei Nacht.
Während auf den Halligen Dienstag und Freitag als Begräbnistage in Frage kamen, trat zu diesen auf Föhr noch der Sonntag hinzu. Der Prediger führte mit singenden Kindern den Leichenzug an. *„Jedes Haus hat seinen Lik-, Haaw- oder Höwstich (= Leichen- bzw. Kirchweg), der, späteren Anbaues wegen, oft ein Umweg ist, aber gleichwohl bei Hochzeiten, Kindtaufen und Begräbnissen ausschließlich als herkömmlicher ‚Ehrenweg' benutzt wird." (Jen, 343)* Auf den Halligen wurde länger als anderswo in Nordfriesland die Leiche um die Kirche herumgetragen.

Während man Grabbeigaben sonst nicht kannte, wurden doch Frauen, die kurz vor einer Niederkunft starben, mit einem Knäuel Zwirn, einer Nadel und etwas Leinenzeug sowie einer Schere bedacht, „damit sie sich selbst helfen können". (Jen, 344)

Von Sylt wird erzählt, daß Selbstmörder mit einem Strick an einem Pferd befestigt wurden und so lange um den Kirchhof herumgeschleift wurden, bis der Strick riß. „Wo dies geschah, grub man das Grab. Der Selbstmörder war also ehrlos und von der Gemeinschaft des Gottesackers ausgeschlossen. In einer späteren Zeit versagte man ihm diese Gemeinschaft nicht, er wurde über den Kirchhofswall gehoben und in einer bestimmten Ecke bestattet. Jetzt sind die Sitten (. . .) andere, mildere geworden." (Jen, 343)

Am Begräbnistag versammelte man sich im Trauerhaus, und es wurde das aus Gerste und viel Zucker gebraute Warmbier gereicht.

Die alten Friesen entblößten ihren Kopf übrigens niemals vor Lebenden, sondern nur vor Toten.

Ansonsten existierten eine ganze Menge von abergläubischen Regeln, von denen Christian Jensen (1891) einige zusammengestellt hat (S. 327f.):

Wer einen Grenzpfahl oder Grenzstein versetzt, muß nach dem Tode umgehen. Wenn zwei zufällig dasselbe Wort, denselben Satz zu gleicher Zeit aussprechen, so sterben sie nicht innerhalb des laufenden Jahres. Wer ein neues Kleid, neue Schuhe etc. zum ersten Male bei einem Leichenbegängnisse anhat, wird die

94) Abbruchkanten, an denen Sturmflutschichten sichtbar werden

Kleidungsstücke in Trauer abtragen müssen. Liegt ein Messer mit der Schneide nach oben gekehrt, so ist ein Seemann in Todesgefahr; tanzt eine Lichterscheinung über die Sümpfe der Marsch, auf den die Inseln umgebenden Watten am Strande, so wird man an der Stelle bald eine Leiche finden, resp. dieselbe sich von dort nach dem Kirchhofe in Bewegung gesetzt sehen.
Das Geheul eines Hundes nach einer bestimmten Richtung zeigt an, daß aus der Gegend her ein Todter kommen wird. Wenn ein Kind im Traume oder im Aufwachen den Namen seines zur See abwesenden Vaters oder Bruders ruft, so glaubt man, daß sich derselbe in großer Not befinde; manche Witwen glauben, daß ihr auf der See verunglückter Gatte ihnen in seiner Todesstunde erschienen sei. Ein Seefahrer, welcher beim Abschiednehmen von den Seinen kalte Hände hat, kehrt nicht wieder zurück, er findet sicherlich sein Grab in der kalten Fluth. Wenn das neugebackene Brot im Ofen einen Riß erhalten hatte, wenn beim Schweineschlachten die Milz des Schweines auf der einen Seite eine Vertiefung zeigte, so bedeutete das ein baldiges Grab für ein Mitglied des Hauses der Hallig. Waren die Finger eines Todten beweglich, so glaubte man, dass bald einer aus seiner Familie ihm in den Tod folgen werde; wenn die Augen desselben, nachdem man sie zugedrückt hatte, noch ein wenig sich wieder öffneten, so meinte man, dass noch in demselben Jahre aus demselben Hause ein Todter getragen werden würde. Ging vom Grabe zuletzt ein Mann in die Kirche, so musste die nächste Leiche die eines Mannes, dagegen diejenige einer Frau sein, wenn eine solche das Gotteshaus zuletzt betrat." (Jen 327 f.)
Mit Absicht habe ich derart ausführlich zitiert, damit einem bewußt werde, mit welch dichtem Netz von bedeutungsvollen Regeln das Leben der Uthländer durchwirkt war.
Die Grabmäler einiger seefahrender Friesen stellen einzigartige Monumente dar. Glücklicherweise sind heute noch welche erhalten, von denen manche bis zum Ende des 17. Jahrhunderts zurückreichen. Wenn nicht auf den Halligfriedhöfen selbst, sind Grabsteine, Stelen oder Deckplatten der Halligleute vor allem auf Föhr, Amrum und Sylt zu besichtigen. Auf dem Keitumer Friedhof hat man ihre Schrift um 1970 herum erneuert, so daß die meisten gut lesbar sind.
Einheimische Steinmetzen hatten einiges aus dem Lebenslauf der Gestorbenen einzumeißeln, wobei gelegentlich sogar die Rückseiten der Grabsteine mitbenutzt wurden. Einer der tätigsten Steinmetze, Tay Hinrichs (1718–59), stammte von der Hallig Nordstrandischmoor. Von einer untergegangenen Hallig war auf keinem der Steine die Rede. Eine Ausnahme könnte nur der schon besprochene auf Hooge sein. (vgl. Kapitel „Hainshallig")

Nur die sehr alten Grabsteine sind auf Plattdeutsch, alle anderen auf Hochdeutsch gehalten, da es die Amtssprache war. Einzige Ausnahme ist der lateinisch beschriebene Stein des „Glücklichen Matthias" Petersen auf Föhr, der durch „unglaubliches Glück 373 Wale gefangen hat". Tatsächlich hatte er gegen Ende seines Lebens kein Glück mehr; er verlor zwei Söhne und geriet selbst in Gefangenschaft. Doch ist er bis heute beliebtes und berühmtes Beispiel für den Mythos der Walfängerzeit, für das in Wirklichkeit nur selten erreichte

Glück und den Wohlstand, den nur einige wenige erwerben und selten genießen konnten.
Andere Grabsteine deuten ein höchst abenteuerliches Leben an. Auf dem Amrumer St.-Clemens-Friedhof steht z. B. die Stele von Kapitän Hark Nickelsen. Es heißt dort u. a.: „Im 12. Jahr seines Alters fing er an, sein Brodt bei der Seefahrt zu suchen. A(nn)o 1724 erlitt er die Widerwärtigkeit von den türckischen Seeräubern gefangen und an den Bey von Algier verkauft zu werden . . ."
Fast alle diese Steine bilden an ihrem Kopfende ein Schiff ab, das auch im übertragenen Sinne verstanden werden will. Wie – nicht nur – bei seefahrenden Völkern üblich, wird dabei das Leben mit einer Seefahrt verglichen, wobei der Hafen zum Himmel erhoben wird. Dementsprechend lautet der Text eines Grabsteines auf Föhr, der hier für viele andere stehen kann: „Die Schiffahrt dieser Welt bringt Angst, Gefahr und Noth,/Des Himmels Hafen Ruh' nach einem sel'gen Tod."
Zur Zeit der Walfang- und Handelsschiffahrt ließen nicht wenige Witwen vorzeitig ihren Namen auf dem Stein des Ehemannes anbringen. Man kann dies als besondere Treue deuten, aber auch als gründlich vorausblickende Sparsamkeit zum Vorteil der Nachkommen. Jedenfalls lassen auch in anderen Regionen Deutschlands Lebende ihre Namen auf Grabsteine einmeißeln.
Nur auf den Halligen jedoch dürfte es öfters vorkommen, daß die Toten nicht unter der Erde bleiben. Auf jeder Hallig, wo begraben wurde, rissen Sturmfluten Särge und Gebeine immer wieder aus dem Erdreich. Mitte des 18. Jahrhunderts drangen Särge von Gröde gar bis in die Wohnzimmer. C. Jensen bemerkt dazu: „So kamen im Sturmgeheul die Todten, um die Lebenden zu sich zu rufen." (S. 336)
Während sich das Interesse auf die Seefahrenden richtete, führten Frauen und Kinder ein entbehrungsvolles Leben auf den zeitweise von Männern verlassenen Halligen. Früher Tod der Kinder war häufiges Schicksal, so daß die folgende Inschrift auf dem Grab der 75 Jahre alt gewordenen Pop Peters einen Glücksfall wiedergibt: „Hier ruhet in Gott fein, die Mutter von sieben Kinderlein / die jetzt und all am Leben sein."
Vermutlich standen auch Grabsteine auf manchen der untergegangenen Halligen. Sie mögen auf dem Grund des Meeres ruhen oder als Findlinge mit verschwundener Schrift eines Tages wieder „auftauchen" und vielleicht Teil eines neuen Hallighauses werden.
Dieses Buch sollte Halligleute ins Gedächtnis rufen, von denen nur wenige Namen überliefert sind und deren Land mit ihnen oder nach ihnen untergegangen ist. Nicht auszuschließen, daß noch einmal Erde über ihnen hochwächst.

ANHANG

Über Maße, Gewichte, Landsteuer und Geld (Erläuterungen)

„Bis zur Einführung des heutigen Dezimalsystems herrschte in Schleswig-Holstein auf dem Gebiet des Maß-, Gewichts- und Münzsystems eine derartige Mannigfaltigkeit, man kann sagen, fast Verworrenheit, wie sie sonst wohl kaum in einem Land zu finden war. Es ist dies ein Umstand, der besonders bei dem Studium alter Karten und Zeichnungen erschwerend in die Waage fällt. Für die Halligen ist die Sache nicht ganz so verwickelt, da sie früher nur zum alten Nordstrand und später den getrennten Inseln Nordstrand und Pellworm in Beziehung standen, die auf dem Festlande üblichen verschiedenen Maße ihren Einfluß also weniger geltend machten." (Mü I, 62)

Bei den Erläuterungen folge ich Friedrich Müller (I 62–71). Bezüglich des Geldes und seiner Kaufkraft stütze ich mich auf Otto Fischer (Fi III, 1/167–181).

Heimreich „macht die Angabe, daß die Rute zu 8 alten fresischen Ellen oder zu 16 Fuß gerechnet wird, wovon 1920 Ruten auf eine deutsche Meile gehen. (Diese Meileneinteilung findet sich auch auf den Meyer'schen Karten in Danckwerths Landesbeschreibung.)"

Heimreich berichtet noch, daß die „fresische Elle etwas länger" ist als die lübsche Elle.

„Der rheinländische Fuß ist unter dem Namen Dänischer oder Seeländischer Fuß im Königreich gesetzlich eingeführt und wird auch in den Herzogtümern in Militärsachen und dem Deichwesen gebraucht."

„In den Landschaften Eiderstedt, Stapelholm, Siemonsberg und Siemonsbergerkoog, Nordstrand und Pellworm, und auf den Halligen verhält sich der Fuß zum Hamburger wie 25:24, demnach 1 Eiderstedter Fuß = 132,3 P.L."

„Auf Pellworm wendet Mühl stets das ihm von Tiedemann angegebene Verhältnis der Hamburger zur Pellwormer Rute = 20:21 an und hat dabei noch häufig einen Überschuß an Maß gefunden." (Größe des Pellwormer Fußes 133,35 P.L.)

Die Rute: Die Bestimmung der Fußzahl einer Rute scheint „von jeher eine ganz willkürliche gewesen zu sein". „Die Eiderstedtische Rute hält 16 Fuß (zu 132,30 P.L.)" 1 Hamburger Rute entspricht 0,960 Eiderstedtischen Ruten.

Die Meile: „In den Herzogtümern ist die Dänische Meile = 24 000 Dänische Fuß oder 1643 Hamburger Ruten die gesetzliche . . .". „Früher wurde nach einer größeren Meile = 1920 Ruten gerechnet."

Flächenmaße:

Petreus berichtet, daß die Landbesitzer jeder ihr eigenes „Boell" besitzen. Nach Petreus heißt ein „Boell" soviel „als eine Wohnung, Gebäude, Staven, (. . .) wo einer wohnet und darauf sich ernähren kann, und werden die Bolen durch Dematzahl gemessen".

„Heimreich macht dieselben Angaben über das Demat: ‚Es wird zweifelsfrei den Namen a demetendo oder von eines Tages Mähen bekommen haben.'"

„Das Nordstrander und Eiderstedter Demat gibt Heimreich zu 216 Ruten an."
„. . . demnach ein Demat Landes im Tonder Amte 11 Ruten 13 Fuß nordstrander Maße größer sei, als in Eiderstedt und in Nordstrand . . ." (Heimreich)
Danckwerth bemerkt, „daß 180 tondersche nur 202½ eiderstedtische Ruten ausmachen" (Müller).

Quadratmaße und Landmaße:
„Bei den Flächenmaßen sind auseinanderzuhalten die einfachen Quadraturen der Längenmaße, also die Quadratmaße und die besonderen Landmaße, deren Größen zu den Quadratmaßen in eigenen Verhältnissen stehen."
Ackerland wurde teils nach dem Wert des Landes benannt, teils „liegt denselben der Maßstab menschlicher Arbeit oder die Größe der erforderlichen Aussaat zugrunde". Letzteres galt nicht für die Halligen.
„Bei Wiesenländereien rechnete man sowohl nach dem Ertrage wie nach der menschlichen Leistung, z. B. Lästall und Demat."
Das Hamburger Maß war seit 1768 gesetzlich, während vorher „seit 1584 das Lübsche Maß es war". Es ist wahrscheinlich, daß bei noch älteren Messungen das Friesische Maß gebraucht wurde.

1 Hamburger Rute = 0,989 Lübsche Ruten
= 2,133 Dänische Ruten
= 0,970 Friesische Ruten
= 0,921 Eiderstedter Ruten
= 0,768 Tondersche Ruten
= 1,482 preußische Ruten.

Die Tonne als Landmaß:
„Die Tonne zu 240 Ruten ist fast in allen adeligen Distrikten der Geest üblich. Die Tonne zu 260 Ruten oder die Steuertonne ist bei Gelegenheit der neuen Landsteuer durch die Verordnung vom 15. Dezember 1802 eingeführt und bei Messungen behufs Bestimmung der Landsteuer nach derselben gerechnet." Ab 9. 7. 1823 wurde diese Tonne zu 260 Ruten „als das alleinige Maß im Steuerwesen eingeführt". Dies galt auch für die Halligen.

Das Demat:
„Auf den Halligen brachten die besonderen Verhältnisse eine Eigenart des Flächenmaßes mit sich." Kruse (1794) schreibt dazu: „Ein Halligdemat ist soviel Land als zur Gräsung einer Kuh gehört. Da nun auf den Halligen dazu eine noch einmal so große Strecke erfordert wird, als in den bedeichten Marschen, so machen zwei gewöhnliche Demata – jedes zu 216 Ruten – einen Halligdemat d. i. 432 Ruten", wobei man sich bei der Berechnung „bloß auf augenmaßliche Schätzung" verläßt. Müller meint dazu, daß die Zahl von 432 Ruten in den „Rechnungen sich niemals angewandt" findet, sondern stets „216 Ruten angenommen" wird. Bei Neuvermessungen habe sich aber ergeben, „daß tatsächlich das alte Halligdemat größer gewesen sein muß".

Durch Verordnung vom 13. 12. 1802 „wurde ein neues Demat zu 220 Ruten eingeführt". „Nach den Notizen von Lüders und Genossen vom Jahre 1825 (. . .) sollen sich auf Langeneß die alten Demate zu den neuen auch anderswo gebräuchlichen Dematen verhalten circa wie 1:5 – auf Gröde und Buthweel wie 1:7 – auf Oland und Nordmarsch wie auf Langeneß, was also ein noch wesentlich höheres Größenverhältnis bedeuten würde."

Landsteuermaß:
Der Pflug. „Der Kontributionsfuß für die vormals eingeführte (. . .) Kontribution ist der Pflug, und die Abgaben, welche nach diesem Maßstab verteilt werden, heißen Pflugsteuer. Der Pflug ist daher die Einheit, nach welcher die Matrikelanlage der Güter und Grundstücke gemacht ist." (nach Bargum). Da die Berechnung der Pflüge an verschiedenen Orten verschieden ist, läßt sich „nichts über die Größe eines Pfluges entscheiden". „Es wird daher unter einem Pflug gar kein Landmaß, sondern nur eine Steuerquote wie bei einer dänischen Tonne Hartkorn zu verstehen sein. Nur durch neue Steuerrepartitionen ist es in einzelnen Distrikten dahin gekommen, daß auf den Pflug ein bestimmtes Areal gerechnet werden kann."
Bemerkenswert ist eine die Halligen betreffende Mitteilung bezüglich der Pflugzahl vom Jahre 1805, worin es heißt: „Bei extraordinären Geldausschreibungen sollen auch die Halligen, Helgoland, auch die sogenannten kleinen Leute mit angesetzt werden, wenn sie gleich sonst nichts zur Pflugzahl kontributieren."

Währungsverhältnisse:
„Nach Waschinski entwickelte sich das mittelalterliche lübische Münzsystem auf der Grundlage der Kölner Mark, es war für Hamburg, für Schleswig-Holstein und etwa seit Mitte des 14. Jahrhunderts auch für die nordischen Münzstätten maßgebend. An ausgeprägten Münzen gab es in der ältesten Zeit nur Pfennige, und zwar die Hohlpfennige oder Brakteaten, die für den Anfang der Geldwirtschaft genügten. Erst später kamen auch höhere Werte hinzu, die Blafferte = Zweipfennigstücke, die Witten = Vierpfennigstücke und schließlich die Schillinge (ß) = 12 Pfennige. Dagegen stellt die Mark im Mittelalter nicht eine ausgeprägte Münze, sondern nur eine Rechnungsmünze dar."
Im 13. Jahrhundert zählte die Lübecker Pfennigmark (= 1 Mark Lüb.) = 16 Schilling. Lüb. = 192 Pfennige. 1 Schilling Lüb. war = 3 Witten = 6 Blaffert = 12 Pfennige. „Demnach war die mittelalterliche Mark sowohl ein Geldwert als auch ein Gewicht." (1 Unze = 2 Lot = rd. 29,8 g.)
Wegen der Handelsbeziehungen zu England kam deren Münzsystem auch in den Herzogtümern zur Anwendung. Im Register des Schleswiger Domkapitels findet sich von der Mitte des 14. Jahrhunderts bis zum ausgehenden Mittelalter, „häufig die englische Währung".
1 Sterling = 3 Pfennige Lüb., 1 ß Sterl. = 3 ß Lüb., 1 Pfund Sterl. = 20 ß Sterl. = 60 ß Lüb., 1 Pfund Lüb. = 20 ß Lüb.

Obwohl Dänemark sich 1424 verpflichtet hatte, mit dem Lübischen System gleichzuziehen, „verschlechterte sich die dänische Münze unaufhörlich". Durch Münzordnungen und Wirtschaftsverbindungen setzte sich in Schleswig und in Holstein eine Währung durch.
„In Schleswig-Holstein wurde der erste Taler im Jahre 1522 unter Herzog Friedrich I. in Husum geschlagen." Er wurde aber kaum im Zahlungsverkehr benutzt.
Ab 1572 waren „klare Münzverhältnisse erreicht", und zwar galten: 1 Reichstaler (Rtr) = 32 Schillinge = 384 Pfennige. 1 Mark = 16 Schilling = 192 Pfennige. Im täglichen Handelsverkehr wurde in der Jahresreihe 1578–1610 mit „1 Reichstaler = 2 Mark = 32 Schilling gerechnet, in den Rechnungen der Rentenkammer aber durchweg mit „1 Reichstaler = 33 Schilling.
In dem folgenden Jahrzehnt vollzog sich „eine sprunghafte Steigerung in der Bewertung des Reichstalers". Sie ging bis 52 Schilling, ehe die Abwertung vom 13. 4. 1622 ihn auf 48 Schilling festsetzte.
„Bis in das 18. Jahrhundert hinein stimmte das in den Herzogtümern geprägte Geld mit dem lübischen Münzfuß im wesentlichen überein. Das gebräuchliche Kurantgeld in Schleswig-Holstein waren im 17. und 18. Jahrhundert außer den Lübecker und Hamburger Münzen die der Herzöge von Holstein-Gottorf sowie dänische Kronen und Kleinmünzen."
„Die Einführung der sogen. Bankzettel zu einem erzwungenen Kurs wurde im Jahre 1813 durch ein Patent aufgehoben und das Silber wieder zum alleinigen gesetzlichen Zahlungsmittel bestimmt. Von diesem Zeitpunkt an mußte alles nach Reichsbankgeld berechnet werden, nachdem der gesamte Handelsverkehr seit mehr als 100 Jahren sich auf der Basis des schleswig-holsteinischen Kurant vollzogen hatte. Unter Beibehaltung des Münzfußes wurde der Reichsbanktaler (Rbtr.) in (. . .) 6 b Mark = 96 b Schilling unterteilt, so daß folgende Relation bestand: 1 Speziestaler = 2 Rbtr. = 3¾ Mark ehem. schl.-holst. Kur. = 12 b Mark = 60 Schilling ehem. schl.-holst. Kur. = 192 b Schilling".
„Im Grunde genommen bedeutete die befohlene Änderung der Rechnungsweise für die Bevölkerung eine außerordentliche Belastung." Alte Münzen blieben allerdings noch im Umlauf.
1 Reichstaler war übrigens 3 Mark Kurant wert. (Dies entspricht ungefähr dem heutigen Kaufwert von 250,– DM.)

Anmerkungen zur Preisentwicklung:
In früheren Jahrhunderten war die Preislage in beiden Herzogtümern verschieden, und zwar wegen der verschiedenen Standortlage zu den Absatzgebieten. „Unter anderem waren aber die Preise im östlichen Nordschleswig niedriger als in Südholstein, das in den beiden Hansestädten bedeutende Abnehmer besaß. Im ganzen genommen waren die Preisunterschiede keineswegs so erheblich, daß die Herzogtümer nicht als wirtschaftliche Einheit betrachtet werden könnten."
„In diesem Zusammenhang müssen die ältesten Landmaße erwähnt werden, die nach Mark Gold oder Mark Silber angegeben worden sind, wobei 1 Mark Gold

= 8 Mark Silber gesetzt wurde. Allerdings läßt sich die Größe dieser Landmaße nicht mit Sicherheit ausmachen, weil außer dem Flächeninhalt auch die Güte des Landes und der Reinertrag einberechnet sind. Aus der ursprünglichen Festsetzung des Landbesitzes nach 1 Mark Gold ist die spätere Bezeichnung Pflug, Hufe oder Bol für den Einzelbesitz hervorgegangen, und zwar unter Beibehaltung der früheren Begriffsbestimmung, so daß sie zugleich zum Einheitsmaß der Besteurung geworden ist. Auf Grund der Angaben im Erdbuch Waldemars II. aus dem Jahre 1231 nimmt G. Wegemann (. . .) an, daß 1 Mark Goldland etwa 10 ha einschließlich des idealen Almendeanteils betragen habe."
Fischer weist darauf hin, daß „Silberwert und Kaufkraft zwei ganz verschiedene Dinge" waren.
Bei Preisvergleichen zwischen Hornvieh, Schweinen und Schafen muß man bedenken, daß deren Gewicht früher bedeutend geringer war.
Im Zeitraum zwischen dem 13. und 19. Jahrhundert „vollzog sich im allgemeinen ein langsames Absteigen der Preise und ein entsprechendes Absinken der Kaufkraft des Geldes. Eine Ausnahme bildet der Zeitabschnitt 1546/72, der bereits in seinem Beginn ein sprunghaftes Heraufschnellen der Preise und damit einen starken Verfall des Geldwertes mit sich brachte, ausgelöst durch die (. . .) münzpolitischen Vorgänge". In der nachfolgenden Zeit verlief die Entwicklung zwar langsamer, aber im Sinne einer stetigen Preiserhöhung. „Bemerkenswert ist, daß sich die Inflationsperiode 1611/22 nicht besonders bemerkbar gemacht hat, weil die Kaufverträge hauptsächlich in Spezies oder in Gold getätigt wurden."
Wer sich für weitere Einzelheiten der schwierigen Materie interessiert, sei auf Otto Fischers „Die Kaufkraft des Geldes in Schleswig-Holstein seit dem Mittelalter" verwiesen (Fi III,1/167-181).

Worterklärungen

(Die wichtigsten Wörter wurden bereits im Text erklärt.
Hier noch einige Ergänzungen.)

Andel: (Puccinellia maritima Parl.) Nährstoffreiche Grassorte auf den Halligen, die gelegentliche Überflutungen mit Salzwasser gut verträgt.
Anwachs: Eine neu entstehende, bewachsene Landfläche, die seewärts aus Queller und Schlickgras besteht. Landwärts der Uferlinie ist sie mit Andelgras bewachsen.
Bake: Landfestes Seezeichen, bei dem sich gelegentlich eine Schutzhütte für Schiffbrüchige befindet (z. B. auf Süderoog-Sand).
Begrüppelung (oder Begrüppung): Aushebung von Gräben für die Entwässerung zum Zweck des Landgewinns.
Bestickung: Schutzdecke aus Stroh (Schilf, Zweigen), um die Deichaußenböschung gegen die Meeresgewalt zu schützen.

Brackwasser: Mischung von Salz- und Süßwasser.
Buhne: Senkrecht zum Ufer gebautes Schutzwerk, um den Wellen Kraft zu nehmen und/oder die Anlandung zu fördern. Buhnen bestanden früher aus Busch oder Holz, seltener aus Steinen. Heute wird Stahlbeton oder Asphalt verwendet.
Deckwerk: Stein- oder Asphaltdecke zum Schutz von Deichen oder Vorlandkanten gegen die Brandung.
Deichkrone: Oberer Abschluß des Deiches.
Faschine: Durch Draht zusammengehaltene Buschbündel zum Bau von Lahnungen, Windfangzäunen u. ä.
Feste oder Veste: Siehe Kapitel „Aufteilung und Nutzung des Landes“.
Geest: Die binnenseits der Marsch folgende Bodenart aus eiszeitlichen Ablagerungen (Kies, Sand und Ton).
Klei: Aus Sinkstoffen des Meeres entstandener Marschboden.
Koog: Eingedeichtes Marschland.
Lahnung: Ein dammartiges Bauwerk zur Landgewinnung.
Landgewinnung: Förderung der Entstehung von Vorland zum Küstenschutz oder zur Vorlandgewinnung.
Marsch: Schwemmlandboden aus Ablagerungen des Meeres oder der Tideflüsse.
Pegel: Anlage zum Messen des Wasserstandes.
Priel: Wasserrinne, die in einen Wattstrom mündet.
Püttloch: Bodenentnahmestelle (Klei, Torf).
Rippel: Durch strömendes Wasser oder Wind entstandene wellenförmige Oberfläche des Wattbodens.
Schardeich: Unmittelbar am Wasser stehender Deich.
Schute: Schleppkahn mit geringem Tiefgang und großem Laderaum.
Sikken: Mit Wasser gefüllte Vertiefungen auf dem Halligland, ohne Zu- und Abflüsse.
Soden: Aus der Halligoberfläche herausgeschnittene grasbewachsene Bodenstücke.
Siel: Verschließbares Bauwerk zum Durchleiten eines Gewässers durch einen Deich.
Sommerdeich: Außendeich, der nur gegen niedrigere (Sommer-)Fluten schützt und bessere landwirtschaftliche Nutzung ermöglicht.
Tide: Wasserstandsänderungen und Strömungen des Meeres (Ebbe und Flut).
Vorland: Grünlandfläche zwischen Küsten- und Uferlinie.
Wattstrom: Hauptwasserlauf im Watt, der auch zur Niedrigwasserzeit nicht trocken fällt.

Zitierte Literatur

In Klammern stehen die benutzten Abkürzungen.
(Anschließend die Seitenangaben im Text)

Andresen, Ludwig: Kulturspuren im Watt bei der Hallig Langeneß-Nordmarsch. Wyk, 1937 (And)

Arends, Fridrich: Physische Geschichte der Nordseeküste. Emden, 1833 (Ar)

Bantelmann, Albert: Die Landschaftsentwicklung an der schleswig-holsteinischen Westküste. Neumünster, 1967 (B I)

Bantelmann, Albert: Acht Sturmfluten und eine Frage: . . . Gespräch mit O. Pfeil. In: Schleswig-Holstein, 6/74 (B J)

Bantelmann, Albert + Fischer, Fritz: Alt-Nordstrand um 1634. In: Zeitschr. der Gesellsch. für Schl.-Holst. Geschichte. Band 102/103, 1977/78

Barz, Paul: Der wahre Schimmelreiter. Frankfurt; Berlin; Wien, 1985 (Barz)

Benedict, Ruth: Urformen der Kultur. Reinbek, 1955 (Be)

Biernatzki, Johann, C.: Die Hallig oder die Schiffbrüchigen auf dem Eiland in der Nordsee. Leipzig + Stuttgart, 1836 (Bie)

Boetii, Matthiae: De Cataclysmo Nordstrandico. Text, Übersetzung und Anmerkungen hrsg. von Otto Hartz. Neumünster, 1940 (Bo)

Brandt, Heinrich: Das Ende der Allmende. In: Schl.-Holst. Tagespost, 1961 (Br)

Braudel, Fernand: Sozialgeschichte des 15. bis 18. Jahrhunderts: Der Alltag. München, 1985 (BF)

Busch, Andreas: Über Clades Rungholtina. In: Die Heimat, 1952 (Bu I)

Busch, Andreas: Die heutige Hallig Südfall und die letzten Spuren Rungholts. In: Die Heimat, 1961 (Bu II)

Busch, Andreas: Liliencrons Dichtung und die Rungholt-Forschung. In: Die Heimat, 1962 (Bu III)

Camerer, Johann, F.: Vermischte historisch-politische Nachrichten in Briefen . . . Flensburg + Leipzig, 1758 (Ca)

Claussen, Gustav: Altgalmsbüll, ein friesisches Halligschicksal. In: Heimaterde vom 24. 12. 1952 (Cla)

Clement, Knut, Jungbohn: Die Lebens- und Leidensgeschichte der Friesen. Kiel, 1845 (C)

Danckwerth, Caspar: Neuve Landesbeschreibung der zwey Hertzogthümer Schleswich und Holstein. 1652. Hamburg, 1963

Dittmer, Ernst: Zur Verbreitung altinterglazialer Meeresablagerungen in Nordfriesland. In: Westküste 2, 1939

Dittmer, Ernst: Neue Beobachtungen und kritische Bemerkungen zur Frage der Küstensenkung. In: Die Küste, Heft 8. 1960 (D)

Dittmer, Ernst: Zur Siedlungs- und Bedeichungsgeschichte Nordfrieslands. In: Grenzfriedensheft Nr. 2. 1961

Fischer, Otto (+ Müller, Fr.): Das Wasserwesen an der schleswig-holsteinischen Nordseeküste. Berlin, 1917 – 58. II. Teil: Die Inseln. Band 1: Allgemeines (Fi II,1)

Fischer, Otto (+ Müller, Fr.): Band 2: Alt-Nordstrand (Fi II,2)
Fischer, Otto (+ Müller, Fr.): Band 3: Nordstrand (Fi II,3)
Fischer, Otto (+ Müller, Fr.): Band 4: Pellworm (Fi II,4)
Fischer, Otto (+ Müller, Fr.): III. Teil: Das Festland mit Kartenmappe.
Band 1: Sonderprobleme (Fi III,1)
Band 2: Nordfriesland (Fi III,2)
Band 7: Hydrographie (Fi III,7)
Geerz, F.: Geschichte der geographischen Vermessungen und der Landkarten Nordalbingiens vom Ende des 15. Jahrhunderts bis zum Jahre 1859. Berlin, 1859
Häberlin, Carl: Die Nordfriesischen Salzsieder. Wyk, 1934 (Hä)
Hagemeister, Jörn: Rungholt. Sage und Wirklichkeit. St. Peter-Ording, 1979 (Hag)
Hansen, C. P.: Chronik der friesischen Uthlande. Altona, 1857 (Uth)
Hansen, C. P.: Friesische Sagen und Erzählungen. Altona, 1858 (Sag)
Hansen, C. P.: Das schleswig'sche Wattenmeer. Glogau, 1865 (Watt)
Hansen, C. P.: Die Friesen. Garding, 1876 (Fri)
Hansen, Nommen: Eine Beschreibung der Hallig Gröde aus dem Jahre 1814. Hrg. von Jens Lorenzen. Bredstedt, 1979 (Grö)
Hansen, Reimer: Beiträge zur Geschichte und Geographie Nordfrieslands im Mittelalter. In: Zeitschr. der Gesellsch. für schl.-holst. Gesch., 1894 (Bei)
Hansen, Reimer: Über die Sturmfluten an der Nordseeküste. In: Gaea, Heft 3, 1909 (SF)
Hansen, Reimer + Jessen, Willers: Quellen zur Geschichte des Bistums Schleswig. Kiel, 1904 (Que)
Harth, Ulli: Oland – aus Geschichte und Gegenwart einer Hallig. Frankfurt, 1981 (Ol)
Heimreich, M., Anton: Nordfriesische Chronik. 2 Bände. Tondern, 1819 (Heim I + II)
Hinrichsen, Haye: En Neesjonge fertällt, hu de Jalinge maget wahdde. In: Veröffentl. des nordfries. Vereins für Heimatkunde und Heimatliebe, 1934 (Hi)
Hoyer, Jonas: Historische Beschreibung der Insel Nordstrand bis auf das Jahr 1624. In: Camerers Nachrichten. 2. Band. Flensburg + Leipzig, 1762
Ingwersen, K.: Die Friesenstube. In: Die Heimat 48/1938 (Ing)
Jensen, Christian: Die nordfriesischen Inseln Sylt, Föhr, Amrum und die Halligen, vormals und jetzt. Hamburg, 1891 (Jen)
Jensen, Christian: Die nordfriesische Inselwelt. Berlin, 1925 (Jen II)
Jensen, H. N. A.: Versuch einer kirchlichen Statistik des Herzogtums Schleswig. Flensburg, 1840 ff. (Jeki)
Johansen, C.: Nordfriesische Sprache o. O., 1862 (Jo)
Karff, Fritz: Untergegangene Halligen. In: Schl.-Holst. Tagespost vom 11. 8. 1956 (K)
Keil, Gundolf: Seuchenzüge des Mittelalters. In: Mensch und Umwelt im Mittelalter. Hrg. von Bernd Herrmann. Stuttgart, 1986 (Ke)
Koehn, Henry: Die nordfriesischen Inseln. Hamburg, 1954 (Koehn)

Kohl, J. G.: Die Marschen und Inseln der Herzogthümer Schleswig und Holstein. 3 Bände. Dresden + Leipzig, 1846 ff. (Ko I – III)
Kruse, E. C.: Beschreibung der Insel Hoge, 1794. In: Lorenzen, J.: Die Seefahrtepoche . . . (Kr)
Kuss, C.: Jahrbuch denkwürdiger Naturereignisse in den Herzogthümern Schleswig und Holstein vom eilften bis zum neunzehnten Jahrhundert. Altona, 1825 f.
Lang, Arend, W.: Historisches Seekartenwerk der Deutschen Bucht. Neumünster, 1969 (La)
Lang, Arend, W.: Untersuchungen zur morphologischen Entwicklung des Dithmarscher Watts von der Mitte des 16. Jahrhunderts bis zur Gegenwart. Hamburg, 1975
Lévi-Strauss, Claude: Traurige Tropen. Köln, 1970 (Le)
Lohmeier, Dieter: Rollwagen – Claußen-Coott. In: Nordfr. Jahrbuch. Bredstedt, 1980 (Loh)
Lorenzen, Jens: Die Hallig Nordmarsch-Langeness in alten Bildern. Hamburg, 1980 (LNL)
Lorenzen, Jens: Die Seefahrtsepoche der Halligen. Hrg.: J. L. Hamburg, 1983 (See)
Lorenzen, Lorenz: Genaue Beschreibung der wunderbaren Insel Nordmarsch: 1749. Hrg. von Jens Lorenzen. Hamburg, 1982 (Lo)
Mayer, Anton: Piraten. Berlin, o. J. (M)
Meyn, L.: Geognostische Beschreibung der Insel Sylt und ihrer Umgebung. Berlin, 1876
Michelsen, A. L. J.: Nordfriesland im Mittelalter. 1828. Nachdruck: Wiesbaden, 1969 (Mi)
Müller, Friedrich (+ Fischer, Otto): Das Wasserwesen an der schleswig-holsteinischen Nordseeküste. Berlin, 1917. I. Teil: Die Halligen. 2 Bände (Mü I + II)
Möller, Theodor: Die Welt der Halligen. Kiel, 1931. 2. Aufl. (Mö)
Neukirchen, Heinz: Piraten. Seeraub auf allen Meeren. Berlin, 1976 (N)
Outhof, Gerhard: Verhaal van alle hoogen Watervloden. Emden, 1720 (Ou)
Outzen: Forschungen zur genaueren Prüfung der beiden alten topographischen Kirchenverzeichnisse und der Meyer'schen Charten . . . Schleswig, 1826.
Pauls, V.: Zur Rungholtforschung. In: Zeitschr. für schl.-holst. Gesch. Kiel, 1931 (Pa)
Paulsen, Friedrich: Aus meinem Leben. Jugenderinnerungen. Jena, 1909 (P)
Peters, L. C.: Nordfriesland. Heimatbuch für die Kreise Husum und Südtondern. Husum, 1929 (Pe)
Petreus, Johannes: Schriften über Nordstrand. Hrg. von Reimer Hansen. Kiel, 1901 (JP)
Reinersdorff, A. v.: Die Halligen – ihre Gesamterschließung im Programm Nord. Schl.-Holst. Heimatkalender, 1966 (Re)
Riecken, Guntram: Die Halligen im Wandel. Husum, 1982 (Ri)
Riem, Johannes: Die Sintflut in Sage und Wissenschaft. Hamburg, 1925 (Riem)

Rohde, Hans: Sturmfluthöhen und säkularer Wasserstandsanstieg an der deutschen Nordseeküste. In: Küste 30/1977 (Ro)
Sach, A.: Das Herzogtum Schleswig in seiner ethnographischen und nationalen Entwicklung. Halle, 1869 (Sach)
Sax, Peter: Descriptio insulae Nordstrandiae. 1637. Hrg. von A. Panten. St. Peter-Ording, 1984 (Sax)
Schirrmacher, Günther: Hallig Hooge. Breklum, 1973 (Schi)
Schlee, Ernst: Haus und Wohnung Nordfrieslands im Werk von C. L. Jessen. In: Gemaltes Nordfriesland. Husum, 1983 (Schl)
Schmarsel, Franz: Die Sage von der untergegangenen Stadt. Berlin, 1913 (Schm)
Schneemann, Theodor: Ein Stück Halligvergangenheit: Kinken und Krumpmann. In: Husumer Nachrichten vom 23. 12. 1980 (Schn I)
Schneemann, Theodor: Halligleben vor 100 Jahren. In: Husumer Nachrichten vom 3. 1. 1980 (Schn II)
Schröder, J. v.: Topographie des Herzogtums Schleswig. Oldenburg, 1854
Siemsen, Jes: Beschreibung der Insel Nordmarsch, 1807. In: J. Lorenzen: Die Seefahrtepoche . . .
Sievers, Kai, D.: Volkskultur und Aufklärung im Spiegel der „Schleswig-Holsteinischen Provinzialberichte“. Neumünster, 1970 (Si)
Stracke, Johannes, C.: Sturmfluten in Friesland. In: Ostfriesland, 2/1967 (Str)
Tetens, Johan, N.: Reisen in die Marschländer an der Nordsee zur Beobachtung des Deichbaus in Briefen. Leipzig, 1788 (T)
Timmermann, Ulf: Die älteste Steuerliste Nordfrieslands. Groningen, 1977 (Ti)
Traeger, Eugen: Die Halligen der Nordsee. Stuttgart, 1892 (Tr)
Weigelt, G.: Die nordfriesischen Inseln vormals und jetzt. Hamburg, 1873 (We)
Wimpfen, F. W.: Die Lehre von den Festegütern. In: Falck's „Staatsbürgerliches Magazin“. Band 6. Schleswig, 1826
Woebcken, Carl: Deiche und Sturmfluten an der deutschen Nordseeküste. Bremen, 1924 (Wo)

Ohne Verfasserangabe:
Das Schicksal der Behnshallig. In: Husum. Oktober 1964 (Behns)

Aus Akten des Schleswig-Holsteinischen Landesarchivs in Schleswig:
Quittung vom 24. 7. 1826, ausgestellt vom Bewohner der Pohnshallig: Abt. 65.2 Nr. 6155
Schreiben des Hanß Petersen betr. Oselichshallig von 1645: Abt. 7 (ohne Stempel des L.A.)
Gesuch um Festebrief über Oseligs-Hallig von Bandix Hanßen (1665): Abt. 7 Nr. 5066
Pro Memoria betr. Oseligs-Hallig vom 8. 6. 1789: Abt. 163 Nr. 1169
Vorschläge für den Halligschutz vom 30. 7. 1711: Abt. 7 Nr. 3069

Bildnachweise

(F = Foto)

Innere Umschlagseite, vorne: Karte von Jim Knikker (die rotgestrichelten Umrisse der Halligen Gröde und Habel sind durch ein technisches Versehen verzeichnet und bei Habel zu ausgedehnt. Außerdem muß es statt „Süderhörn“ richtig heißen „Südhörn“).

1) Landesbibliothek Kiel
2) K.-M. Johannsen, Langeneß
3) Landesbildstelle Kiel
4) Landesbildstelle Kiel
5) Karte von Jim Knikker
6) Aus: C. Woebcken: „Deiche und Sturmfluten an der deutschen Nordseeküste“. Bremen, 1924
7) K.-M. Johannsen, Langeneß
8) D. Reimer Verlag, Berlin
9) Karte von Jim Knikker
10) Landesbibliothek Kiel
11) Landesbibliothek Kiel
12) F: Andreas Busch. Wachholtz Verlag, Neumünster
13) Landesbibliothek Kiel
14) Landesbibliothek Kiel
15) Nachzeichnung nach Goslar Carstens, Husum
16) Landesbildstelle Kiel
17) F: H. H. Fink, Husum. Aus: Marcus Petersen „Die Halligen“. Neumünster, 1981
18) Aus: P. Barz: „Der wahre Schimmelreiter“. Hamburg, 1985
19) F: Günter Hahn, Frankfurt
20) H. + H. Schwennesen, Gröde
21) Zeitungsausschnitt o. J.
22) F: Monika Mommsen, Gröde
23) Aus: E. G. Happelii „Gröste Denkwürdigkeiten der Welt . . .“, 1. Theil. Hamburg, 1683
24) F: Andreas Busch. Wachholtz Verlag, Neumünster
25) Karte von Jim Knikker
26) Landesbibliothek Kiel
27) F: Renger-Patzsch
28) Landesbildstelle Kiel
29) Landesbibliothek Kiel
30) K.-M. Johannsen, Langeneß
31) Albert Bantelmann, Schleswig
32) Albert Bantelmann, Schleswig
33) (Ausschnitt) Carl Häberlin
34) Albert Bantelmann, Schleswig
35) Städtisches Museum Flensburg
36) Landesbibliothek Kiel
37) F: Alexander Harth
38) Aus: P. Barz: „Der wahre Schimmelreiter“. Hamburg, 1985
39) D. Reimer Verlag, Berlin
40) F: Günter Hahn, Frankfurt
41) Aus: F. Müller: „Die Halligen“. Berlin, 1917
42) (Hooge). F: Pastor Bernhard Speck, Breklum
43) F: E. C. Payns
44) Landesbildstelle Kiel
45) Landesbildstelle Kiel
46) F: Ulli Harth
47) F: Andreas Busch. Wachholtz Verlag, Neumünster
48) Aus: H. Koehn: „Die nordfriesischen Inseln“. Hamburg, 1954

49) Albert Bantelmann, Schleswig
50) F: Günter Hahn, Frankfurt
51) (Ausschnitt). D. Reimer Verlag, Berlin
52) D. Reimer Verlag, Berlin
53) (Ausschnitt). Wachholtz Verlag, Neumünster
54) Schl.-Holst. Landesarchiv, Schleswig
55) D. Reimer Verlag, Berlin
56) Landesbibliothek Kiel
57) (Ausschnitt). Wachholtz Verlag, Neumünster
58) F: Imme Diedrichsen, Hooge
59) F: Imme Diedrichsen, Hooge
60) D. Reimer Verlag, Berlin
61) D. Reimer Verlag, Berlin
62) F: Günter Hahn, Frankfurt
63) D. Reimer Verlag, Berlin
64) Landesbildstelle Kiel
65) K.-M. Johannsen, Langeneß
66) F: Renger-Patzsch
67) F: Renger-Patzsch
68) Nachzeichnung
69) Landesbildstelle Kiel
70) F: Ulli Harth
71) F: E. C. Payns
72) F: Renger-Patzsch
73) F: Renger-Patzsch
74) Bahne Mommsen, Gröde
75) (5 Fotos). K.-M. Johannsen, Langeneß
76) F: Max Broders
77) K.-M. Johannsen, Langeneß
78) K.-M. Johannsen, Langeneß
79) Nachzeichnung
80) Landesbildstelle Kiel
81) F: Monika Mommsen, Gröde
82) K.-M. Johannsen, Langeneß
83) Landesbildstelle Kiel
84) F: Renger-Patzsch
85) F: Renger-Patzsch
86) Bahne Mommsen, Gröde
87) K.-M. Johannsen, Langeneß
88) H. + H. Schwennesen, Gröde
89) F: Ulli Harth
90) Landesbibliothek Kiel
91) F: Ulli Harth
92) F: Günter Hahn, Frankfurt
93) F: Günter Hahn, Frankfurt
94) F: Nordmark Film. Aus: Marcus Petersen „Die Halligen". Neumünster, 1981
Innere Umschlagseite, hinten: Karte von Jim Knikker

Dem Verlag Dietrich Reimer und Herrn Kardel vom Wachholtz-Verlag gilt mein besonderer Dank für die Abdruckgenehmigungen.
Vor allem möchte ich mich ausdrücklich bedanken bei Herrn Karl-Martin Johannsen, Herrn Günter Hahn, Frau Dr. Paczkowski, sowie all den anderen, die mit Rat und Tat wirkten.

Foto: Dorit Oeding-Erdel

Bio-Bibliografie:

Ulli Harth

(28. 7. 1948)

Nach Studium der Germanistik, Anglistik und Amerikanistik in Frankfurt, das mit Magisterexamen abgeschlossen wurde, „freier Schriftsteller". Von 1978 bis 1984 im Vorstand des hessischen Schriftstellerverbandes (VS).
Zeitweise als Lehrbeauftragter an einer Hauptschule tätig sowie als Leiter eines Kindertheaters. 1982 Text und Regie eines Kabarettprogramms für das Frankfurter „Theater am Turm".
Verfasser literarischer Kurzformen wie Aphorismen, Satiren, Gedichte, Prosa, die – neben Features – vor allem im Funk gesendet oder/und in Zeitungen, Zeitschriften sowie in Anthologien gedruckt wurden.
(Mit-)Herausgeber: Das Buch vom Zocken. Frankfurt, 1983.
Übe.: Justus Franz Wittkop. München, 1985.
Buchveröffentlichungen: Der Tod des Todes ist ein Scheintod. Frankfurt, 1978.
Wörtliche Un-taten (Aphorismen). Frankfurt, 2. Auflage 1980 (vergriffen).
Oland – aus Geschichte und Gegenwart einer Hallig. Frankfurt, 1981.
Die unvollendete Sieben der Achterbahn (Grotesken). Friedrichsdorf, 1986.
Text- und Grafik-Editionen mit Jürgen Wölbing.
Obwohl der Wohnort noch in Frankfurt liegt, 3- bis 4-monatige Aufenthalte jährlich auf den Halligen (vorwiegend Gröde und Oland).